共享理念下劳动关系法律治理研究

杨云霞 著

西北工业大学出版社

西安

【内容简介】 本书主要探讨了共享理念下劳动关系领域的法律治理问题。本书共分三个部分，第一部分从理论视角提出共享理念的理论渊源及多维内涵；第二部分从历史的维度分析世界各国劳动关系法律制度的历史变迁，提出共享不仅是劳动关系治理的必然要求，也是最终趋势。第三部分从现实层面对我国劳动关系法律治理进行分析，提出我国现有的劳动法律制度面临的问题，从发展趋势视角提出我国劳动关系法律治理的未来制度设计。

图书在版编目(CIP)数据

共享理念下劳动关系法律治理研究 / 杨云霞著. — 西安：西北工业大学出版社，2024.2
ISBN 978-7-5612-9157-3

Ⅰ. ①共… Ⅱ. ①杨… Ⅲ. ①劳动关系-劳动法-研究-中国 Ⅳ. ①D922.504

中国国家版本馆 CIP 数据核字(2024)第 051531 号

GONGXIANG LINIANXIA LAODONG GUANXI FALÜ ZHILI YANJIU
共 享 理 念 下 劳 动 关 系 法 律 治 理 研 究
杨云霞 著

责任编辑：华一瑾　胡西洁	策划编辑：胡西洁
责任校对：黄　佩	装帧设计：董晓伟
出版发行：西北工业大学出版社	
通信地址：西安市友谊西路 127 号	邮编：710072
电　　话：(029)88491757，88493844	
网　　址：www.nwpup.com	
印　刷　者：西安浩轩印务有限公司	
开　　本：787 mm×1 092 mm	1/16
印　　张：11.5	
字　　数：258 千字	
版　　次：2024 年 2 月第 1 版	2024 年 2 月第 1 次印刷
书　　号：ISBN 978-7-5612-9157-3	
定　　价：68.00 元	

如有印装问题请与出版社联系调换

前　言

共享发展理念作为五大发展理念之一，对于劳动关系治理具有重要的指导价值。本书从共享发展理念出发，从理论、历史和现实三个维度探讨了劳动关系的法律治理，以期对相关领域学术研究和治理实践提供借鉴和参考。

一、本书的主要内容

1. 劳动关系中共享的理论渊源及多维内涵。

(1)从马克思的共享发展思想出发，对其内涵进行了深入的分析。提出：马克思的劳动价值理论、剩余价值理论、资本积累理论等对于共享发展提出了终极目标和方向。按照马克思恩格斯的构想，共产主义社会将彻底消除阶级之间、城乡之间、脑力劳动和体力劳动之间的对立和差别，实行各尽所能按需分配，真正实现社会共享、实现每个人自由而全面的发展。马克思主义的劳动价值理论、剩余价值理论以及科学社会主义思想为经济领域的分配提出了发展方向，即实现按需分配。马克思通过劳动价值理论和剩余价值论，清晰回答了谁创造价值和占有剩余价值的问题，并且对于资本主义制度下的利益冲突的解决方式也提出了明确的思路。在劳动关系协调理论演进中，共享理念的提出有助于不断完善传统劳动关系治理理论。共享发展思想的实质是劳动关系主体的参与管理和利益分享，其中，参与管理是基础和途径，利益分享是核心和归宿。

(2)从《资本论》文本出发对于马克思的如何构建劳动法律制度体系进行了深入分析。提出：《资本论》作为马克思主义最厚重、最丰富的著作，对于世界劳动法律制度的影响深远。《资本论》不仅对英国当时的工厂法进行了深入的实证分析，对于150年来世界劳动法演进走向进行了全面的理论建构——诠释了从民法向劳动法转向的历史必然、阐发了劳动法的价值与作用、建构了劳动权利的内容及结构，还对于劳动法的普遍化、对于推进世界工人阶级运动进而推动资本主义国家劳动法、对于苏联劳动法的产生及其价值辐射等现实问题都具有重要的理论指引。此外，《资本论》还是未来劳动法发展趋势的重要理论遵循。马克思在《资本论》中对于劳动法律制度的建构对劳动者参与共享提供了制度基础。

(3)从我国劳动法的以人民为中心的发展思想这一思想基础视角分析为什么需要坚持共享发展理念。提出：以人民为中心的发展思想是建构中国特色社会主义法律体系的基本要求，对于劳动法的发展完善具有重要的指导价值。在现有的劳动法律制度体系中,充分显现了以人民为中心的价值观、动力观、主体观、目标观和平等观。未来的劳动法律制度体系完善仍旧需要坚守人民性,以人民性为价值初心,确立劳动法完善的基本思路;以人民性为动力,实现劳动关系治理现代化;以人民性为目标,实现劳动法从软法向硬法的转变;以人民性为载体,将社会主义协商民主融入劳动法律制度;以人民性为引领,将社会主义核心价值观融入劳动法治建设。

(4)对习近平新时代中国特色和谐劳动关系重要论述进行了研究,提出新时代共享发展理念在劳动关系中的思想基础。提出:习近平总书记在继承马克思劳动关系思想的基础上,针对劳动关系领域的存在的主要矛盾,以建立和谐的劳动关系为目标,着眼于解决问题,提出了中国特色的和谐劳动关系重要论述。这一论述开辟了和谐劳动关系理论的新境界。其理论内涵包括:在系统劳动观的基础上,归纳了创造性劳动的范畴,提出了尊重知识和创造性劳动的思想,并将其付诸于制度实践;丰富和发展了劳动关系主体理论,提出了强化党对劳动关系的领导,强调劳动者主体地位和企业家精神;丰富和发展了劳动关系内容理论,开创性地提出了劳动共享、劳动关系中的社会主义民主协商等新思想。

2. 共享:世界劳动关系法律制度的历史变迁及其趋势。

通过对世界劳动法律制度演进的历史的研究,提出了共享在劳动法的演进中是一个重要的线索,也是其发展的最终趋势。主要从劳工参与的萌芽开始分析,进而从企业层面分析了二战后的劳工参与企业管理和劳工参与企业利益分享的制度演进,然后从社会层面分析了二战后劳工参与社会决策和社会利益分享,最后对20世纪70年代后的新自由主义对全球劳动关系的消极影响及启示进行了分析。

3. 共享:中国劳动关系的法律治理。

(1)对我国劳动关系的发展进程及其共享趋势进行了分析。提出:我国改革开放40年的历史,就是劳动者共享改革发展成果的历史,其实施依赖于相关劳动法律制度和政策的支撑。社会主义制度为共享发展理念在劳动关系中的实践确立了制度基础。从制度变迁的角度,认为马克思的共享发展思想中国化的实践进程中,经历了三个阶段:①解放初期至20世纪60年代的劳资两利及"鞍钢宪法";②20世纪80年代的法律制度化阶段;③新时代的共享理念及其中国化实践。研究了我国劳动就业制度的变迁,分析了劳动者权利体系的不断完善,重点研究了劳动者参与企业民主管理和参与利益分享的制度变迁。研究这一问题,对于探索共享发展的历史脉络和发展趋势具有重要的理论价值,对于指导中国劳动关系的实践,实现在劳动关系中的共建共享具有重要的现实意义。

(2)对我国管理权和收益权共享的法律现状及存在问题进行了分析。主要对职工代表大会制度、职工董事职工监事制度、集体协商制度、员工持股制度四个具体的制度进行了研究,提出了其对于实现我国劳动关系中的共享具有重要的制度支撑作用,但是与此同时还存在一些问题,需要进行相应的制度完善。

(3)对劳动关系中共享理念实现的制度建构及实现途径进行了分析。提出了以社会主义协商民主实现劳动关系中的共享为其思路选择,以完善传统参与制度、完善员工持股制度、确立信任合作劳动关系作为共享理念实现的制度路径,以建立政府主导型劳动关系为其协调机制,以社会主义协商民主作为劳动关系软法化的具体路径,以产权制度的逐步变革作为共享理念实施的根本性举措。

(4)对共享理念在分享平台经济劳动关系中的运用进行了分析。提出:互联网+下分享经济用工的兴起,引发了立法、司法以及理论界的诸多争议。面对着就业中的自由灵活与安全风险、技术发展与法律束缚、经济效率与社会公平之间的二难困境,劳动法该作何选择,灵活稳定性战略是实现灵活与安全就业的重要思路,利益分享是解决利益冲突的重要理念。提出了应确立公共利益原则,实现公平与效益的均衡;针对我国劳动关系认定标准存在的不足,提出了应考虑非标准劳动关系的特征以及实现认定标准的指标化。此外,还要实现劳动法的开放性包容,实现对劳动者的分类规范、分层保护。

二、本书的重要观点

1. 以人民为中心的发展思想是贯穿我国劳动法的思想主线,也是实现劳动者参与共享的思想基础。

在未来的劳动法完善中,需要贯穿以下思路:以人民性为价值初心,确立劳动法完善的基本思路;以人民性为动力,实现劳动关系治理现代化;以人民性为目标,实现劳动法从软法向硬法的转变;以人民性为载体,将社会主义协商民主融入劳动法律制度;以人民性为引领,将社会主义核心价值观融入劳动法治建设。

2. 共享是世界劳动法律制度发展的最终趋势。

从世界各国劳动法200余年的发展历程中,可以看出劳动法的历史进步,在这一进步中,共享是其重要的趋向。从最初的劳动者参与企业管理、参与利益分享,一直到劳动者参与社会层面的管理和利益分享。尽管这一趋势在20世纪70年代之后受新自由主义的影响表现出式微的态势,但是不影响最终趋势这一发展走向。

3. 协商民主和利益分享是新时代中国特色和谐劳动关系的基本特征。

以我国社会主要矛盾的变化为依据,结合我国劳动关系的现实状况,归纳新时代中国特色和谐劳动关系的基本特征。将社会主义协商民主和和谐劳动关系的构建相结合,提出和谐劳动关系的核心特征之一是协商民主式的劳动关系;将利益分享和和谐劳动关系的构建相结合,提出和谐劳动关系的核心特征之二是利益分享式的劳动关系。

4. 提出基于信任合作原则构建具有中国特色的劳动者利益分享机制,并在法律层面分类推进。

无论是美国的职工持股计划还是德国的劳资共决制度,都是在私有制下基于雇佣关系的劳资共享。立足于我国劳动关系实践,基于信任合作原则,提出优先在国企建立企业与职工的利益分享法律机制,进而通过税收等配套制度引导非公企业逐步推进利益分享,最终实现合作共赢。在此基础上,提出并构建利益分享中风险承担的法律机制。

三、本书的学术价值和应用价值

1.本书的学术价值。

基于信任合作的理念,探索具有中国特色的劳动者参与利益分享的法律价值趋向;探索劳动关系中效率、公平与参与权三者平衡的法律模式,为构建和谐劳动关系提供理论支撑。

2.本书的应用价值。

通过构建分享经济中的劳动法律制度,完善我国劳动法律制度体系;通过研究经济新常态下企业与职工的利益分享机制,有助于实现经济效益与劳动者收入增长的统一,缓解裁员及失业;通过构建员工持股制度的配套劳动法律制度,满足国企混合所有制改革的法律制度需求,同时对非公企业逐步实现劳动者参与利益分享提供价值倡导和制度引领。总之,为政府在劳动关系中开展社会主义协商民主提供理论支撑,为政府提供劳动关系法律治理的理论路径,为劳动法律制度的完善提供参考方案。

需要说明的是,由于本书完成周期长,导致一些调查数据偏旧。本书在撰写过程中,得到了很多老师和同学的帮助,在此一并表示感谢!

杨云霞
2023 年暑期于西安

目　　录

绪论 ··· 1

第一编　劳动关系中共享的理论渊源及多维内涵 ································ 7

第一章　《资本论》对世界劳动法律制度的现实关照及理论指引 ········· 8
第二章　劳动关系中共享发展的内涵 ·· 20
第三章　习近平关于中国特色和谐劳动关系的重要论述 ························· 23
第四章　以人民为中心发展思想的劳动法关照：回顾与展望 ················· 31

第二编　共享：世界劳动关系法律制度的历史变迁及其趋势 ·············· 45

第一章　劳工参与的萌芽 ·· 46
第二章　二战后：劳工参与企业管理 ·· 48
第三章　二战后：劳工参与企业利益分享 ·· 66
第四章　二战后：劳工参与社会决策和社会利益分享 ··························· 71
第五章　20世纪70年代后：新自由主义对全球劳动关系的消极影响及启示 ··· 73

第三编　共享：中国劳动关系的法律治理 ·· 87

第一章　共享：中国劳动关系的发展进程及其趋势 ································· 88
第二章　我国管理权和收益权共享的法律现状及存在问题 ····················· 94
第三章　劳动关系中共享理念实现的制度建构及途径 ··························· 107
第四章　共享理念在平台经济劳动关系中的运用 ··································· 150
第五章　总结：构建新时代中国特色和谐劳动关系 ································· 165

参考文献 ··· 169

绪 论

一、背景和意义

在近一个时期,党中央和国务院对于和谐劳动关系及其相关问题提出了一系列的要求,发布了系列政策文件,习近平总书记在党的十九大报告中指出,"经过长期努力,中国特色社会主义进入了新时代,这是我国发展新的历史方位。"2015年3月,《中共中央 国务院关于构建和谐劳动关系的意见》中提出"劳动关系是生产关系的重要组成部分,是最基本、最重要的社会关系之一","企业和职工利益共享"。2015年8月,中共中央、国务院印发的《关于深化国有企业改革的指导意见》提出"探索实行混合所有制企业员工持股"。2016年12月,中共中央办公厅、国务院办公厅印发的《关于进一步把社会主义核心价值观融入法治建设的指导意见》强调"推动社会主义核心价值观入法入规","加强重点领域立法"。2017年2月,中共中央、国务院印发的《新时期产业工人队伍建设改革方案》,进一步强调"产业工人是工人阶级中发挥支撑作用的主体力量……要按照政治上保证、制度上落实、素质上提高、权益上维护的总体思路,改革不适应产业工人队伍建设要求的体制机制,充分调动广大产业工人的积极性主动性创造性"。党的十九大报告强调,发挥社会主义协商民主重要作用,"要推动协商民主广泛、多层、制度化发展……","加强协商民主制度建设,形成完整的制度程序和参与实践,保证人民在日常政治生活中有广泛持续深入参与的权利"。党的二十大报告提出,"健全劳动法律法规,完善劳动关系协商协调机制,完善劳动者权益保障制度,加强灵活就业和新就业形态劳动者权益保障"。这些精神和具体规定都需要在实践中落实,而落实的前提是做好理论上的研究,做好制度上的设计。为适应这一需求,本书提出了新时代中国特色和谐劳动关系构建这一研究课题。本书的研究价值和意义如下:

(1)为新时代中国特色和谐劳动关系的构建提供理论支撑和模式参考。构建和谐劳动关系,尤其是中国特色的劳动关系,是新时代劳动关系理论研究首要的课题。我国社会主要矛盾的变化引发传统劳动关系深刻变革,及时归纳总结新时代中国特色和谐劳动关系的特征,破解重大现实问题,把握劳动关系未来的发展趋势,亟需创新劳动关系理论。

(2)为社会主义核心价值观融入劳动关系治理法治建设提供理论支撑和路径参考。适应社会主义核心价值观融入法治建设的需求,探索在劳动关系领域实现德治与法治结合的有效路径,劳动者敬业、诚信等核心价值观融入劳动法律制度建设的有效途径,企业义务性伦理入法的路径,是劳动关系治理法治化,促进和谐劳动关系建设的重要支撑。

(3)为有效化解劳动群体性事件提供价值倡导和制度引导。研究社会主义协商民主劳动关系,探索在构建和谐劳动关系中社会主义协商民主的理论应用、价值选择以及制度建构,完善劳动纠纷解决机制的理论思路和制度建构。

(4)为新型用人单位管理模式或公司治理模式融入劳资共享发展理念提供路径参考,促进企业内部劳资关系的和谐。为构建适应产业转型升级需要的现代体系提供理论支撑和模式选择,为有效解决我国构建现代产业体系中高技能、高智能劳动者短缺问题提供可行方案,为政府推进现代劳动关系治理模式提供决策咨询,探索构建和谐劳动关系中效率、公平与参与权三者平衡的制度模式,以及为融入协商民主的劳动关系三方机制建设提供建设性方案。

二、研究内容

(一)劳动关系层面

(1)当前构建和谐劳动关系面临的最大问题是什么。劳动关系是社会生产关系的重要组成部分,劳动关系影响着社会和谐。在当前,劳动关系领域存在哪些问题?其中最为核心的问题是什么?哪些问题在当前能够得以解决?未来很长一个时期需要解决的问题有哪些?这些问题是本书研究的出发点,也是落脚点和最终归宿。

(2)我国社会主要矛盾的变化对劳动关系的影响。由于科学技术和生产力的发展,生产关系也发生了一定的变化。尤其是新时代,我国社会主要矛盾发生了变化,这对于劳动关系的主体劳动者、用人单位和劳动关系的治理主体政府,都将产生深刻的影响。到底会有怎么样的影响,如何针对这一影响进行相应的理论及其制度转变,是本书的研究前提和基础。本研究包含了人工智能对劳动关系的影响。

(3)新时代中国特色和谐劳动关系表现出怎样的特征。随着我国社会主要矛盾的变化,劳动关系也发生了一定的变化,适应这些变化,探求我国和谐劳动关系的特征,是研究这一问题的现实需求;从我国社会主义制度以及工人阶级在宪法中的社会地位来看,依据这一制度建构适应劳动关系的理论以及实践模式,是研究这一问题的制度需求;在新的历史阶段,中共中央和国务院出台了很多政策文件,旨在为构建和谐劳动关系提供上位制度依据,但面临的问题是下位制度尚未完全形成,这些政策文件的贯彻实施缺乏细化依据和路径,本书研究旨在寻求中央政策落地生根的结合点。解决上述问题,在理论上归纳总结新时代中国特色和谐劳动关系的核心特征,并以此为基础进行相应的制度建构,是本书所要解决的核心问题。

(二)共享理念层面

(1)共享的提出。主要通过对世界经济发展和劳动法律制度的变迁的研究,分析马克思在当时的社会背景下,如何对劳动法这一重要的法律制度工具进行理论建构和实证研究。劳动法的发展和理论层面的完善,对共享的实现具有重要的制度保障作用,也是后来世界各国劳动法律制度发展的重要趋向。

(2)世界各国劳动法律制度的发展趋势。主要通过对现代资本主义国家劳动法律制度几百年的演进的梳理,分析劳动者的结社权、集体谈判权、利益分享权、参与管理权等是如何出现和发展的,提出共享将成为资本主义国家劳动法律制度发展的最终走向。这也是对马克思共享思想的实践验证。

(3)共享理念实施中的具体问题,如我国分享经济中如何实施共享理念。主要通过对"互联网+"下的分享经济中劳动关系的现实分析,研究在分享经济这一具体的经济新业态中,共享理念的实施存在哪些制度障碍,如何完善相应的劳动法律制度以适应分享经济中对共享的制度诉求。

(4)共享理念实施的曲折过程。主要通过对资本主义国家新自由主义的蔓延对于劳动关系的影响的研究,提出共享理念是资本主义国家劳动关系的最终趋势,但是也面临着曲折的发展历程。20世纪80年代以来的新自由主义思潮直接导致了劳动者在资本主义社会的边缘化、劳动者所分享的利益的缩小化、劳动者权利的萎缩化、劳动者斗争的低潮化以及劳动者相对贫困化等,这些都是共享理念实施中的历史曲折的表现。

三、重点难点

(1)新时代中国特色和谐劳动关系的基本特征。本书拟将其归纳为利益分享式的劳动关系和民主协商式的劳动关系两方面。理由和依据为:现有的和谐劳动关系的研究主要是对现有制度下的劳动关系进行分析,针对劳动争议的解决、劳动法律制度的完善、和谐劳动关系的评价等问题进行了研究。而未来和谐劳动关系的走向如何,和谐劳动关系应表现出怎样的特征,已有的研究尚无论述。这两个拟归纳的特征需要从社会主义制度的核心特征、中国共产党的性质宗旨、我国宪法中劳动者的地位、我国劳动关系属性的特殊性等多个层面进行论述,学科涉及政治学、法学等,研究内容涵盖了政治学、马克思主义理论、宪法学、劳动法学、劳动关系学等多个领域。基于此,将其确定为本书重点难点。

(2)社会主义协商民主如何在劳动关系领域实现。在经济领域如何实现协商民主?实现协商民主的社会基础是什么?其法律依据是什么?实现协商民主的思路是什么?其具体路径是什么?对上述问题的研究甚少,由于缺乏系统的研究文献,本书将从基础做起,从政治民主的存在基础和实现路径出发,引申到经济民主,结合经济民主的特殊性,对劳动关系领域的协商民主进行具体的理论基础、现实基础、法律基础、具体路径逐一研究和设计。鉴于其理论难度和创新性要求高,本书将其确定为研究的重点和难点。

(3)如何在劳动关系领域实现利益分享。中共中央、国务院提出了改革成果为劳动人民所分享等理念,2015年《中共中央 国务院关于构建和谐劳动关系的意见》提出"企业和职工利益共享";《关于深化国有企业改革的指导意见》提出"探索实行混合所有制企业员工持股"等分享经济,形成资本所有者和劳动者利益共同体。这为我们建立利益分享式的劳动关系奠定了方向基础。与此同时,如何在劳动关系领域形成利益共享格局?其经济理论基础是什么?其法律制度基础是什么?其具体实现路径是什么?其是否会阻碍经济发展?如何进行具体的制度设计,实现劳动者与企业利益的均衡?这一系列问题截至目前都尚未得到解决,已有的研究也不能提供系统的参考文献。鉴于研究的前沿性和创新性以及巨大的工作量,本书将以上问题确定为研究的重点和难点。

四、研究方法

本研究采用的方法如下。

(1)文献分析法。劳动关系相关的政策、法律制度文本相关学术研究文献,为本书研究基础。本书试图梳理现有关于劳动关系的政策文献,发现劳动关系社会协调存在的制度缺失,寻求劳动关系的和谐发展趋势;结合社会主义协商民主政策及其解读的相关理论,提出构建中国特色协商民主式劳动关系的设想;梳理员工持股相关政策、职代会制度、职工董事职工监事制度、集体协商制度、三方机制等法律制度,发现员工持股等分享经济形式存在的制度缺失;结合"改革的成果由劳动人民共享"这一理念,构建中国特色社会主义利益分享式劳动关系。

(2)调查研究法。通过发放问卷和进行访谈,获取第一手资料,为本书的研究提供科学数据。在本研究过程中笔者选取了上百家国企、私企进行调查,对这些企业的上千名员工进行访谈,概括劳动关系三方主体对劳动者参与利益分享的法律制度需求,进行归纳分析;实地调查国内外与人工智能相关联的劳动力市场、劳动关系主体、人力资源管理、劳动法、社会保障制度、工会和税收等方面的现状,归纳分析平台经济对劳动关系和劳动法律制度的影响,把握新时代劳动关系的新变化,为新时代中国特色和谐劳动关系的构建提供新视角。

(3)理论归纳与实证研究相结合的方法。从劳动关系相关因素的事实分析、特点归纳出发,分析中国特色和谐劳动关系的本质特点及根本要求,总结并构建中国特色和谐劳动关系的体系,是本书形成观点的重要一环。运用社会主义协商民主、劳动关系平衡等理论,分析其对劳动关系的价值引领、理论指导,寻求其在劳动协调主体、协调运行和协调救济三个层面相应的法律需求;对公有制和非公有制企业、持股员工和普通劳动者进行分类研究,发现我国劳动者参与分享的现实基础;选取经典劳动协调纠纷案例进行分析,运用劳动关系主体的策略选择模型理论及劳动关系平衡理论,对照政府参与下劳动协调机制运行的效果评估,获取劳动关系三方主体对劳动社会协调关系的法律制度需求,提出构建劳动者参与分享的三个层面的保障机制。

(4)比较研究法。对比西方发达国家在劳动关系若干问题上的异同,为本书研究我国和谐劳动关系提供借鉴。笔者通过对世界发达国家劳资政三方、劳资两方社会协调关系演进过程的比较研究,发现劳动关系社会协调的历史趋势;通过世界发达国家劳动者权利演进过程比较分析,发现劳动者参与利益分享的历史趋势;通过对英美法系的美国、英国,大陆法系的日本、韩国在人工智能背景下劳动法、社会保障法、税法等法律规范现状与我国法律规范现状的对比,为我国劳动法律制度的完善提供借鉴;通过对美、德、日平台经济中劳动法律制度及配套法律制度的比较,为本书进行制度构建和提出政策建议提供借鉴。

五、研究创新点

(1)揭示我国社会主要矛盾的变化对劳动关系的深刻影响。习近平总书记在党的十九大报告中指出,"中国特色社会主义进入新时代,我国社会主要矛盾已经转化为人民日益增长的美好生活需要和不平衡不充分的发展之间的矛盾。同时,我国社会生产力水平总体上显著提高,社会生产能力在很多方面进入世界前列,更加突出的问题是发展不平衡不充分,这已经成为满足人民日益增长的美好生活需要的主要制约因素"。对于这一变化,我们既要研究工人阶级作为劳动关系的主体对于生产力领域的影响,也要研究劳动者这一生产关系的要素所发生的变化。在此基础上,指出劳动关系领域深刻变化。

(2)提出参与利益分享是劳动者权利演进的历史必然。通过对世界发达国家劳动者权利历史演进的分析,揭示利益分享是经济制度发展的必然趋势,并通过法律制度确立这一价值趋向。

(3)制度建构:①建构支撑社会主义民主协商式劳动关系的法律制度。基于我国政治制度要求以及经济民主的需求,分析论证劳动关系中引入民主协商的政治、经济、社会、文化等理论和实践基础,并相应构建能够支撑这一劳动关系的法律制度。②建构支撑社会主义利益分享式劳动关系的法律制度。基于我国政治经济制度的要求,结合当前共享发展理念,论证劳动关系中引入利益分享的政治、经济、社会、文化等理论和实践基础,并进行相应的支撑性制度的建构。

(4)提出基于信任合作原则构建具有中国特色的劳动者利益分享机制,并在法律层面分类推进。无论是美国的职工持股计划还是德国的劳资共决制度,都是在私有制下基于雇佣关系的劳资共享。本书立足于我国特殊国情,基于信任合作原则,提出优先在国企建立企业与职工的利益分享法律机制,进而通过税收等配套制度引导非公企业逐步推进利益分享,最终实现合作共赢。

第一编

劳动关系中共享的理论渊源及多维内涵

第一章 《资本论》对世界劳动法律制度的现实关照及理论指引

习近平在《纪念马克思诞辰 200 周年大会上的讲话》中指出,"1867 年问世的《资本论》是马克思主义最厚重、最丰富的著作,被誉为'工人阶级的圣经'"①。《资本论》除了集中分析资本主义生产关系,还对法律等要素与经济发展之间的关系进行了广泛的研究。②《资本论》对当时英国的工厂法进行了深入的实证分析,它所阐述的深刻思想对于其出版之后的资本主义世界产生了深远的影响,并引发了劳动法的巨大转折和变革。现如今《资本论》对于解决当下劳动关系中的具体问题仍然具有指导价值,是预测劳动法未来走向的重要理论。对《资本论》和劳动法关系的已有研究,主要集中在《资本论》对当时英国"工厂法"的研究,而关于《资本论》对 150 年来劳动法律制度变革的影响及预测尚未深入研究。本书的研究,是为了发掘《资本论》对于劳动法发展的当代价值。

一、《资本论》对当时英国"工厂法"的现实关照

在《资本论》中,马克思运用实证方法,对当时英国的"工厂法"进行了全面的描述和深刻的分析,马克思说自己"用了很大的篇幅来叙述英国工厂立法的历史、内容和结果"。③《资本论》对英国 1349 年颁布的"劳工法规"及 1496 年和 1562 年相关法令进行了批判性分析,提出了 14~18 世纪中叶英国的"劳工法力图强制地延长工作日"④、强制规定工资的最高限制、强迫丧失土地的农民到工厂去做工,是借助国家权力维护资产阶级利益的法律,是资本主义生产方式产生和完善的催产素。其后通过对从 1802 年《学徒健康和道德法》一直到 1864 年英国适用于一切大工业的"工厂法"等制度的历史演进的分析,提出真正现代意义上的劳动法的产生是在 19 世纪初,"工厂立法是社会对其生产过程自发形态的第一次有意识、有计划的反作用……是大工业的必然产物"。⑤《资本论》通过对英国现实劳动关系的描述,深刻阐释了英国"工厂法"在维护资本利益中的重

---

① 习近平. 在纪念马克思诞辰 200 周年大会上的讲话[N]. 北京日报,2018-05-05(2).
② 邱海平.《资本论》的历史地位和当代价值:纪念马克思诞辰 200 周年[J]. 前线,2018(6):48.
③ 马克思恩格斯文集:第 5 卷[M]. 北京:人民出版社,2009:9.
④ 同③312.
⑤ 同③553.

要角色,即"英国的工厂法是通过国家,而且是通过资本家和地主统治的国家所实行的对工作日的强制的限制,来节制资本无限度地榨取劳动力的渴望"。①

《资本论》对英国"工厂法"的现实分析,涉及的内容包括"工厂法"的宗旨和精神、劳动立法的发展过程、劳动法中具体的劳动时间、童工、女工、工资、卫生、劳动安全及教育等。② 其从早期资本主义的圈地运动导致农民丧失土地、惩治流浪者必须进入工厂做工、限制劳动者的最高工资水平、规定劳动者的最低工作时间、强制延长劳动时间、不断降低童工的就业年龄、反对工人集会等叙述中,运用历史唯物主义和辩证法客观描述了英国"工厂法"如何从"强制延长工作时间"转变到"强制缩短劳动时间"。《资本论》运用大量翔实的数据和案例对比进行论述,如运用大量的劳动监察报告和医生的报告,详细描述了对劳动者的压榨所产生的社会后果,"在亨莱行医的布思罗伊德医生说:'陶工一代比一代矮,一代比一代弱。'另一个医生麦克贝恩先生也说:'我在陶工中间行医25年了,我发觉这个阶级在身长和体重方面显著退化。'"③

针对英国现代意义上"劳动法"的确立,《资本论》给予了充分的肯定和认可,提出这是一个"朴素的大宪章"。当然,这一进步并非"议会设想出来的",而是"作为现代生产方式的自然规律从现存的关系中逐渐发展起来的"。④ 在肯定英国"工厂法"历史进步性的同时,《资本论》也深刻认识到其虚伪性所在,"从1802年到1833年,议会颁布了5个劳动法,但是议会非常狡猾,它没有批准一文钱用于强制地实施这些法令,用于维持必要的官员等等。这些法令只是一纸空文"。⑤ 此外,《资本论》还充分论证了劳动法发展的曲折性,如通过对1867年8月15日和21日颁布的《工厂法扩充条例》和《工场管理条例》的分析,提出"适用于大企业的工厂法扩充条例作了大量可耻的例外规定和对资本家的卑怯妥协,因此同工厂法比较起来,是后退了。"⑥

二、《资本论》对世界劳动法演进走向的理论建构

(一)诠释了从民法向劳动法转向的历史必然

劳动和商品的社会化导致双方产生了巨大的力量差异。随着资本主义生产方式的确立,劳动者丧失了赖以生存的土地,而成为依靠出卖劳动力生存的社会生产要素。随着社会化大生产的推进,劳动力商品已成为普遍的存在,出现了劳动力的社会化。与此同时,是资本的社会化,资本不是一种个人力量,而是一种社会力量。"资本的所有权,并不拘泥于它的私法法律性质,它的有关事项是社会的、公共的,而它的作用是权力的

---

① 马克思恩格斯文集:第5卷[M].北京:人民出版社,2009:276-277.
② 韩伟.《资本论》中的劳动法思想初探[J].福建论坛(社科教育版):2009(4),16-17.
③ 同①284.
④ 同①326.
⑤ 同①321.
⑥ 同①568.

支配。"① 劳动和资本之间巨大的力量差异,表现为劳动者的弱势地位以及资本家的绝对强势地位。《资本论》中对此进行了形象的描述:"原来的货币占有者作为资本家,昂首前行;劳动力占有者作为他的工人,尾随于后。一个笑容满面,雄心勃勃;一个战战兢兢,畏缩不前,像在市场上出卖了自己的皮一样,只有一个前途——让人家来鞣"。②

  资本主义生产方式要求可持续的劳动力再生产。资本这一社会力量的本性在于对劳动力的无限延长劳动时间、提高劳动强度的压榨,追求尽可能多的绝对剩余价值和相对剩余价值。其无限扩张对资本主义社会的存续构成了严重的威胁。一方面,随着资本主义社会化大生产的推进,对劳动力的再生产以及劳动力能力的提升提出了更高的要求,所以,保护劳动者的报酬权、培训权、受教育权等成为一种必需。另一方面,资本主义国家认识到资本的发展以及膨胀造成了对劳动力的大量破坏,尤其是可投入生产领域的劳动力数量减少,无法满足资本主义社会日益增长的对大量劳动力的需求,因此,保护劳动者的休息休假权等,实现劳动力再生产成为一种必需。

  传统民法对资本主义劳资关系无力规范。资本主义国家强大的民法体系,尽管包含了对雇佣关系的法律规制,但是面对着新型社会关系,却无能无力。劳动的社会化使得出卖自己的劳动力成为劳动者生存的必要手段。同时却使所有劳动者进一步丧失自由,不仅仅是出卖劳动力的自由,更是在劳动过程中的人身和财产自由,严重违背了资产阶级革命所倡导的自由、平等、博爱的社会政治思想,违背了资本主义社会所主张的契约自由。随着资本的发展,其逐渐超越了民法的约束范围,成为一种在全社会范围内至高无上的主宰,资本与劳动之间关系的完全失衡,使得作为社会主体的劳动者成为了资本的附庸。面对着劳资关系中所显现出的严重失衡问题,迫切需要法律的介入,而民法则显得力不从心。因为民法所坚守的契约自由原则,在劳动力商品的买卖中,看似自由的表象下掩藏了对劳动力买卖的社会强制性。在劳动力商品的交换关系中,资本家对剩余价值的无偿占有,使得民法所坚持的等价有偿等原则无法实施。资本的扩张已经无法在民法平等的人身关系和财产关系这一法律模式下进行,资本的扩张破坏了这一平等关系,使民法所坚守的平等主体这一最基本的立法基础受到了挑战。马克思对此也进行了生动的描述:"机器引起的劳动力买者和卖者之间的法的关系的革命,使全部交易本身失去了自由人之间的契约的外表,这就为后来英国议会提供了国家干涉工厂事务的法律上的根据。"③ 从以上种种,可以看出,资本作为一种社会力量的不断扩张,使得资本与劳动这一新型的社会关系已经超越了民法这一私法的规范领域,而成为公法和社会法调整的重要范畴,这就提出了法律制度进行深刻变革的社会需求。因此,劳动价值理论和剩余价值学说的提出,对法律体系的变革和走向提供了一种经济学视

---

  ① 我妻荣.债权在近代法中的优越地位[M].王书江,张雷,译.北京:中国大百科全书出版社,1999:265.
  ② 马克思恩格斯文集:第5卷[M].北京:人民出版社,2009:205.
  ③ 同②457.

角的解释和说明①,这一变革就是劳动法从民法中分离出来而成为独立的法律。担当调整劳动社会关系使命的劳动法登上了历史的舞台,实现了从个人本位向社会本位的转变。其以社会法的形式出现,以维护长久的社会秩序为目标,以矫正劳动关系主体的力量失衡为价值理念,以倾斜保护劳动者为基本原则。

资本主义国家在劳动法领域的自我调整,反映了社会经济发展的变革对于劳动法律制度的需求,具有进步性的一面;同时也要看到,理论意义上的劳动法与资本主义国家现实的劳动法并非完全一致。而且,以劳动法来保护劳动者这一进程的实现也不是自发产生的,更不是资本家的仁慈造就的,而是工人阶级通过斗争逐步实现的。正如《资本论》所阐释的:"决不是议会设想出来的。它们是作为现代生产方式的自然规律从现存的关系中逐渐发展起来的。它们的制定、被正式承认以及由国家予以公布,是长期阶级斗争的结果。"②

(二)阐发了劳动法的价值与作用

《资本论》从资本主义生产过程和资本主义社会发展的视角,深刻阐释了劳动法的价值,同时对资产阶级工具化利用劳动法以及所产生的法律实践进行了深刻的批判。

(1)实现劳资之间的抗衡。资本的压榨导致大量"工人身体退化,遭受种种折磨,早期死亡"。面对劳动与资本之间严重失衡的这一社会现实,有必要通过劳动法进行纠偏。《资本论》第一版序言说,"在资本主义生产已经在我们那里完全确立的地方,例如在真正的工厂里,由于没有起抗衡作用的工厂法,情况比英国要坏得多。"③《资本论》通过对英国和其他国家劳资关系现状的横向比较,认为英国的工厂法在平衡劳资关系中发挥了一定的作用。恩格斯在1890年致康施密特的一封信中,对于法律的作用阐释道,"看看资本论,例如关于工作日的那一篇,那里表明立法起着多么重要的作用"。④

(2)协调资本家之间的无序竞争。随着资本的权力扩张,无限度地压榨劳动力并获取剩余价值成为一种竞赛,遏制资本之间的无序竞争,协调资本之间的恶性竞争成为劳动法的历史使命。"当工厂法规定工厂、工场手工业等的劳动时,这最初仅仅表现为对资本的剥削权利的干涉",这一干涉并非是要完全限制资本对劳动的剥削,而是通过劳动法旨在实现"对劳动的剥削实行平等的限制",消除因为不平等的剥削权而引发的资本家之间的获取剩余价值的不平等。因为"立法者根本不想触犯资本榨取成年劳动力的自由,即他们所说的'劳动自由',于是想出一种别出心裁的制度来防止工厂法造成这种令人发指的后果"。

(3)追求社会公平正义。从根本上来讲,社会正义是劳动法产生、发展的根本精神

---

① 于丽平.劳动、资本与法律:马克思的劳动法思想解读[J].山东财政学院学报,2010(1):51.
② 马克思恩格斯文集:第5卷[M].北京:人民出版社,2009:326.
③ 同②8-9.
④ 马克思恩格斯选集:第4卷[M].北京:人民出版社,1995:704.

和理念。① 对于资产阶级,其所谓的正义,就是"撇开其较高尚的动机不说,他们的切身利益也迫使他们除掉一切可以由法律控制的、妨害工人阶级发展的障碍"。② 对工人阶级的一定程度的保护,是为了劳动力再生产的顺利进行,是为了维系现有的社会生产得以持续。因为,就连资本主义国家的委员会都"认为,把工作日延长到 12 小时以上,是横暴地侵犯工人的家庭生活和私人生活,这会破坏一个男人的家庭,使他不能履行他作为一个儿子、兄弟、丈夫和父亲所应尽的家庭义务,以致造成道德上的非常不幸的后果"。③ 出于维护正义的社会需求,后期的劳动法逐步强调国家对于劳动关系中具有公法属性的领域的强制性规范,很多国家制定了大量的劳动基准法,建立了最低工资制度等最低标准。

(4)反作用于经济基础。劳动法在发挥上述价值的同时,也引发了传统社会生产方式的变革,"它迫使单个的工场实行划一性、规则性、秩序和节约",工场手工业和家庭劳动向机器大工业转变;造成了"对技术的巨大刺激,……提高劳动强度并扩大机器与工人的竞争"④,劳动法作为上层建筑对经济基础的反作用得以显现。恩格斯在 1890 年致康·施密特的信中说,"如果巴尔特认为我们否认经济运动的政治等等的反映对这个运动本身的任何反作用,那他简直是跟风车作斗争了。看看资本论,例如关于工作日的那一篇,那里表明立法起着多么重要的作用"。⑤

(三)建构了劳动权利的内容及结构

(1)对劳动者个人权利的扩展。《资本论》中最初论述了工作日必须由劳动法来加以规范,确立了劳动者的休息休假权。其后,又提出了劳动者的安全权,"为了迫使资本主义生产方式建立最起码的清洁卫生设施,必须由国家颁布强制性的法律。"⑥同时将劳动者的安全权扩展到"对空间、空气、阳光以及对保护工人在生产过程中人身安全和健康的设备系统"⑦的需求,其中包含了对劳动者精神的保护。对于劳动者的获取报酬权,不仅仅在于对传统工资等报酬的关注,更是提出了报酬权的未来发展指向:在共产主义的低级阶段,"生产者的权利是同他们提供的劳动成正比例的,平等就在于以同一尺度——劳动——来计量"。⑧ 关于产业民主权,尽管《资本论》没有明确提及,但是马克思批判了资本主义生产过程的专制,"资本在工厂法典中却通过私人立法独断地确立了对工人的专制"⑨,从另一个侧面提出了产业民主的必要性。当然,《资本论》也同时提出,

---

① 韩伟.契约自由与劳动法的兴起:《资本论》的法哲学解读[J].理论导刊,2008(7):34.
② 马克思恩格斯文集:第 5 卷[M].北京:人民出版社,2009:9.
③ 同②292.
④ 同②576.
⑤ 马克思恩格斯选集:第 4 卷[M].北京:人民出版社,1995:704.
⑥ 同②554.
⑦ 同②491.
⑧ 马克思恩格斯选集:第 3 卷[M].北京:人民出版社,1972:304.
⑨ 同②488.

对于上述劳动权利的现实演进,也绝非是人为设定的,因为"权利决不能超出社会的经济结构以及由经济结构制约的社会的文化发展"。①

(2) 从劳动者个人权利向集体权利的扩展。之所以要实现向集体权利的扩展,"是因为一个强有力的组织,使一部分工人能够保持较高的生活水平作为衡量他们的工资的尺度,而另一部分工人由于没有组织和力量薄弱,不但必须忍受雇主的不可避免的勒索,而且还要忍受雇主的任意的勒索"②。面对着资本家与工人之间"权利同权利相对抗,而这两种权利都同样是商品交换规律所承认的。在平等权利之间,力量就起决定作用"。这里的力量,对劳动者而言是指通过工人的联合壮大自身的斗争能力。这一点早在《共产党宣言》中,马克思和恩格斯就明确提出了"使工人通过结社而达到的革命联合"。当然,对于劳动者的结社权,《资本论》并非充满期待,因为通过对英国1799年禁止结社法、法国1810年刑法典、英国1825年结社法等法律的研究,可以看出,禁止结社或有条件的结社是资本主义刑法和劳动法的一贯主题,基于此,提出了劳动者应通过共同行动来获得团结权和斗争权,因为"孤立的工人,'自由'出卖劳动力的工人,在资本主义生产的一定成熟阶段上,是无抵抗地屈服的"。③ 在权利设定的基础上,如何斗争以实现自己的权利,《资本论》也提出了具体的实施路径,即"为了'抵御'折磨他们的毒蛇,工人必须把他们的头聚在一起,作为一个阶级来强行争得一项国家法律,一个强有力的社会屏障,使自己不致再通过自愿与资本缔结的契约而把自己和后代卖出去送死和受奴役"。④

(3) 对教育权与劳动权以及人的全面发展的关系的充分阐释:①教育作为劳动者需要具备劳动技能的教育培训,"为改变一般人的本性,使它获得一定劳动部门的技能和技巧,成为发达的和专门的劳动力,就要有一定的教育或训练。"⑤②儿童参与劳动过程的知识需求,要求儿童接受教育。在英国1802年的《学徒健康与道德法》中,要求厂主对童工进行读、写、算的教育。1833年的工厂法要求14岁以下在纺织工厂劳动的童工每天须接受2小时的义务教育。1844年的工厂法要求8~13岁童工每周须在校学习6个半天或3天,否则不得受雇。《资本论》通过对这一制度现状的分析,提出了"尽管工厂法的教育条款整个说来是不足道的,但还是把初等教育宣布为劳动的强制性条件",即工厂教育是强制性的,并且是劳动条件之一,由此可以看出,儿童的劳动权是以受教育权为前提和基础的,这一论断对当今一些国家使用童工等仍具有重要的指导价值。③劳动与智育和体育相结合。《资本论》认为工厂法教育条款的成就"第一次证明了智育和体育同体力劳动相结合的可能性,从而也证明了体力劳动同智育和体育相结合的可能性。"⑥这是今天我们提出在大中小学中开展劳动教育的理论基础。④通过教育实

---

① 马克思恩格斯选集:第3卷[M]. 北京:人民出版社,1995:305.
② 马克思恩格斯全集:第19卷[M]. 北京:人民出版社,1972:278.
③ 马克思恩格斯文集:第5卷[M]. 北京:人民出版社,2009:346.
④ 同③349.
⑤ 同③200.
⑥ 同③555.

现人的全面发展。一方面,"使理论的和实践的工艺教育在工人学校中占据应有的位置"①,实现理论教育与实践教育的有效融合;另一方面,"生产劳动同智育和体育相结合,它不仅是提高社会生产的一种方法,而且是造就全面发展的人的唯一方法"②,这一论断对于今天德智体美劳全面发展的教育方针仍然具有指导意义。

(4)劳动权向社会领域的扩展。劳动者的权利不仅局限于企业劳动关系领域,更应扩展到社会领域。一方面,恩格斯主张工人在议会里必须有充分的代表权,"必须要有组织,但不是个别行业的组织,而是整个工人阶级的组织"。③另一方面,面对着"大工业在瓦解旧家庭制度的经济基础以及与之相适应的家庭劳动的同时,也瓦解了旧的家庭关系本身"④,有必要建立确保劳动者生存的社会保障制度,如将"利润的一部分,即剩余价值的一部分……必须充当保险基金"⑤,以实现对劳动者生存最基本的保障。与此同时,在劳动者获得社会保障时,应遵循平等公平正义的基本原则,"每一个生产者,在做了各项扣除以后,从社会领回的,正好是他给予社会的。他给予社会的,就是他个人的劳动量"⑥。

三、《资本论》对劳动法现实推进的理论指导

(一)对劳动法的普遍化给予理论指引

(1)推进了劳动法地域范围的普遍化。英国作为最早产生工厂立法的国家,"由法律来限制、规定和划一工作日及休息时间……在19世纪上半叶只是作为例外情况由法律规定的"。⑦但是,随着社会经济基础的变化,随着资本主义生产方式的逐步扩张,这种立法不得不逐渐去掉它的例外性,成为资本主义世界的一种普遍现象,世界各国的"劳资关系及其立法将会同英国一样明显而不可避免,工业较发达的国家向较不发达的国家所展示的,只是后者未来的发展景象"。其后,劳动立法迅速向美洲国家扩张,"南北战争的第一个果实,就是争取八小时工作日运动,这个运动以特别快车的速度,从大西洋跨到太平洋,从新英格兰跨到加利福尼亚"。⑧劳动立法的普遍化,在《资本论》出版后,更是如雨后春笋般在世界范围内兴起,资本主义国家纷纷实现了从民法向劳动法的转向,到20世纪初,世界主要资本主义国家都建立起了自己的劳动法。一战前,以德国为首的社会保障立法成为这一时期劳动立法的亮点。二战前,以1935年美国《国家劳工关系法》(《华格纳法》)为代表的劳动法更是将集体谈判权等集体劳动权利作为劳动

---

① 马克思恩格斯文集:第5卷[M].北京:人民出版社,2009:561-562.
② 同①556-557.
③ 马克思恩格斯全集:第19卷[M].北京:人民出版社,1972:286.
④ 同①562.
⑤ 马克思恩格斯文集:第7卷[M].北京:人民出版社,2009:960.
⑥ 马克思恩格斯选集:第3卷[M].北京:人民出版社,1995:304.
⑦ 同①345.
⑧ 同①348.

立法的主题方向。20世纪50~70年代,世界范围内兴起了产业民主的立法高潮。

(2)推进了劳动法规范部门的普遍化。工厂法从一个只在"纺纱业和织布业中实行的法律,发展成为一切社会生产中普遍实行的法律,这种必然性……是从大工业的历史发展进程中产生的"。19世纪后半叶的工业化进程推动劳动法逐步进入到"一切金属工厂、造纸厂、各种木器业及其他种种杂品制造业",发展到今天,劳动法已经成为调解各类劳动关系的大容器。在劳动法普遍化的进程中,仍然遵循了从特殊部门立法向一般部门立法的演进痕迹,如德国1951年《煤钢共同决定法》和1952年《企业委员会法》,从最初的限制特殊行业到最终适用于很多行业。除了典型的社会化大生产部门之外,劳动法的调整范围也在向家庭劳动、手工工场等实现扩张。"不仅许多别的生产部门采用了真正的工厂制度,而且那些采用或多或少陈旧的生产方式的手工工场以及老式的手工业,甚至那些分散的所谓家庭劳动",也都进入了劳动法的调整范畴。

(3)推进了劳动法保护群体的普遍化。马克思通过研究法国1806年工厂法和1841年《童工、未成年工保护法》等法律,指出法国劳动立法所显现出的独特的优点:覆盖各类劳动者,"法国法律作为原则宣布的东西,在英国则只是以儿童、少年和妇女的名义争取的东西,并且这些东西直到最近才作为普遍的权利提了出来"。[①] 在当今世界各国劳动法很多将标准劳动关系和非标准劳动关系所覆盖的各类劳动者纳入劳动法的范畴。如德国的劳动法,除了保护一般劳动者之外,还规定了类劳动者。在一些国家的劳动法中更是用worker(工人)替代了employee(雇员)。随着集体劳动权利的确立,工会等组织也成为了劳动法的主体。随着灵活就业的兴起,将灵活就业劳动者纳入劳动法保护体系成为了国际劳工公约和世界劳动立法的重要方向,如国际劳动组织1994年通过了《非全日制工作公约》和《非全日制工作建议书》,美国多州形成了保护零工经济的判例法,我国也提出加紧研究平台经济的劳动保护制度。当然,很多国家在普遍保护之外仍保留了对特殊群体的特殊保护,对妇女、青年、童工等群体采用专门劳动立法加以保护。

(二)对推进世界工人运动进而推动劳动法提供了理论遵循

(1)《资本论》对于工人阶级运动的理论指引,离不开它的广泛传播和大众化阐释。1867年,在《资本论》第一卷德文第一版发布之后的20年间,它在欧洲工人运动中得到广泛的传播,被工人运动的领袖们称为"工人阶级的圣经"。其后,在全世界通过70多种语言翻译和传播,受其影响的国家遍及全球,其中受影响最大的国家或地区包括德国、苏联(俄罗斯)、意大利、法国、中国、日本、拉丁美洲、西班牙、美国、英国、葡萄牙、巴西、加拿大、印度以及北欧四国等。19世纪90年代国际工人运动的蓬勃发展,离不开恩格斯构建的概念体系和大众化阐释。在构建马克思主义体系的过程中,恩格斯以更具全面性、整体性和通俗性的笔触再现了马克思的核心思想,使工人与无产阶级等不具备专业知识的普通群众能够更快地吸收马克思的思想精华。为了揭示资本主义的运作机

---

① 马克思恩格斯文集:第5卷[M].北京:人民出版社,2009:347.

制及其对工人的剥削真相,恩格斯深入工厂中进行实证调查;为了推动无产阶级解放事业的蓬勃发展,他投入无产阶级的革命运动之中,为其提供理论指导与策略支持。①1868年9月,国际工人协会布鲁塞尔大会通过了关于学习《资本论》的专门决议,"建议所有国家的工人都来学习去年出版的卡尔·马克思的《资本论》,呼吁协助把这部著作译成目前还没有翻译出来的各种文字"。正如恩格斯所说,"本书所做的结论日益成为伟大的工人阶级运动的基本原则,不仅在德国和瑞士是这样,而且在法国、在荷兰和比利时,在美国,甚至在意大利和西班牙也是这样的;各地的工人阶级都越来越把这些结论看成是对自己的状况和自己的期望所做的最真切的表述"。② 可以说,《资本论》为工人阶级从一个自发的阶级成长或发展为一个自觉的阶级提供了巨大的理论支持③。

(2)《资本论》作为国际工人运动的理论遵循,对于推动世界劳动法的进步发挥了巨大的作用。马克思提出:"批判的武器当然不能代替武器的批判,物质力量只能用物质力量来摧毁;但是理论一经掌握群众,也会变成物质力量。"在1871年巴黎公社革命中,马克思作为第一国际的重要领导人参与了这次革命,并通过对革命的经验教训的总结,进一步完善了《资本论》的一些内容。巴黎公社所探索的协作工人联合体成为其后劳动法中所建立的工人委员会的最初模板。1876年第一国际解散后,随着科学社会主义在欧美的广泛传播,19世纪80年代末,欧美国家建立了德国社会民主工党等16个工人阶级政党。第二国际作为一个工人运动的世界组织,1889年通过了《劳工法案》及《五一节案》,决定以同盟罢工作为工人斗争的武器,并创始了8小时工作制运动。

在《资本论》的思想引领下,世界各国工人阶级斗争日趋激烈,国际社会逐步意识到保护劳工的必要性。一战结束后的巴黎和会专门设立了国际劳工立法委员会,讨论劳工问题。该委员会由政府、雇主和工会三方代表组成。1919年,第一届国际劳工大会宣布成立国际劳工组织,并决定将其作为国际联盟的附属机构,旨在促进充分就业和提高生活水平,促进劳资双方合作,扩大社会保障措施,保护工人的生活与健康。国际劳工组织的成立,既是主要资本主义国家出于道义目的,也是出于对世界各国在劳动成本方面平等竞争的经济目的等多方面的考量,更是出于对社会不安定甚至出现革命等政治目的的考量,在国际范围内针对劳动关系所进行的自我革新。自1919年成立以来,国际劳工组织在保护劳动者权益中发挥了巨大的作用,制定了包括《最低就业年龄公约》《同工同酬公约》等在内的188项公约和203项建议书,已形成了较为完备的国际劳工标准体系。

资本主义国家劳动法律制度的演进,尽管并未向马克思所设想的理想劳动关系模型直接过渡,但是,在工人斗争的推动下,各国逐步适应了社会现实,实现了劳动法律制度的巨大变革。这被法国巴黎第十大学荣誉教授艾蒂安·巴利巴尔认为是"马克思在

---

① 刘同舫. 恩格斯思想的历史地位与伟大贡献[J]. 福建师范大学学报(哲学社会科学版),2020(4):3.
② 萧灼基. 马克思传[M]. 北京:中国社会科学出版社,2008:28.
③ 邱海平.《资本论》的历史地位和当代价值:纪念马克思诞辰200周年[J]. 前线,2018(6):49.

'工作日'章中设想的一种阶级斗争方案,即通过无预定目标的社会变革和劳动立法来争取无产阶级的权益"。① 但与此同时,必须看到资本主义国家劳动法仍存在着历史的局限性,这一局限性受制于其赖以存在的社会基础。

(三)《资本论》指导下的苏联劳动法产生了辐射作用

苏联这一社会主义国家的确立第一次验证了马克思主义从理论到实践的转变,俄国十月革命并非如葛兰西所说是"反《资本论》的革命",而是《资本论》思想在现实历史进程中的逻辑展开。伴随着社会主义制度的确立,1918年《苏俄宪法》规定了公民的劳动权,这是历史上第一部规定劳动问题的宪法。1918年12月《俄罗斯苏维埃联邦社会主义共和国劳动法典》(以下简称《苏俄劳动法典》)颁布,这是历史上第一部社会主义国家的劳动法。其后,为了适应新经济政策的需要,全俄中央执行委员会于1922年通过了新的《苏俄劳动法典》,并于1934年对该法典进行了修订,这部法典直至1972年才被第三部《苏俄劳动法典》所取代。1922年《苏俄劳动法典》确立了"实现、巩固与进一步发展社会主义的社会劳动组织,提高劳动者的物质福利水平和保护他们的健康"的立法宗旨,并基于这一立法宗旨建立了具体的劳动权利体系,还充分赋予了劳动者组织工会等民主权利以及工会有权代表劳动者权益,规定了"职工会(产业工会)在国家的、公共的及私人的各企业、机关与农场中,为联合雇佣工作公民之组织,有权以雇佣工作人员名义,作为缔结集体合同之一方,与各种机关接洽,并在劳动与生活的一切问题上有权代表雇佣工作人员"。该法提出了工会的主要任务不仅是保护工人和职员在劳动条件和生活条件方面的切身利益,监督企业行政切实执行有关劳动保护、社会保险、工资支付等规范,而且必须协助生产的正常进行等。《苏俄劳动法典》是在马克思主义和列宁思想的指引下所制定的,它对于世界各国工人阶级开展斗争具有重要的指引价值,其中关于劳资两利、工会的职责等的规定对于一些资本主义国家劳动立法产生了一定的示范性作用,尤其是对一些国家劳动关系中建立社会伙伴关系、信任合作劳动关系等提供了启发和思路,因此间接影响到世界各国劳动法的走向。

(四)《资本论》对未来劳动法发展趋势的理论指引

"马克思主义是实践的理论,指引着人民改造世界的行动。"②《资本论》对于世界各国劳动法发展的影响,不仅仅在于对当时社会中劳动法的现实关照,也在于对150年来劳动法发展的理论指导及实践推进,更在于对未来劳动法发展趋势的建设性构建。

(1)在《资本论》中,马克思建构了劳动关系理想模式,即通过对财产的共同占有来结束资本与劳动的分割状态,消除市场机制及雇佣关系,形成一种无强权的劳动关系结

---

① 张福公.重新探索马克思《资本论》的当代意义:"150年后的马克思《资本论》:对资本主义的批判与替代"国际学术会议综述[J].哲学分析,2017(6):172.

② 习近平.在纪念马克思诞辰200周年大会上的讲话[N].北京日报,2018-05-05(2).

构①,直至最终完全废除雇佣劳动制度。这种劳动关系理想模式在当前的社会形态下仍无法全面实现,因为"社会不是以法律为基础的……法律应该以社会为基础。法律应该是社会共同的、由一定物质生产方式所产生的利益和需要的表现"。② 当代劳动关系所处的发展阶段,尚不能完全摆脱资本权力与劳权之间、管理权与劳权之间的矛盾与冲突。因此,实现劳动保护的根本途径仍然是减弱资本优先权和管理优先权对劳动关系的过度控制,寻求更为平衡的权利与利益关系。③ 尽管如此,《资本论》作为一种科学理论体系和方法论,对于未来劳动关系的发展趋势以及劳动法律制度的走向具有重要的预测作用,对于指导世界各国劳动法的发展具有重要的价值和意义。正如恩格斯在写给桑巴特的信中所指出的那样,"马克思的整个世界观不是教义,而是方法。它提供的不是现成的教条,而是进一步研究的出发点和供这种研究使用的方法"。④ 在经济全球化时代,面对着资本的扩张,如何运用《资本论》这一方法,重新界定资本与劳动的关系,审视资本扩张所导致的劳动者相对贫困、工人运动不断瓦解和劳动者日益丧失谈判权等社会现实,成为劳动法的一个重要时代使命。在数字经济时代,面对劳动的分散化、就业的灵活化,如何防止劳动者保护重回马克思所处的时代,成为劳动法关注的一个重要领域。

(2)关于未来劳动法的发展走向,在近百年的研究中诸多学者继承《资本论》的衣钵,以不同的视角呈现了劳动法的未来走向。英国伦敦经济学院教授理查德·海曼(Richard Hyman)提出:"在全球范围内,为生存而工作越来越明显地变成了争取收入、工作安全、体面和控制的斗争。这种斗争似乎经常以失败而告终,但随之而来的就是新的抵制。"⑤法国经济学家皮凯蒂分析了当代资本主义世界中雇佣劳动与资本的关系,认为趋同力量与分化力量在资本与劳动的权力与利益关系中交替出现⑥。资本主义阶级结构理论的主要代表性人物、美国威斯康辛大学教授埃里克·赖特(Erik Wright)认为,通过劳资合作可以让双方的利益都有所提升。美国马萨诸塞大学安姆斯特分校名誉教授理查德·沃尔夫(Richard Whorf)认为,"建构一种工人合作社,让所有工人平等参与生产,民主商议生产分配问题",以实现生产过程的民主。意大利比萨大学阿方索·M.拉科诺(Alfonso Maurizio Lacono)教授认为,"需要重建马克思所倡导的那种非强制的共享性合作关系"。⑦迈克·布洛维(Michael Burawoy)提出了理想的社会主义企业治理模式——"雇员所有制",这是一种让工人自己拥有生产资料,从而不受资本家控制和

---

① 张立富,王兴化.马克思劳动关系理论与全球劳动关系的演变[J].中国劳动关系学院学报,2017(6):34.
② 马克思恩格斯全集:第6卷[M].北京:人民出版社,1975:291-292.
③ 同①35.
④ 马克思恩格斯选集:第4卷[M].北京:人民出版社,1995:742.
⑤ 海曼.劳资关系:一种马克思主义的分析框架[M].北京:中国劳动社会保障出版社,2008:6.
⑥ 皮凯蒂.21世纪资本论[M].巴曙松等,译.北京:中信出版社,2014:286.
⑦ 张福公.重新探索马克思《资本论》的当代意义:"150年后的马克思《资本论》:对资本主义的批判与替代"国际学术会议综述[J].哲学分析,2017(6):173.

剥削的社会主义生产模式①。这些理论的提出,都是在遵循《资本论》的基础上,结合社会现实所进行的制度设计。

（3）在马克思主义指导下,我国提出了共享的发展理念,逐步建立了相对完备的劳动法律制度体系,对保护劳动者合法权益、构建和谐劳动关系、实现劳动者作为人的全面发展提供了坚实的制度支撑。与此同时,以人民为中心的中国特色劳动法律制度体系对于世界劳动法的发展做出了巨大的贡献。中国建立并不断发展完善了职工代表大会制度等企业民主管理制度,建立并发展了集体协商,职工董事、职工监事等职工参与制度,提出了劳动关系中的共商共建共享和劳动者分享改革成果。2015年《中共中央国务院关于构建和谐劳动关系的意见》中提出"企业和职工利益共享",《关于深化国有企业改革的指导意见》中提出"探索实行混合所有制企业员工持股"等分享经济,形成资本所有者和劳动者利益共同体。2017年国务院印发《划转部分国有资本充实社保基金实施方案》,决定按照10%的比例划转部分国有资本充实社保基金,以充分体现基本养老保险代际公平和国有企业发展成果全民共享②。2019年财政部等五部门联合印发了《关于全面推开划转部分国有资本充实社保基金工作的通知》,进一步在全社会范围内实现国有企业收益的全民共享。这些有益的探索和实践对于世界各国劳动法的发展具有重要的借鉴价值。未来世界各国劳动法的发展走向,基于共享理念进行劳动法律制度的建构将成为一个重要的趋势。当然,从其最终趋势来看,正如加拿大西蒙弗雷泽大学加里·蒂普尔(Gary Teeple)教授所认为的,"随着社会生产力的发展,机器逐渐代替劳动,价值趋向于无,最终将实现劳资关系的终结"③,劳动法的历史使命则相应终结。

---

① 张嘉昕,王芳菲. 国外马克思主义的劳动关系理论[J]. 理论视野,2018(5):21.
② 明年底前国企10%股权划转社保基金[N]. 人民日报,2019-11-16(3).
③ 张福公. 重新探索马克思《资本论》的当代意义:"150年后的马克思《资本论》:对资本主义的批判与替代"国际学术会议综述[J]. 哲学分析,2017(6):174.

第二章 劳动关系中共享发展的内涵

关于马克思是否提出了共享发展思想,在已有的研究中有两种的声音。一种观点认为马克思不可能提出共享发展思想,以王华华等[1]为代表。他们认为"马克思'理论批判武器'的锋利性和'革命行动意图'的彻底性,决定了马克思在当时社会背景下不可能提出'共享发展'的概念"。从马克思的著作文本中不能直接发现马克思使用过"共享发展"这个概念,而从马克思的理论体系建构历程中也能看出马克思不可能在当时的社会背景下用"共享发展"这个概念,来阐释无产阶级和资产阶级在生产活动中可能通过"共享发展"来调和资本主义私有制下的"不可调和的阶级矛盾"。第二种观点认为马克思提出了共享发展思想[2],也有学者通过政治经济学分析,提出"通过构建劳动价值论、剩余价值论、资本积累论的理论逻辑,马克思深刻剖析了资本主义生产方式的特征及其经济运行规律[3],为共享发展的理念寻找到了科学的理论支撑"。[4]

对于共享的研究,其他学者的理论和观点也值得借鉴。在已有的研究中,通过对资本主义企业演进的分析,提出了从传统资本主义企业向现代公司的转变中,逐步实现了产权从所有者向所有者——经理的变迁,[5]这一观点从股东所有权理论到两权分离理论、委托代理理论的演进中可以得到有力佐证。对其后的产权变迁方向问题,尽管研究众多,但结论多不一致,出现了分歧。

利益相关者理论的代表人物布莱尔(1995)认为公司治理是指有关公司控制权或剩余索取权分配的一整套法律、文化和制度性安排,基于布莱尔的理论,他提出公司不应仅考虑公司股东利益的最大化,而应该将劳动者、社区、债权人等都作为利益相关者纳入公司的治理之中,以实现所有利益相关者的最大化,并建立与其相关的权利、责任和义务体系。

---

[1] 王华华. 马克思讲过"共享发展"吗?:兼评马克思主义中国化研究中的两种倾向[J]. 社会主义研究,2017(1):45.
[2] 陈进华,马克思主义视阈下的财富共享[J]. 马克思主义研究,2008(3):38-42.
[3] 邵彦敏,赫名超. 马克思关于共享发展思想的理论逻辑[J]. 理论学刊,2016(6):4-8.
[4] 杨云霞,庄季乔. 马克思共享发展思想在中国劳动关系中的实践[J]. 西安财经学院学报,2019(2):95.
[5] 平乔维奇. 产权经济学:一种关于比较体制的理论[M]. 蒋琳琦,译. 北京:经济科学出版社,1999,64-66.

产业民主理论主张员工有权参与企业决策或发表意见,强调"共同决策"的概念,提出产业民主可以通过团体协约的制订、劳资会议的召开、员工利润分享、员工分红入股、工会代表加入董事会等方式实施。平乔维奇也对德国的共同决定制企业进行了研究,并将其称为是"残缺的所有权"。[①] 可以看出,理论界对产权权利配置的研究从单纯对股东和经营者关注逐步转向对劳动者的关注。

在这一时期产权经济学研究中,有学者提出了这样一个结论:产权制度发展的趋势是经济权力从资本向劳动的转移;产权范畴的本质是对生产资料私有制的渐进式否定。从历史的演进过程可以看到,产权权力束中的各项经济权力,逐渐地从一开始的属于同一主体演变为分属不同主体,这是一个客观规律。通过对经济现实的分析可以发现,在经济权力分离的过程中,存在规律性的趋势:权力由全部属于资本所有者,逐渐转移到劳动者手中。在社会发展的现阶段,转移到劳动者手中的经济权力还只是一部分,但随着历史的演进,经济权力转移的趋势必然是越来越多地转向劳动者。当所有的经济权力从完全属于资本转变成完全属于劳动者时,社会形态就完全发生了变化,生产资料私有制就消亡了。经济权力的过渡过程是对生产资料私有制度的渐进式否定。所以,作为产权制度的经济范畴的产权范畴,其本质是对生产资料私有制的渐进式否定。

在政治经济学的研究中,也有人提出产权出现了从"资本雇佣劳动"向"劳动雇佣资本"的逐步转变,其中,所谓资本雇佣劳动,是指一切剩余权利归属资本所有人,而人力资本投入的经营者和工人通常只得到固定的工资。所谓劳动雇佣资本,是指人力资本所有者获得全部剩余权利,根据具体的协议,归还资本一定的报酬(利息或利润)。

此外,也有学者提出了相同或相似的观点。如史正富(2012)认为西方现代企业产权制度的革命,在很大程度上扬弃了古典意义上的私人所有制,实现了产权安排的高度多元化和社会化。李炳炎(2015)提出了从单一的资本产权向单一的劳动产权制度的跨越,资本产权的权能分解,基于此,我国企业理想的产权制度应当是以劳动产权为主、资本产权为辅的联合产权制度。

笔者认为,按照马克思、恩格斯的构想,共产主义社会将彻底消除阶级之间、城乡之间、脑力劳动和体力劳动之间的对立和差别,实行各尽所能按需分配,真正实现社会共享,实现每个人自由而全面的发展。马克思主义的劳动价值理论、剩余价值理论以及科学社会主义思想为经济领域的分配提出了发展方向,即实现按需分配。马克思通过劳动价值理论和剩余价值论,清晰回答了谁创造价值和占有剩余价值的问题,并且对于资本主义制度下的利益冲突的解决方式也提出了明确的思路。[②]

[①] 平乔维奇.产权经济学:一种关于比较体制的理论[M].蒋琳琦,译.北京:经济科学出版社,1999,74.

[②] 马克思恩格斯选集:第1卷[M].北京:人民出版社,2012:308-309.

通过上述梳理可以看出,在劳动关系协调理论演进中,共享理念的提出有助于不断完善传统劳动关系治理理论。共享发展思想的实质是劳动关系主体的参与管理和利益分享,其中,参与管理是基础和途径,利益分享是核心和归宿。[①]

[①] 杨云霞,庄季乔. 马克思共享发展思想在中国劳动关系中的实践[J]. 西安财经学院学报,2019(2):95-99。

第三章 习近平关于中国特色和谐劳动关系的重要论述

劳动关系是生产关系的重要组成部分,是最基本也是最重要的社会关系之一。习近平立足于劳动关系领域所面临的主要矛盾和时代任务,科学运用马克思主义理论,对劳动、劳动关系的主体、内容理论以及构建和谐劳动关系的路径等问题,进行了系统的阐释;以直面问题的担当,以马克思主义政治家的智慧,提出了马克思主义思想中国化的新成果——中国特色和谐劳动关系思想。深入研究习近平劳动关系思想,对于构建和谐劳动关系,促进经济健康发展,实现社会治理现代化具有重要的理论和实践价值。

一、习近平关于中国特色和谐劳动关系重要论述的政治价值

习近平深刻把握我国劳动关系的时代特点,对和谐劳动关系予以明确定位,立足于我国社会主要矛盾的变化,提出了和谐劳动关系的构建是一项系统工程。

(一)明确和谐劳动关系的政治定位

在2011年8月全国构建和谐劳动关系先进表彰暨经验交流会上,习近平指出,"构建和谐劳动关系,是建设社会主义和谐社会的重要基础,是增强党的执政基础、巩固党的执政地位的必然要求,是坚持中国特色社会主义道路、贯彻中国特色社会主义理论体系、完善中国特色社会主义制度的重要组成部分……把构建和谐劳动关系作为一项重要而紧迫的政治任务抓实抓好"。习近平的这一准确判断,提出了在认识上要高度重视劳动关系问题,要把它放在政府的重要任务和执政党的重要使命上来认识,要将劳动关系与经济持续健康发展、社会管理、保障和改善民生紧密结合。

为落实好这一政治任务,劳动关系领域应当贯彻"创新、协调、绿色、开放、共享"的五大发展理念,尤其是创新、共享等理念,在劳动关系中实现科技创新、文化创新、理论创新、制度创新;在劳动关系中,实现全民共享、全面共享、共建共享、渐进共享。为落实好这一政治任务,劳动关系领域务必以"四个全面"战略布局为引领,在劳动关系领域加强党的领导,将全面建成小康社会作为和谐劳动关系构建的总目标,并不断地深化劳动关系领域的改革,逐步形成具有中国特色的劳动关系法治体系。

为了保证这一政治任务的实现,必须要建立表达和维护职工合法权益的调控机制。习近平提出了要"抓住人民最关心最直接最现实的利益问题"。针对就业问题,他提出"就业是民生之本,实施就业优先战略",鼓励以创业带就业,维护劳动者平等就业权利,

努力让劳动者实现体面劳动、全面发展;针对收入分配问题,他指出"收入分配是民生之源",是改善民生、实现发展成果由人民共享最重要最直接的方式。要深化收入分配制度改革,不断增加劳动者特别是一线劳动者劳动报酬,努力实现劳动报酬增长和劳动生产率提高同步。①

(二)明确和谐劳动关系的构建必须直面社会主要矛盾的变化

党的十九大报告提出,"中国特色社会主义进入新时代,我国社会主要矛盾已经转化为人民日益增长的美好生活需要和不平衡不充分的发展之间的矛盾"。这一社会主要矛盾的变化在社会生活的诸多方面都有显现。从劳动关系领域看,这种矛盾可以概括为以下三个方面:①社会发展对构建和谐劳动关系提出了新要求。近些年,"互联网+"下的用工模式以及其他灵活用工模式的出现产生了对劳动法保护以及合作协商的制度需求。和谐社会的建设对劳动关系双方主体互利共赢,需要强调双方利益关系的一致性与合作性。②权利需求与制度供给之间还存在一定的不匹配。在劳动者权益诉求层面,表现为劳动者对更充分和更高质量就业的需求,从对生存权的需求逐步升级为对发展权的需求,从对报酬权这一单一权利向参与分享和体面劳动等多层次需求转变。而相应的制度供给仍表现出相对滞后与不足,使修改《中华人民共和国劳动合同法》等法律制度成为必然。③劳动关系领域表现出发展不平衡、不充分的矛盾。不平衡,主要表现在劳动关系主体之间的不平衡,劳动关系中焦点问题的不平衡等等。不充分,主要表现在制度供给不充分,劳动关系协调机制不健全,劳动权利设置不均衡,注重劳动管理,而忽视了协商参与等。

基于对我国社会主要矛盾变化的准确判断,习近平在国家战略层面进行了部署,确立了"创新、协调、绿色、开放、共享"五大发展理念,以此指导劳动关系的构建。针对劳动关系领域所面临的具体问题,习近平有针对性地提出了发展思路:①针对就业需求,他指出"就业是最大的民生。要坚持就业优先战略和积极就业政策,实现更高质量和更充分就业"。②针对劳动者参与需求,他提出要"完善政府、工会、企业共同参与的协商协调机制,构建和谐劳动关系"。③针对劳动者分享改革成果的需求,他提出"坚持在经济增长的同时实现居民收入同步增长、在劳动生产率提高的同时实现劳动报酬同步提高"。

(三)强调构建和谐劳动关系的系统工程属性

习近平将构建和谐劳动关系作为一项系统工程,从外在环境、内在环境、系统主体、系统要素等进行了阐述。习近平将劳动关系纳入到经济、社会、文化等社会环境之中,将劳动关系的和谐与经济的发展、社会的治理、文化的建设紧密结合,提出了通过经济发展促进就业、通过社会治理实现劳动关系的和谐、通过企业文化建设推动劳动关系和

---

① 中共中央宣传部.习近平总书记系列重要讲话读本[M].2016年版.北京:学习出版社,人民出版社,2016:217.

谐等。进一步丰富完善了劳动关系系统的主体客体内容等各个要素,提出劳动者主体与企业家主体同步协调发展。

对于构建和谐劳动关系,在系统论思想指导下,习近平也做出了全方位系统性部署。首先确立了构建和谐劳动关系的目标任务,进而明确提出了其工作原则,以此为基础确立了和谐劳动关系的六大实现路径:依法保障职工基本权益;健全劳动关系协调机制;加强企业民主管理制度建设;健全劳动关系矛盾调处机制;营造构建和谐劳动关系的良好环境;加强组织领导和统筹协调等。在每一个路径中,还建立了若干项具体的评价指标,如针对健全劳动关系协调机制,设定了全面实行劳动合同制度、推行集体协商和集体合同制度、健全协调劳动关系三方机制等若干评价指标。这一系统部署对于我国和谐劳动关系的构建具有重要的指导价值。

二、习近平关于中国特色和谐劳动关系重要论述的丰富内涵

习近平从下述几方面系统阐述了劳动关系,形成了完备的理论体系,具有丰富的内涵。本书从劳动观、劳动关系主体理论和内容理论分别进行阐述。

(一)劳动观

关于劳动,习近平做了一系列论述,形成了系统的劳动观。2015年,习近平在庆祝"五一"国际劳动节暨表彰全国劳动模范和先进工作者大会上强调,"劳动是人类的本质活动,劳动光荣、创造伟大是对人类文明进步规律的重要诠释。"[1]习近平提出"劳动是推动人类社会进步的根本力量"[2]"劳动是财富的源泉,也是幸福的源泉""必须牢固树立劳动最光荣、劳动最崇高、劳动最伟大、劳动最美丽的观念,让全体人民进一步焕发劳动热情、释放创造潜能,通过劳动创造更加美好的生活",开展"诚实劳动、辛勤劳动、创造性劳动"。已有研究将这些论述归纳为劳动本质论、劳动价值论、劳动原则论、劳动目标论[3]。

习近平的劳动观,不仅在于阐释劳动的价值、本质和目的,还在于针对新时代新要求,凝练了创造性劳动的范畴,提出了尊重知识、尊重创造性劳动,并将其付诸于制度实践。习近平在党的十九大报告中进一步强调,"创新是引领法治的第一动力,是建设现代化经济体系的战略支撑""坚定实施人才强国战略、创新驱动发展战略""建设知识型、技能型、创新型劳动者大军"。在党的二十大报告中指出,"必须坚持科技是第一生产力、人才是第一资源、创新是第一动力。"这是对劳动者在实现创新型国家建设中的新时代要求,同时也是劳动者社会主体地位的新形态。

---

[1] 习近平. 在庆祝"五一"国际劳动节暨表彰全国劳动模范和先进工作者大会上的讲话[N]. 人民日报,2015-04-29.
[2] 中国文献研究室. 习近平谈治国理政[M]. 北京:外文出版社,2014:44.
[3] 陈世润,王婷. 习近平劳动思想探析[J]. 学习论坛,2017(11):15-16.

(二)劳动关系主体理论

(1)强化党的领导主体作用。根据传统的劳动关系主体理论,狭义的主体为劳资双方,广义的主体还包括工会、雇主组织和政府。① 习近平在传统劳动关系主体理论的基础上,进一步丰富了主体理论,将党组织纳入到劳动关系的主体范畴,并充分阐释了党组织在劳动关系中的角色和领导地位。

1962年1月,毛泽东在扩大的中央工作会议上强调,"工农商学兵政党这七个方面,党是领导一切的"。习近平适应新时代变化,在党的十九大报告中提出,"党政军民学,东西南北中,党是领导一切的。"《中共中央 国务院关于构建和谐劳动关系的意见》提出"加快健全党委领导……""各级党委和政府要建立健全构建和谐劳动关系的领导协调机制……""各级党委要统揽全局,把握方向,及时研究和解决劳动关系中的重大问题……""加强企业党组织建设"。在宏观层面表现为党对劳动关系工作的全面领导,建立健全党对劳动关系工作的领导机制,增强党在劳动关系中的政治领导力、思想引领力、群众组织力和社会号召力;在微观层面表现为加强企业等用人单位中的党组织建设,充分发挥党组织统揽全局的作用。

(2)夯实劳动者主体地位。党的十八大以来,习近平发表了系列重要讲话,其中包含诸多关于"坚持人民主体地位"的重要论述。这些论述涵盖了始终把人民放在心中最高位置、坚持群众路线和群众观点②。这一思想反映在劳动关系领域,也就是坚持劳动者主体地位。这里的劳动者主体地位,不同于资本主义社会劳动者单纯地成为劳动过程中的参与者,其核心在于劳动者成为社会的主体;也不同于马克思《资本论》中对劳动者需要具备劳动者主体意识的理论论证和价值传播,其核心是劳动者在具备主体意识的基础上,通过具体的制度设计,实践和实现劳动者的社会主体地位。

社会主义制度使得劳动者社会主体地位的实现成为必然,公有制和民主制为实现劳动者社会主体地位奠定了基础,并通过具体的制度设计保障劳动者的社会主体地位。我国从宪法到法律法规、从中央文件到地方性文件都先后确立了体现劳动者主体地位的各项制度,如人民代表大会制度保障了劳动者的决策和监督权,职工代表大会制度保障了劳动者的民主管理权,职工董事、职工监事、集体协商制度保障了劳动者的民主协商权,员工持股计划等保障了劳动者的利益分享权。

在新时代,党中央进一步强调劳动者社会主体地位。2017年2月中共中央、国务院印发的《新时期产业工人队伍建设改革方案》强调"产业工人是工人阶级中发挥支撑作用的主体力量,是创造社会财富的中坚力量,是创新驱动发展的骨干力量,是实施制造强国战略的有生力量。"为了保障劳动者社会主体地位的实现,"要按照政治上保证、制度上落实、素质上提高、权益上维护的总体思路,改革不适应产业工人队伍建设要求的

---

① 程延园. 劳动关系[M]. 3版. 北京:中国人民大学出版社,2011:89.
② 郭广银. 习近平关于人民主体地位的思想对中国特色社会主义科学性和真理性的认识与思考[J]. 中共中央党校(国家行政学院学报),2014,18(05):19.

体制机制"。党的十九大报告提出"弘扬劳模精神和工匠精神",这些都是劳动者主体地位的现实体现。

(3)发挥企业家作用。和谐劳动关系的构建,一个很重要的实现机制在于经营者遵守劳动法律制度、履行企业社会责任。《中华人民共和国劳动法》明确规定了用人单位的劳动法义务,同时《中华人民共和国合伙企业法》将企业履行社会责任纳入立法中。《中共中央 国务院关于构建和谐劳动关系的意见》进一步提出"教育引导企业经营者积极履行社会责任"。包括加强广大企业经营者的思想政治教育,引导其践行社会主义核心价值观;教育引导企业经营者自觉关心爱护职工;建立符合我国国情的企业社会责任标准体系和评价体系;加强对企业经营者的劳动保障法律法规教育培训。

劳动关系的和谐离不开企业家作用的充分发挥。以习近平为核心的党中央高度重视企业家群体,习近平在讲话中多次提到"企业家才能""企业家作用""企业家精神",党的二十大报告进一步强调"弘扬企业家精神"。中央全面深化改革领导小组第三十四次会议通过了《关于进一步激发和保护企业家精神的意见》,2017年9月《中共中央 国务院关于营造企业家健康成长环境弘扬优秀企业家精神更好发挥企业家作用的意见》出台,党的十九大报告提出"激发和保护企业家精神",党的二十大报告进一步强调"弘扬企业家精神……这一系列文件的出台,旨在弘扬企业家的"三个精神",激发企业家的契约意识、担当意识、创新勇气和强烈的社会责任感,对提高企业家创新创业活力、构建和谐劳动关系,都具有重要的意义。

(三)劳动关系内容理论

(1)提出维护劳动者权益是构建和谐劳动关系的出发点和落脚点。习近平心系劳动者,把劳动群众摆在最突出的位置,并关注劳动者群体的保护,在《中共中央 国务院关于构建和谐劳动关系的意见》提出"坚持以人为本。把解决广大职工最关心、最直接、最现实的利益问题,切实维护其根本权益,作为构建和谐劳动关系的根本出发点和落脚点"。针对保障职工基本权益,提出切实保障职工取得劳动报酬的权利,切实保障职工休息休假的权利,切实保障职工获得劳动安全卫生保护的权利,切实保障职工享受社会保险和接受职业技能培训的权利。

(2)提出要实现体面劳动和促进劳动者全面发展。1998年国际劳工组织提出了"体面劳动"这一口号,劳动者有权在自由、公正、安全和具备人格尊严的条件下,获得体面的、生产性的工作机会,目前这一口号不仅成为国际劳工运动的基本目标,也成为各国政府的经济和社会政策的重要内容。

马克思对于人的全面发展思想的核心是每个社会成员在智力和体力上都得到尽可能多方面的、充分的、自由的和统一的发展。这里的"尽可能""多方面"提出了人的全面发展的量的规定性,"充分的、自由的和统一的"提出了人的全面发展的质的规定性。无论是量的规定性还是质的规定性,都依赖于劳动者所处的社会所能提供的外在支撑条件。

共享理念下劳动关系法律治理研究

马克思在《资本论》中非常系统地阐明资本主义社会只是将旧有的二元对立转化成一种新的二元对立——雇主和雇员。而在社会主义制度下,建立了生产资料公有制,实现了劳动者与生产资料的有效结合,为解决劳动异化及二元对立问题提供了经济基础。在新时代,基于劳动者社会主体地位的思路,习近平提出,要"努力让劳动者实现体面劳动、全面发展"。① 针对劳动者参与劳动管理、参与利益分享等进行了具体的制度设计,进一步确立了劳动与资本从对立向协调、从冲突向合作转化的基础条件,为劳动者从劳动的客体向劳动的主体转化、为体面劳动的实现、为劳动者的全面发展确立了坚实的社会基础。

(3)提出共建共享的劳动关系构建理念。习近平汲取了中华民族关于和谐、中庸的优秀传统思想,在平衡发展中寻求和谐状态。他针对当前我国社会主义初级阶段的社会特征,结合我国劳动关系的社会实践,将共享纳入五大发展理念,并提出了具有中国特色社会主义的劳动关系共建共享的现代理念,实现了理论与实践的有效融合。习近平高瞻远瞩的审视劳动关系,将劳动关系纳入经济发展、国民收入分配的大格局中,着力构建劳动者与用人单位利益平衡与协调发展的宏观与微观机制,摆脱了传统劳动关系研究与实践中的将劳资双方对立化和冲突化的思维,从做大蛋糕、实现双赢、建立劳动关系的伙伴关系的角度,提出了"统筹处理好促进企业发展和维护职工权益的关系,调动劳动关系主体双方的积极性、主动性,推动企业和职工协商共事、机制共建、效益共创、利益共享";实现"职工工资合理增长"。

(4)提出劳动关系的社会主义协商民主机制理论。20世纪80年代约瑟夫·比塞特在其著作《协商民主:共和政府的多数原则》中首次使用了"协商民主"。其后,曼宁和科恩、罗尔斯、哈贝马斯、德雷泽克、艾温·欧佛林、瓦尔特·巴伯等人,先后研究了协商民主的政治合法性、公共理性、主体间性、协商民主的范围、协商民主制度化等方面。现有的理论主要是面向政治领域,对于在劳动关系中如何融入民主协商,现有的理论探索较少。

关于劳动关系中的协商民主,毛泽东在理论和实践中都做了有益的探索。1960年3月,毛泽东在转发中共鞍山市委《关于工业战线上的技术革新和技术革命运动开展情况的报告》的批示中就提出了"两参一改三结合"思想,也就是著名的"鞍钢宪法",强调"对企业的管理,采取集中领导和群众运动相结合,干部参加劳动,工人参加管理,不断改革不合理的规章制度,工人群众、领导干部和技术人员三结合"。这一思想在1961年的《国营工业企业工作条例(草案)》中得以具体化和制度化。② 这是我国劳动关系领域协商民主思想的提出和具体实践。其后,在劳动关系中,我国先后推行了工资集体协

---

① 习近平.在庆祝"五一"国际劳动节暨表彰全国劳动模范和先进工作者大会上的讲话[N].人民日报,2015-04-29(4).

② 杨云霞,燕云捷.毛泽东"两参一改三结合"思想中的信任合作机制浅析[J].毛泽东思想研究,2008(3):45.

商、集体合同、三方机制等制度,这都是劳动关系领域民主协商的重要实践形式。

习近平对于民主协商做出了重要论断,提出"民主不是装饰品,不是用来做摆设的,而是要用来解决人民要解决的问题的"。习近平适应中国特色社会主义的时代需求,强调发挥社会主义协商民主的重要作用,指出"要推动协商民主广泛、多层、制度化发展",并将社会主义协商民主应用于劳动关系中,提出"要完善政府、工会、企业共同参与的协商协调机制,构建和谐劳动关系"。

习近平劳动关系领域社会主义协商民主的提出,超越了西方传统劳动关系的集体谈判理论,将我国社会主义制度与民主协商有机结合,摒弃了集体谈判制度的局限性,创造性地提出了符合中国新时代要求和社会主义制度需求的民主协商理论,为健全劳动关系协调机制、加强企业民主管理、实现劳动者民主参与提供了思想指引和行动指南。

三、习近平关于中国特色和谐劳动关系重要论述的理论和实践价值

(一)理论价值

习近平关于中国特色和谐劳动关系重要论述立足于时代之基础,针对时代之矛盾,回答了时代之问题,是对马克思劳动关系理论的继承和发展,并进行了创造性升华,实现了马克思主义中国化的又一次历史性飞跃;丰富了马克思主义人的主体性理论,发展了马克思的劳动价值理论,并将其与中国社会的劳动关系实践予以结合,提出了新时代的共享理念;提出了社会主义协商民主理论并同中国的劳动关系相结合,开创性地提出了社会主义核心价值观并将其运用于劳动关系领域实现了以核心价值观引领劳动关系法治建设。习近平中国特色和谐劳动关系重要论述,是其社会治理思想的重要组成部分。习近平将劳动关系的治理置于社会治理的系统之中,以全局的思路和系统的思想深刻思考并提出系统化的劳动关系治理思想。这一重要论述进一步丰富了马克思主义劳动关系的理论宝库,为劳动关系领域马克思主义理论的发展和完善做出了中国的原创性贡献,并提供了中国方案和中国智慧,开辟了构建和谐劳动关系的理论新境界。

(二)实践价值

习近平关于中国特色和谐劳动关系重要论述为完善中国特色劳动关系制度指明了方向。如针对劳动者权益维护,提出了要严格遵循法治思维,切实保障职工取得劳动报酬的权利、切实保障职工休息休假的权利、切实保障职工获得劳动安全卫生保护的权利、切实保障职工享受社会保险和接受职业技能培训的权利。又如,在创新理念的指导下,我国不断完善知识产权法律制度,修订《中华人民共和国促进科技成果转化法》,出台《关于实行以增加知识价值为导向分配政策的若干意见》等。这对于激发科研人员创新创业积极性,在全社会营造尊重劳动、尊重知识、尊重人才、尊重创造的氛围,对于我国实现以知识价值在分配中的比例等分配政策的完善具有重要的引领性作用。

在众多制度设计中,最具有创新价值的实践在于基于共建共享的现代理念,进行了

以权利配置为中心,以市场分配法律机制为基础,以政府分配法律机制为保障,以第三次分配法律机制为补充的具体制度设计。如通过"健全企业民主管理制度。完善以职工代表大会为基本形式的企业民主管理制度,丰富职工民主参与形式,畅通职工民主参与渠道,依法保障职工的知情权、参与权、表达权、监督权"。① 再如,2015年8月中共中央、国务院《关于深化国有企业改革的指导意见》提出"探索实行混合所有制企业员工持股"等,在混合所有制企业改革中实现劳动者的共建共享。这一共建共享不仅限于企业层面,而是在全社会范围内的共建共享,包括产业利益、劳动者利益、社会保障利益、公共产品利益等各层面的共建共享。如国务院《划转部分国有资本充实社保基金实施方案》,决定按照10%的比例划转部分国有资本充实社保基金,以充分体现基本养老保险代际公平和国有企业发展成果全民共享。②

---

① 李昌麒. 中国改革发展成果分享法律机制研究[M]. 北京:人民出版社,2011:2.
② 杨云霞. 习近平中国特色社会主义和谐劳动关系思想研究[J]. 理论视野,2018(6):26-30.

第四章　以人民为中心发展思想的劳动法关照:回顾与展望

党的十九大报告将"坚持以人民为中心"确立为新时代坚持和发展中国特色社会主义的基本方略,这一基本方略集中体现了马克思主义人民立场思想,是国家治理、经济和社会发展的基本要求,也是构建中国特色社会主义法律体系中必须贯彻的实践要求。正如习近平所讲的"以人民为中心的发展思想,不是一个抽象的、玄奥的概念,不能只停留在口头上、止步于思想环节,而要体现在经济社会发展各个环节。"我国劳动法作为劳动关系治理的基础法律,其立法价值和目标选择如何确立这一思想,具体制度如何体现这一思想,未来的法律制度完善如何进一步深化这一思想,都是亟待研究的重要问题。

在对以人民为中心的法学研究中,多是从抽象的层面开展笼统和概括性研究,缺乏实践层面的研究。此外,已有研究还存在一种理论误区,将人民看作是抽象的群体,而忽视了人的现实性,这就导致一些研究陷入模糊化、无所指。在一些研究和实践中,对于如何处理好以人民为中心的发展思想与以资本为中心的发展逻辑,处于不明朗的状态,理论与实践在二者之间摇摆。在对劳动法的人民性的研究中,有学者提出我国劳动法将大多数劳动人民排除在外,认为"我国市场主义的改革时期,劳动法规实际上只适用于较少数的蓝领工人以及国家官员和其他白领人员组成的较高身份的正规'职工',而大多数的劳动人民则被排除在'劳动'范畴之外";[①]认为"今天的劳动法规已经把原来革命传统中'劳动人民'或'工农阶级'的大多数排除在其外,实质上已经成为一种强烈倾向维护特权身份和收入阶层的既得利益的法规,和革命传统中的劳动立法十分不同"。[②]事实是否如此,亟待理论研究加以澄清。马克思和恩格斯在《德意志意识形态》中说"只有在现实的世界中并使用现实的手段才能实现真正的解放"。[③]如何通过劳动法的人民性的研究加以澄清,满足国家治理和社会治理体系对良法善治的价值需要,也极为必要。

---

① 黄宗智.重新认识中国劳动人民:劳动法规的历史演变与当前的非正规经济[J].开放时代,2013(5):56.
② 同①69.
③ 马克思恩格斯选集:第1卷[M].北京:人民出版社,2012:154.

一、"人民"与"劳动者"概念具有历史和现实的法律统一性

对于这两个概念,有人提出人民是政治概念,劳动法上的劳动者是法律概念。二者不具有对应性,因此无法讨论劳动法中的以人民为中心。笔者认为,这两个概念无论是从历史还是现实都具有法律上的统一性。

(一)两个概念的差异性与统一性

新中国的法律中,"人民"这一概念最早出现在1949年《中国人民政治协商会议共同纲领》中,一律使用"人民"来表达新政权的性质和政治权利的主体。"人民"因共同纲领的法律文件属性而上升为法律术语,"人民"政权的性质和"人民"的权利由"人民"的法律规定。① 所以说,人民一词不仅仅是政治概念,也是法律概念。

1954年宪法提出"中华人民共和国的一切权力属于人民",人民如何才能成为国家的主人,成为宪法意义上的人民呢?必须以劳动为必备资格条件,如果从事了劳动,而不是以剥削为生,则可以成为人民,反之则是人民民主专政的对象——敌人。在1954年宪法中,初始的劳动人民包括工农联盟、个体农民、个体手工业者和其他个体劳动者。这一点从1954年刘少奇在《关于中华人民共和国宪法草案的报告》中可以得到印证,他指出:"在劳动人民中,除工人农民外,我国还有为数不少的城市和乡村的个体手工业者和其他非农业的个体劳动者,他们是依靠劳动过活的,或者是主要地依靠劳动过活的。工人阶级必须如同团结农民一样,很好地团结这些劳动人民共同建设社会主义。团结这些劳动人民,是属于工农联盟的范畴之内的。"

可以看出,这一范畴没有将知识分子纳入其中,那么,如何看待知识分子的身份呢?刘少奇在《关于中华人民共和国宪法草案的报告》中指出:"知识分子从各种不同的社会阶级出身,他们本身不能单独构成一个独立的社会阶级。他们可以同劳动人民结合而成为劳动人民的知识分子,也可以同资产阶级结合而成为资产阶级的知识分子,还有极少数的知识分子同被推翻了的封建买办阶级结合而成为反动的知识分子。除开极少数坚持反动立场并进行反对中华人民共和国活动的知识分子以外,我们的国家必须注意团结一切知识分子,帮助他们进行思想改造,发挥他们的能力,使他们为社会主义的建设事业服务。"由此可以看出,人民的概念仍然将是否劳动、是否服务于劳动人民作为判断的依据。

那么,资本家是否属于人民呢?这一点可以从以下材料中找到答案。1949年周恩来在人民政协第一届全体会议《关于〈中国人民政治协商会议共同纲领〉草案的起草经过和特点》的报告中指出:"'人民'是指工人阶级、农民阶级、小资产阶级、民族资产阶级,以及从反动阶级觉悟过来的某些爱国民主分子。而对官僚资产阶级在其财产被没收和地主阶级在其土地被分配以后,消极的是要严厉镇压他们中间的反动活动,积极的

---

① 付子堂,何青洲. 当代中国政法语境中"人民"的意蕴[J]. 甘肃政法学院学报,2011(3):51.

是更多地要强迫他们劳动,使他们改造成为新人。在改变以前,他们不属人民范围,但仍然是中国的一个国民,暂时不给他们享受人民的权利,却需要使他们遵守国民的义务。这就是人民民主专政。"①这一点在 1954 年宪法中也得到了体现。对于"封建地主和官僚资本家",如果"在劳动中改造成为自食其力"的人,在宪法上则赋予其"公民"身份,也可以成为劳动人民。宪法的这一规定体现了劳动的改造功能,体现了通过劳动改造能够自食其力的人,也同样可以被纳入到劳动人民的范畴。

1982 年宪法中对于人民的范畴有所扩展,在序言中指出"中国人民掌握了国家的权力,成为国家的主人"。将"人民"的范围确定为"工人、农民、知识分子、全体社会主义劳动者、拥护社会主义的爱国者和拥护祖国统一的爱国者"。2004 年十届全国人大二次会议修改宪法时,"社会主义事业的建设者"被写入宪法,"人民"的范围扩展为"工人、农民、知识分子和其他社会主义劳动者、社会主义事业的建设者、拥护社会主义的爱国者和拥护祖国统一的爱国者"。

从上述"人民"概念的发展演变轨迹可以看出:①尽管人民的概念范畴随着社会的发展范围有所调整,但是人民一词在宪法等法律文件中一直是作为一个法律概念出现,而不仅仅是作为一个政治概念出现。②人民成为与公民基本重合的一个法律概念,正如《中国的民主政治建设》白皮书所指出的"在中国,享有民主权利的人民范围包括一切不被法律剥夺政治权利的人"。② ③人民与劳动人民的概念有交叉使用的现象,进一步说明了劳动是成为人民的必要条件。但是人民与劳动者的概念具有包含性,人民概念中包含了劳动者这一概念。④"劳动"已从最初的政治性概念发展为兼具政治性和法律性的复合概念。在 1994 年劳动法等法律中,劳动可以被认为是一个纯粹的法律概念。⑤劳动不再局限于原有的体力劳动和物质性劳动,脑力劳动和精神性劳动也被纳入其中;从原有的单一的"就业"到将"营业""创业"③也纳入到劳动的范畴。基于劳动概念的延伸,企业主、企业经营者、创新创业者等都被纳入到劳动者的范畴之中,也必然成为了宪法上的劳动者,也自然纳入了人民的范畴。所以可以说,人民与劳动者概念无论是从其政治和法律属性来看,还是从其概念内涵外延来看,都具有关联性,而不是相互割裂的两个概念。

(二)从宪法上的劳动者到劳动法上的劳动者

(1)宪法上的劳动者和劳动法上的劳动者二者包含的范围不同。如上所述,宪法上的劳动者具有开放性和广义性的特征,它包含了"工人、农民、知识分子和其他社会主义劳动者";而劳动法上的劳动者具有固定性和狭义性的特征,它包含了"与在中华人民共

---

① 中共中央文献编辑委员会编.周恩来选集:上卷[M].北京:人民出版社,1984:369.
② 中华人民共和国国务院新闻办公室.中国的民主政治建设白皮书[EB/OL].(2005-10-19)[2020-02-19].http://www.gov.cn/2005-10/19/content_79553.htm.
③ 王德志.论我国宪法劳动权的理论建构[J].中国法学,2014(3):86.

和国境内的企业、个体经济组织形成劳动关系的劳动者,与国家机关、事业组织、社会团体建立劳动合同关系的劳动者"。可以看出,劳动法上的劳动者仅是形成劳动关系的群体,而不包括形成人事关系的群体和公务员群体,也不包括未形成劳动关系的农民工之外的农民群体。

(2)二者对群体属性和个体属性的关注度不同。关于群体属性。宪法层面的劳动者概念更多关注其群体属性,这一群体在社会主义国家具有政治上的优势和优越性;而劳动法层面的劳动者,是同用人单位相对应的法律关系主体,在劳动关系中具有群体的弱势性,在劳动关系中属于被控制、被管理者,在全球劳资力量不均衡的状态下,被进一步弱势化。因此,劳动法提出倾斜保护原则矫正不平衡状态,实现法律的匡扶作用;通过强制规定劳动时间、劳动环境、劳动培训、休息休假等劳动标准,给劳动者提供必要的保护;通过劳动法赋予劳动者结社权、集体协商权等集体劳权,壮大其维权能力和协商能力;妇女、残疾人等劳动者群体,则是弱势劳动者群体中的弱势群体,更容易被边缘化,因此,被劳动法等法律加以特殊保护。关于个体属性,对于劳动者,宪法更多关注其作为公民的基本权利和义务,关注其作为整体参与劳动、参与企业管理、提升劳动能力、获取劳动收益等。而在劳动法层面,劳动者作为具体的个体,作为具体的劳动法律关系中的权利义务主体,具有个体的权利能力和行为能力的差异性。因而,作为个体劳动者,寻求法律上的平等,实现劳动就业的非歧视,成为劳动法立法的重要目标和任务。而且,作为不同法律关系的主体,其个体的权利和利益诉求又不同于群体的权利和利益诉求,因而,规定个体的劳动权利、保护个体的劳动利益,成为劳动法的立法宗旨和目标所在。需要强调的是,保护劳动者个体权利,并非是对个人主义和个体性的张扬,因为劳动者个体一起组成了劳动者群体,个体是活生生的现实的人,必须保护每一个个体的权益。但又不能聚焦于单个人的诉求作为权益保护的价值指向,而应以公共的人、群体的整体利益为出发点进行劳动法权益体系的设计。此外,中国特色和谐劳动关系的本质属性,决定了劳动法在关注劳动者的同时,保护用人单位的权益,建立信任合作关系,实现双赢,也是劳动法的重要目标。

(3)二者对劳动者具体权益的保护途径不同。以劳动者的分配权为例。现行宪法明确提出了"社会主义公有制消灭人剥削人的制度,实行各尽所能、按劳分配的原则。……坚持按劳分配为主体、多种分配方式并存的分配制度。"按照这一分配原则,宪法上劳动者,按照"按劳分配"的方式参与分配,其分配权通过宪法、劳动法、公司法、企业法、知识产权法、技术成果转化法、公务员法、法官法、检察官法、人民警察法等法律制度的形式对其分配权加以保护。而对于劳动法上的劳动者,则主要是通过劳动法等对其分配权加以保护。所以说,我国宪法上的劳动者具有广泛性,对劳动者的法律保护也具有广泛性。本书仅研究劳动法上的以人民为中心,主要是基于劳动法上劳动者的广泛性以及劳动者的典型性,并非是对其他劳动者群体的不认可,也并非是对其他劳动者群体的人民属性的否定。

二、劳动法确立以人民为中心发展思想的价值

(一)马克思主义的人民性决定了劳动法必须以人民为出发点和最终目标

人民性作为马克思主义最鲜明的品格,①既是马克思主义理论的核心内容,也是马克思主义理论在中国化过程中必须坚持的一个重要理论遵循。中国共产党从"全心全意为人民服务"的根本宗旨到科学发展观中的"以人为本"再到"以人民为中心"的发展思想的逐步演进,无不反映了我国历代领导人对于人民性这一马克思主义本质属性的深刻认识和高度重视。社会主义国家的劳动法作为调节劳动关系这一最重要的社会关系的法律,应始终贯穿以劳动为本位的法哲学价值观。劳动法的制定是否以劳动人民的意志为出发点,是否以劳动人民的利益为最终归宿,对于人民性是否体现和关照程度,直接决定了其法律的属性恰当与否,直接决定了该法律的合宪性,也直接决定了法律是否顺应民意。正如列宁所讲的"革命的利益、工人阶级的利益,这就是最高的法律"。② 所以,对于我国劳动法中人民性的历史考察与未来展望,是关涉到劳动法立法宗旨和发展方向的一个重要问题。

以人民为中心的发展思想,要求劳动法坚持劳动者是社会发展的动力、要依靠劳动者实现社会的发展、社会发展旨在造福全体劳动者这一根本的立场,要求劳动法以劳动人民为本位,以维护劳动人民的权利和利益为宗旨以促进劳动者全面发展,增进劳动者福祉,促进全社会共同富裕作为立法的出发点、价值目标和价值归依。

(二)我国国体决定了劳动法必须以人民为中心

以人民为中心的发展思想在劳动法中的确立源于我国的国体。《中华人民共和国宪法》第一条明确规定"中华人民共和国是工人阶级领导的、以工农联盟为基础的人民民主专政的社会主义国家"。基于社会主义国家的本质特征、基于社会主义的公有制为主体,宪法第二条明确规定"中华人民共和国的一切权力属于人民"。《中共中央关于制定国民经济和社会发展第十三个五年规划的建议》强调,必须坚持以人民为中心的发展思想,把增进人民福祉、促进人的全面发展作为发展的出发点和落脚点,发展人民民主,维护社会公平正义,保障人民平等参与、平等发展权利,充分调动人民积极性、主动性、创造性。我国国体的性质,充分体现出以工人阶级为主体的劳动者,是首要的生产力,是社会发展的主导因素。宪法以国家大法的形式赋予了劳动者最广泛的政治、经济、社会权利,而且提供了实现这些权利的物质基础和其他条件,为劳动法贯彻以人民为中心的发展思想提供了宪法依据和基础条件。

社会主义国体的性质也决定了我国的劳动法与资本主义劳动法相比较表现出本质区别。一是代表利益的广泛性。我国社会主义劳动法体现的是最广大人民的意志,具

---

① 北京市习近平新时代中国特色社会主义思想研究中心. 深刻领会坚持以人民为中心[N]. 人民日报,2019-10-30(9).

② 列宁全集:第40卷[M]. 北京:人民出版社,1986:133.

有广泛的代表性。当然,这里提出广泛性,并不是像资本主义国家将人民指向抽象的普遍的所有人,而是具有社会发展价值指向的具体的劳动人民。二是维护劳动人民利益的自觉性。资本主义劳动法正如列宁所说,"它是政府迫不得已的让步,它是联合起来的觉悟工人从警察政府那里夺来的"。社会主义劳动法在其产生的初始,就是为了维护广大劳动人民的利益,而不是迫于工人阶级和劳动人民的斗争和压力。三是不断进步性。很多资本主义国家劳动法都表现出周期性的前进或后退,如美国的《劳工关系法》就是随着工人阶级的斗争的高潮和低潮而不断进行劳动者权利的调整,在很多时候出现了劳动者权利的大倒退。而社会主义国家劳动法表现出稳定的螺旋式上升的趋势。

(三)新时代研究劳动法的人民性具有全新价值

在上述对人民和劳动者概念的分析之后,有人提出,如果人民与公民的概念出现重叠,人民包含了99%的国民,仅仅是将不具备政治权利的人排除在人民的范畴之外,讨论《劳动法》①上的人民性,具有重大意义。因为在新时期,人民的范围尽管宽泛了,但是作为一个概念,从原来的历史规定性概念逐步演变为一个评价性术语,仍然具有其概念价值和目标。在法治时代,人民这一概念已经成为了一种承载了自由幸福、公平正义等价值的评价性术语,这一术语在法律制度体系中承载着考察法律制度本身的合宪性、公平性、正义性等价值目标实现与否的功能。因此,研究劳动法中的人民性,对于呼应宪法中的"一切权利属于人民",对于社会主义法治体系的建立都具有重要的法律价值和政治意义。正如习近平总书记所强调的:"人民立场是中国共产党的根本政治立场,是马克思主义政党区别于其他政党的显著标志。"这就要求我们的劳动法必须体现人民立场,具有人民性。这就使得是否体现人民意志、保障人民权益、激发人民创造活力、保证人民当家作主、改革发展成果是否更多更公平惠及全体人民、是否旨在实现共同富裕等成为评判劳动法是否具备人民性和是否以人民为中心的重要考核标准。

三、以人民为中心的发展思想在劳动法中的确立

以人民为中心的发展思想强调一切为了人民、一切依靠人民、改革发展成果由人民共享,我国劳动法正是遵循这一思想建立了法律制度体系。

(一)劳动法的目标宗旨:以人民为中心的价值观

劳动者作为人民的主要群体,保护劳动者是劳动法的首要目标,也是其终极目标。《中华人民共和国劳动法》第一条规定"为了保护劳动者的合法权益……制定本法"。同样,《中华人民共和国劳动合同法》第一条提出"为了完善劳动合同制度,明确劳动合同双方当事人的权利和义务,保护劳动者的合法权益……制定本法"。为了实现保护劳动者权益,《中华人民共和国劳动法》第三条明确规定了劳动者的系列权利,包括"劳动者

---

① 本书谈到劳动法,不单指我国1995年实施的《劳动法》,而是认为劳动法是一个体系化的法律制度,它既包含了《劳动法》《劳动合同法》《就业促进法》《劳动争议调解仲裁法》等法律制度,也包含了《宪法》《社会保险法》《公司法》《全民所有制工业企业法》等法律中对于劳动关系的相关规范。

享有平等就业和选择职业的权利、取得劳动报酬的权利、休息休假的权利、获得劳动安全卫生保护的权利、接受职业技能培训的权利、享受社会保险和福利的权利、提请劳动争议处理的权利以及法律规定的其他劳动权利"。劳动合同法颁布及劳动合同法实施条例公布实施,进一步体现了以人民为中心的立法思想,对于推动用人单位与劳动者签订劳动合同、大力扭转劳动合同短期化倾向、切实纠正劳务派遣用工不规范问题、有效防止用人单位随意约定服务期及违约金等侵害劳动者合法权益问题[①]起到了明显的规范作用。基于此,郑尚元等研究者均认为劳动合同法具有"抑制不和谐的功能、倾斜保护的功能和解雇保护的功能"。

以人民为中心的发展理念要求劳动法不能以单一保护劳动者为其唯一的目标,构建和谐稳定的劳动关系同样也是劳动法的目标任务,所以在劳动法的立法宗旨中,同时将调整劳动关系也纳入其中。此外,2015年《中共中央 国务院关于构建和谐劳动关系的意见》明确提出,劳动关系是否和谐,事关广大职工和企业的切身利益,事关经济发展与社会和谐,是加强和创新社会管理、保障和改善民生的重要内容,是增强党的执政基础、巩固党的执政地位的必然要求。显然,构建和谐劳动关系是以人民为中心的发展思想在劳动关系治理中的集中理念体现。

(二)尊重和鼓励劳动:以人民为中心的动力观

以人民为中心,首要的是承认和尊重劳动的价值、认可人民的主体性,充分认可人民是历史的创造者,是国家和社会发展的推动者。1954年《中华人民共和国宪法》第九十一条明确规定"中华人民共和国公民有劳动的权利。"同时在第16条中明确提出"劳动是中华人民共和国一切有劳动能力的公民的光荣的事情。国家鼓励公民在劳动中的积极性和创造性。"1982年《中华人民共和国宪法》第四十二条进一步明确规定"中华人民共和国公民有劳动的权利和义务……劳动是一切有劳动能力的公民的光荣职责"。

在宪法中从劳动权利向劳动权利义务一体化的转变,进一步体现了马克思历史唯物主义的人民观,体现了劳动的价值:①劳动是劳动者作为人生存和发展的必需,基于此,劳动者必须开展劳动,维持其自身生存和繁衍抚养子女后代,这一切必须依赖于劳动者拥有劳动的权利。②从人类社会的发展和进步来看,也同样依赖于劳动,这就要求所有的劳动者必须劳动,在这一层面上,劳动成为了一种义务。为了调动劳动者的积极性和创造性,宪法和法律从多个层面提供了制度保障,如提出了以按劳分配为主体、多种分配方式并存的分配制度,党的十九届四中全会将其确定为基本经济制度;宪法规定了劳动者在国有企业和集体经济组织中的主人翁地位;规定了劳动者参与生产管理、参与决策的权利和具体方式,充分发挥劳动者的动力作用;法律规定了劳动者的社会保障权利,建立了劳动者失业、养老、工伤、生育、医疗等社会保险,解决劳动者的后顾之忧。此外,为了有效激发劳动者的积极性和创造性,在知识产权法中规定了职务作品、职务

---

① 李海明,郑尚元.寻找被认可的劳动法:评〈中华人民共和国劳动合同法〉[J].社会法评论,2010(4):16.

发明创造等,在促进科技成果转化法等法律政策中确立了科技成果转化的高收益和回报;在混合所有制企业改革中,探索性开展员工持股制度,实现劳动者利益共享。上述制度的确立,为劳动者发挥动力作用提供了坚实的制度保障。此外,在全社会弘扬劳动最光荣、弘扬劳模精神、工匠精神等有利于劳动者的法律文化,都进一步体现了劳动者是社会发展的动力这一人民观。

以人民为中心的发展思想,是基于"人是目的不是手段"。这就要求不仅仅将劳动者作为社会发展的动力,更要促进劳动者的全面发展,逐步实现劳动者的个人自由与解放。在社会主义社会,生产资料公有制为劳动者全面发展的实现提供了基础和条件,劳动者在拥有生产资料的同时并拥有自身劳动、拥有平等的生产劳动地位,因此克服了马克思所讲的资本主义社会劳动的异化。在具备这一基础条件的前提下,劳动法作为上层建筑,在促进劳动者的全面发展中,具有自身的能动性,为实现劳动者的全面发展提供制度保障。如通过不断降低劳动时间而相应延长闲暇时间、实现劳动过程的灵活化和自由化避免机器对劳动者的约束和限制、提高劳动者报酬以提升劳动者经济自由度、通过生产劳动和教育培训的有机结合逐步提升劳动者的教育水平等方式,使得劳动者实现人的全面发展成为一种现实。

(三)充分就业及劳动参与:以人民为中心的主体观

劳动者充分就业,是关系到民生的根本。我国的劳动立法从计划经济时期到市场经济体制下,都表现为国家公权力在劳动就业中担负着充分就业的法定义务。在1978年之前,这种法定义务表现为国家统一调配劳动力从事生产经营活动,核心是统调统配,力求实现充分就业。在1978年之后,尤其是1992年社会主义市场经济确立之后,国家的劳动政策进行了相应的调整,从原有的劳动岗位分配制转化为国家通过各种途径创造劳动就业条件、国家为劳动者提供失业保险等社会保障、国家为劳动者提供职业教育和职业培训等实现就业转岗,确保劳动者充分就业。2007年《中华人民共和国就业促进法》进一步明确了国家的职责"国家把扩大就业放在经济社会发展的突出位置,实施积极的就业政策,坚持劳动者自主择业、市场调节就业、政府促进就业的方针,多渠道扩大就业""县级以上人民政府应当把扩大就业作为重要职责"。

劳动者参与生产管理是人民当家作主的重要体现。在新中国成立初期的经济恢复时期,我国劳动法废除一切不合理的压迫工人的制度,建立新的民主管理制度和吸收职工参加企业管理,以实现管理民主化。① 1949年《中国人民政治协商会议共同纲领》中,第三十二条对劳动立法提出了指导原则,即"在国家经营的企业中,当前时期应实行工人参加生产管理的制度,即建立在厂长领导下的工厂管理委员会。私人经营的企业,为实现劳资两利的原则,应由工会代表工人职员与资方订立集体合同"。这一原则在其后的法律制度中不断加以强化和具体化。如1982年《中华人民共和国宪法》第16条规定"国有企业依照法律规定,通过职工代表大会和其他形式,实行民主管理。"第17条规定

---

① 关怀. 六十年来我国劳动法的发展与展望[J]. 天津市政法管理干部学院学报,2009(2):3.

"集体经济组织实行民主管理,依照法律规定选举和罢免管理人员,决定经营管理的重大问题。"《中华人民共和国劳动法》第八条明确规定"劳动者依照法律规定,通过职工大会、职工代表大会或者其他形式,参与民主管理或者就保护劳动者合法权益与用人单位进行平等协商。"此外,在《中华人民共和国公司法》等法律中进一步确立了职工董事、职工监事制度,《中华人民共和国劳动法》《中华人民共和国劳动合同法》中建立了集体协商制度,这些对于劳动者发挥主人翁作用提供了相应的制度保障。

(四)劳动成果共享:以人民为中心的目标观

劳动者参与劳动成果的共享是人民当家作主的又一个重要体现。正如习近平所言:"共享理念实质就是坚持以人民为中心的发展思想,体现的是逐步实现共同富裕的要求。"① 劳动成果共享,必须以消灭剥削为前提,我国公有制为主体的经济制度的建立从制度层面消灭了剥削。《中华人民共和国宪法》第六条规定"社会主义公有制消灭人剥削人的制度,实行各尽所能、按劳分配的原则"。十九届四中全会进一步实现了制度创新,在公有制为主体、多种所有制经济共同发展这一基本经济制度的基础上,将按劳分配为主体、多种分配方式并存上升为基本经济制度。所有制和分配制度两个领域的基本经济制度的确立,充分体现了以人民为中心的分配观,同时也为劳动成果共享提供了重要的制度基础。

广大劳动者分享劳动成果、分享改革发展成果,是关系到社会公平与正义的大问题,也关系到劳动法的价值目标实现与否,这就要求处理好按劳分配与多种分配方式之间的分配格局,处理好公平与效率之间的关系,平衡好劳动者与用人单位之间的利益分配格局。劳动法以及社会政策等为劳动成果共享提供了制度保障,如在企业层面依托于工资集体协商等制度,逐步实现工资增长与劳动生产率增长的同步化;通过确定工资增长指导线,政府宏观调控工资总量,调节工资分配关系,规划工资增长水平;依托于《最低工资规定》等建立了最低工资保障制度,并结合职工平均工资、经济发展水平等因素逐步实现最低工资的稳步增长;在社会层面,近些年,党和国家不断探索劳动成果共享的新途径,如中共中央 国务院《关于深化国有企业改革的指导意见》提出"探索实行混合所有制企业员工持股"等,逐步增加劳动者的非劳动性收入;国务院《划转部分国有资本充实社保基金实施方案》决定按照10%的比例划转部分国有资本充实社保基金,以充分体现基本养老保险代际公平和国有企业发展成果全民共享。

(五)扶弱平权:以人民为中心的平等观

通过倾斜保护原则实现劳动关系双方主体的地位平等。劳动法意义上的平等,首先应是地位的平等,这就必须依赖于倾斜保护原则的适用。劳动关系中劳动者与用人单位事实上的不平等,使得劳动者处于弱势地位,导致劳动者缺乏与用人单位博弈的可能,现代劳动法的使命具有立法匡扶的价值目标,通过向劳动者倾斜达到法律地位上的

---

① 习近平. 深入理解新发展理念[J]. 求是,2019(10):1.

平等,为劳动关系中的双方协商等提供现实基础。这里需要强调的是,劳动法上的倾斜保护原则并非有些学者所讲的"单方保护",仍旧是"双方保护",即保护用人单位和劳动者双方的权益,而绝非仅仅是对劳动者权益的保护;劳动法的倾斜保护也并非如有些学者所讲的"会消解自由市场的活力,会成为自由精神的羁绊",劳动合同法也绝非是有人所称的"善意的恶法"。劳动法的倾斜保护,恰恰是通过法律矫正营造平等基础,通过制定劳动基准、制约集体合同、劳动合同、就业促进、实施基本社会保险、加强劳动监察、建立三方机制等为劳动关系双方主体自由的实现提供前提条件。如果劳动关系领域没有平等,仅仅适用丛林法则,劳动法不加以引导,国家公权力不加以干预,劳动者的弱势地位将会进一步加剧,在这样的劳动关系中,双方主体谈何自由,那将是一方主体对另一方主体的奴役。

劳动法不断消除就业歧视实现劳动者之间的平等。我国宪法、劳动法完善的过程就是不断消除就业歧视的过程。《中华人民共和国宪法》第四十八条明确规定"国家保护妇女的权利和利益,实行男女同工同酬,培养和选拔妇女干部。"《中华人民共和国劳动法》第十二条规定"劳动者就业,不因民族、种族、性别、宗教信仰不同而受歧视。"《中华人民共和国劳动法》第十三条"妇女享有与男子平等的就业权利。"在实现劳动者的平等权时,确立了两个层面的实践维度,其中,在自由权向度上的劳动保障注重人格形式平等,这是一种法律确立的抽象意义上的每一个劳动者个体的平等;社会权向度上的劳动保障追求国家积极干预下的实质平等,[①]这是一种法律确立的实质意义上的实现劳动者平等的权利保障。国家和社会通过履行实现义务和保护义务,采取暂行特别措施、配额制、平权救济等各类措施,逐步实现实质上的平等。

劳动政策的改革探索也旨在消除身份差别,实现就业平等。20世纪80年代至今,在实行全员劳动合同制的改革中,逐步消除计划经济体制下的身份差别,将管理人员、技术人员、固定工、合同工、混岗工、临时工、农民工等一律称为企业职工,[②]努力打破各类职工之间的身份界限,消除制度壁垒。但与此同时,我们也必须看到,很多历史遗留问题仍旧存在,成为今天实现就业平等的重要障碍,如"临时工"问题,尽管在法律层面已经消失,但劳动用工实践中仍旧大量存在,"临时工"与正式工之间的同工不同酬仍是一个显著的问题。再如男女就业中的平等成为一个愈来愈严重的问题,女性在就业中的性别劣势及二胎政策对于女性就业劣势的进一步强化,使得女性的就业空间不断被挤压,男女就业平等将成为未来一个时期面临的重要问题。

四、劳动法展望:以人民为中心的发展思想的全面实现

党的十九大作出了中国特色社会主义进入新时代的重大政治判断,明确将"坚持以人民为中心的发展思想"写入党章,将"坚持以人民为中心"作为新时代坚持和发展中国

---

① 王天玉.劳动法分类调整模式的宪法依据[J].当代法学,2018(2):112.
② 李海明,郑尚元.寻找被认可的劳动法:评《中华人民共和国劳动合同法》[J].社会法评论,2010(4):8.

特色社会主义的基本方略之一。劳动法律制度的完善也同样要贯彻这一基本方略,逐步实现劳动关系治理能力和治理体系的现代化。

(一)以人民性为价值初心,确立劳动法完善的基本思路

(1)坚持全面覆盖。尽管劳动法意义上的劳动者远远小于宪法意义上的劳动者,但是对于劳动法来讲,在法律所能及的范围内,确保劳动法能够覆盖绝大多数的劳动者。这一问题也是当前劳动法遭到诟病的核心问题所在。现有的劳动法对于正规劳动关系关注多,而对于非正规劳动关系关注少,对于社会化大生产下的产业工人关注多,而对于自由职业者、灵活就业者等非正规就业群体关注少,尤其是随着平台经济的发展,大量的灵活就业群体产生,如何将这些群体纳入劳动法的覆盖范围,都是未来劳动法需要关切的问题。

(2)呼应时代需要。劳动法一方面应注重历史传承性和制度继承性,另一方面也应注重与时俱进,契合中国国情,呼应时代需要。中国特色社会主义进入新时代,我国社会主要矛盾发生了巨大的变化,已经转化为人民日益增长的美好生活需要和不平衡不充分的发展之间的矛盾,面对这一重大政治论断,劳动法该何去何从?答案是依旧坚持以人民为中心的发展思想,正如习近平多次强调的"人民对美好生活的向往就是我们的奋斗目标"。社会主要矛盾的变化对于劳动法提出了新的要求,那就是不断满足劳动者对美好生活的向往。劳动者的需求既包括物质需求,也包括精神需求,既包括对劳动报酬权等基本生存权利的保护,也包括对参与分享、参与生产管理、追求非歧视劳动就业等发展权利的保护。同样,用人单位对于美好生活也有自己的需求,所以,营造劳动关系双方互利共赢、合作平等、职工和企业共同享有发展成果①的和谐劳动关系将成为劳动法的重要使命。

(3)坚持协调发展。在马克思经典著作中,对于劳动法等都做过一定程度的理论设想,我国劳动法作为社会主义初级阶段的劳动法,其发展及其完善必须尊重现实,以劳动关系的协调发展为现实依据,在不降低劳动者权利和利益的基础上,注重劳动者与企业之间的协调发展,注重劳动者权利保护与企业家权利保护并重,逐步实现劳动关系双方主体权利和利益平衡。在劳动违法行为的制裁中,既要关注企业侵犯劳动者权益的违法行为,也要关注劳动者违反劳动义务侵害企业利益的事件和行为,积极维护双方主体的合法权益,确保劳动关系的健康和谐运行。但与此同时,坚持以人民为中心的发展思想,需要理论上超越以资本为中心的发展思想,②在实践中纠正企业家为中心、一切为资本服务的不当做法。

(4)坚持系统发展。人民性是中国特色社会主义法律体系的价值初心,劳动法作为中国特色社会主义法律体系的重要组成部分,人民性的体现具有集中性、显现性,但其发展和完善离不开人民性在社会主义法治系统的全面系统实现。在未来的一个时期,

---

① 张利萍. 我国建立和谐劳动关系的理性思考[J]. 马克思主义研究,2014(5):61.
② 桑明旭. 在唯物史观中准确把握以人民为中心的发展思想[J]. 求索,2019(4):26.

需要对我国法律体系的本质特征、内在要求、价值功能、基本原则、发展方向、遵循道路等进行全面系统的评估,对不符合人民性的法律制度进行修改完善。

(5)坚持兼采并蓄。社会主义劳动法,从其产生起,就具有资本主义劳动法所不具有的先天优势基因和内核,但在社会主义劳动法发展和完善的过程中,兼采并蓄是一个必要的原则,要充分吸收资本主义国家劳动法的肯定性成果,吸收人类法律文化的先进经验,借鉴世界上优秀的法治文明成果,不断传承中国历史上的优秀法律传统文化。

(二)以人民性为动力,实现劳动关系治理现代化

党的十八届三中全会提出推进国家治理体系和治理能力现代化,党的十九届四中全会审议通过了《中共中央关于坚持和完善中国特色社会主义制度,推进国家治理体系和治理能力现代化若干重大问题的决定》。劳动关系治理作为国家治理的重要组成部分,要实现治理体系和治理能力的现代化,也必须以人民性为其动力机制。

(1)实现劳动关系治理现代化。首要的问题是认清劳动关系治理中主要矛盾的性质。如前文所述,劳动关系的双方主体都已被纳入劳动人民的范畴,社会主义制度下的劳动关系,已经消除了劳资双方的根本利益冲突与矛盾,劳动关系双方主体已逐步建立起合作、共赢、分享的社会基础与价值认同。① 这是劳动关系治理的逻辑起点。基于此,要不断消除劳动关系治理中的阶级斗争思维、对抗性思维,建立利益一体化伙伴关系,这就依赖于劳动法的价值引导,通过劳动法中引入信任合作原则,在劳资双方相互信任的基础上,确立双方信任合作机制,建立信任与合作权利体系。

(2)实现劳动关系治理现代化。其次的问题是认清劳动关系治理的主要矛盾的核心内容。现阶段,劳动者参与和利益分享成为劳动关系的核心。其中,劳动者参与包含多个层面,既包括生产经营参与,也包括决策参与,既包括浅层次的参与审议,也包括深层次的共同决定,巴德将其统称为是"发言权"。② 利益分享是劳动关系的最终利益目标,也是劳动关系治理中的难题。要充分认识到劳动关系治理的本质是多元主体参与互动的协商治理,劳动关系双方主体只有信任与合作、互利与共赢,才能实现公平正义和多方主体的利益最大化,这就要求未来的劳动法完善必须将劳动者参与和利益分享作为规制的重点问题。

(三)以人民性为目标,实现劳动法从软法向硬法的转变

我国劳动法之所以表现出软法的特点,很重要的原因在于历史传承性,从计划经济向社会主义市场经济过渡的过程中,劳动法担负着不断适应国有企业改革的需求、不断适应劳动力市场改革的需求等历史重任,所以大量的条文是以劳动政策的形式转化而来;有些条文倡导性、宣示性价值更为明显,有些条文仅仅是原则性规范,而缺少权利义务内容,有些条文缺乏法律责任条款,在司法实践中很难作为法律依据;更有大量的法

---

① 秦国荣.劳动关系治理的法治逻辑[J].贵州省党校学报,2017(6):68.
② 巴德.人性化的雇佣关系:效率、公平与发言权之间的平衡[M].解格先,马振英,译.北京:北京大学出版社,2007:38.

律制度是以劳动行政部门的行政规定、规章、通知、答复、文件等形式存在,普遍存在立法位阶偏低的问题;即使是新制定的劳动合同法,由于承载着过多的使命,将很多本不应该纳入其中的集体合同、劳务派遣、非全日制用工等内容也纳入其中,使得其必然表现出制度不完备、很多内容原则性强、实质性内容缺失的问题。劳动法面临的上述问题,导致其执行力偏弱,一些企业存在违法事实,严重影响法律的严肃性和权威性以及强制执行力。要解决上述问题,实现劳动法从软法向硬法的转变,最终实现劳动法的规范性、国家意志性、强制性、普遍性、程序性,是未来劳动法律制度完善中必须完成的一项任务。需要说明的是,从软法向硬法的转变是由当前劳动法面临的问题所决定的,并不排斥劳动法吸纳软法成分和软法元素的发展思路。

(四)以人民性为载体,将社会主义协商民主融入劳动法律制度

按照马克思主义基本原理,民主协商是实现生产领域经济增长的有效途径,也是追求最大范围共识的民主形式。党的十八大报告提出了"社会主义协商民主是我国人民民主的重要形式"的论断;党的十九大强调"要推动协商民主广泛、多层、制度化发展""完善政府、工会、企业共同参与的协商协调机制,构建和谐劳动关系,发挥社会主义协商民主重要作用"。在劳动关系中社会主义协商民主如何发挥作用,如何通过融入劳动法实现其制度化,这些同样必须以人民性为载体。

中共中央、国务院印发的《新时期产业工人队伍建设改革方案》释放了党中央始终坚持以人民为中心的发展思想和全心全意依靠工人阶级的强烈信号。《中共中央 国务院关于构建和谐劳动关系的意见》提出了构建和谐劳动关系的工作原则,即"坚持共建共享,统筹处理好促进企业发展和维护职工权益的关系,调动劳动关系主体双方的积极性、主动性,推动企业和职工协商共事、机制共建、效益共创、利益共享"。这些部署为民主协商型劳动关系的构建进一步指明了方向。协商民主意味着在遵守法律基本规范基础上的协商,自主约定满足劳动关系主体的需求和满足最大适应性原则,是在法定权益的基础上,劳动关系主体拥有一定自由度和协商空间的民主协商。它既包括区域性、行业性集体协商,也包括国家宏观层面的三方协商机制,还包括产业层面和企业微观层面的协商机制;它既包括民主参与管理和利益分享的协商,也包括劳动合同缔结和劳动争议处理的协商。① 其中,完善政府、工会、企业共同参与的协商机制是其重点,劳动者知情权、参与权、表达权、监督权的权利体系是立法的重要任务,最终逐步形成党委领导、政府负责、社会协同、公众参与、法治保障、科技支撑的劳动关系治理格局。

(五)以人民性为引领,将社会主义核心价值观融入劳动法治建设

法律和法治必然要以某种理念或信念为基础,必然要尊重某种价值共识或基本共识,必然具有某种目的性导向和正当性检验。② 劳动法的价值理念、目的导向、正当性是什么?毫无疑问一定是人民性。与此同时,以人民为中心,是当代中国特色社会主义的

---

① 杨云霞. 推动中国特色和谐劳动关系健康发展[N]. 光明日报,2018-08-21(5).
② 张文显. 在新的历史起点上推进中国特色法学体系构建[J]. 中国社会科学,2019(10):35.

核心价值,是统领社会主义价值体系的首要价值,是中国特色社会主义法治的价值基石。如何将弘扬社会主义核心价值观与劳动法治建设深度融合,是未来劳动法必须面临的问题,也是劳动法实现人的全面发展、促进社会全面进步的时代价值所在。

在未来的劳动法制完善中,要坚持以社会主义核心价值观为引领,恪守以民为本、立法为民理念,把社会主义核心价值观的要求体现到劳动法律、法规规章和公共政策之中,转化为具有刚性约束力的法律规定。在劳动法律制度建设中,把一些基本道德规范如敬业、诚信等转化为劳动法的基本原则,并纳入具体的法律规范中;把实践中行之有效的劳动政策制度及时上升为劳动法律法规;针对现有的大量存在的劳动规范性文件,加强文件备案审查制度和能力建设,建立健全法律法规定期清理机制,对与社会主义核心价值观要求不相适应的,依照法定程序及时进行修改和废止。当然,除了劳动立法,在劳动司法、劳动执法、劳动法治文化建设中融入社会主义核心价值观也是重要的途径。

第二编

共享：世界劳动关系法律制度的历史变迁及其趋势

第一章 劳工参与的萌芽

在劳动法律制度的演进中,劳工参与成为世界劳动法律制度的一个重要历史阶段,其最初萌芽于德国、日本等国的劳动法律制度中。

一、德国

19世纪,面对日益兴起的劳工运动,很多企业的雇主们自发建立起雇员参与的初步形式。1891年,在社会民主党和工会的强烈反对下,保守团体首次在议会中引进规范雇员参与的法案。1891年7月,处于帝制时期的德国,首次颁布了《工业条例修订法》,根据该法的规定,允许企业中设置"工人委员会"的机构,以作为职工行使参与企业决策权的机构。这一法律制度被认为首开了德国"职工参与企业管理决策制度"。但是,由于这个制度采取的是任意设立方式,仍然在实践中没有强制力,所以在当时的劳动关系中,设置工人委员会的企业很少。发展到第一次世界大战期间,当时的德国政府颁布了《为祖国服务补助法》,强制性地规定企业设置"工人代表制度",以监督战时劳动补助金的发放。上述两项法律规定对后来的职工代表进入监事会起到了制度上的铺垫。

在一战后,在上述法律的基础上,德国于1920年2月15日制定并颁布了《企业委员会法》(Betriesrategesetz - BRG)。在这部法律中,正式认可了由1~2名"企业委员会"委员进入企业监事会。此外,还明确做出强制性的规定,凡雇佣20名以上劳动者的企业,必须设置"企业委员会",该委员会要求是由劳动者代表组成的。对于委员会的权限也做出了相应的规定,如有权监督劳动集体合同的履行,有权就合同中未规定的一些事项同经营者进行交涉。德国的这一制度很快被一些国家复制,如丹麦1926年颁布了《钢铁行业劳动协约》,其中在钢铁行业企业中提倡设立类似德国"企业委员会"的"工厂委员会"。

上述企业委员会,其设立的目的很明确,就是作为一种劳资协议的协调机构而存在,如以保持劳动者与经营者之间信赖关系、协助和协调工会组织与经营者团体之间关系、提高企业经济效益等为目的。后来经过若干年的发展,该委员会目前已经成为德国企业组织的重要组织之一。但不幸的是,在第二次世界大战期间,该制度曾一度遭到了废除。

1934年纳粹德国政府出台调整劳资关系的基本法律——《国民劳动秩序法》(Arbeitsordnungsgesetz),魏玛共和国时期发展起来的集体劳动法的基本架构被破坏,企业委员会(Betriebsrat)被保密委员会(Ver－trauensrat)取代,它的主要功能是增进工人和企业"领导"之间已经存在的和谐关系。

二、日本

同德国一样,日本也有相应的劳资协议制度。从历史溯源来看,可追溯至日本明治29年(1896年),当时在钟渊纺织株式会社设置的"职工惩戒委员会"里,曾增设有职工委员。在大正8年(1919年),内务省发表的"劳动委员会法案",为后来劳动委员会作为代表职工利益的机关提供了主要的法律依据。昭和4年(1929年),内务省还曾向帝国议会提交过一份"产业委员会法案",该法案要求职工在100人以上的企业均必须设置产业委员会。但实际上日本真正实施劳资协议制度还是在二战之后。

三、英国

英国的工厂委员会则是由劳资双方代表共同组成的劳资协议机构。由于英国工会组织的基本活动内容,要受到集体谈判以及劳资之间自主协定的限制,所以,第一次世界大战期间产生了劳资关系的公共协调机构——英国联合工业协议会,亦即惠特利协会(whitley council),从而达成了所谓"休战协议",结果使劳动者对工会组织产生了不满情绪。为缓解这一矛盾,英国政府于1916年在下议院设置了一个专门调查委员会。通过调查,该委员会提出了若干报告,建议在第一次世界大战结束后,设立全国范围的产业劳资共同协议会、地方范围的地方劳资协议会和企业范围的工厂委员会等组织。由此可见,劳资协议调度的产生往往是劳资双方妥协的产物。英国的工厂委员会中劳资双方代表虽然在人数上未必一定相等,但它由劳资双方的代表共同组成,并都能代表各自集团的利益。①

---

① 周超. 职工参与制度法律问题研究[M]. 北京:中国社会科学出版社,2006:112.

第二章 二战后:劳工参与企业管理

二战后,职工参与得以大力推行并在法律制度中普遍出现。如1946年法国为体现其《法兰西第四共和国宪法》序言中倡导的"所有劳动者……有权参加企业经营"的精神,宣布由工会组织推荐的职工代表可进入法国国有产业管理委员会。与此同时,英国在煤炭行业的国有化进程中,也曾由英国劳工联合会(Trades Union Congress,TUC)主席及煤矿工人工会主席作为代表,进入了英国煤炭产业委员会。

1948年,比利时制定了《工厂委员会组织法》;同年,挪威也制定了在国有企业董事会中任命职工代表的法律,到1950年终于完成了对所有国有企业的职工代表的任命工作。1950年前后,南斯拉夫联邦人民共和国也开始逐渐地建立起独具特色的劳动者自主管理体系。

一、劳资共决制度

(一)德国

二战结束后,企业委员会制度才又得到了恢复,并由1952年的《企业组织法》将其在制定法上给予了再次确认。值得一提的是,由于工会组织与经营者缔结的劳动协约在先,所以,企业委员会不得影响工会组织的争议行为。此外,它也不能采取解决劳动纠纷的手段(如罢工等),不能实施扰乱企业正常经营秩序及支持某政党的政治性行为。也就是说,它承担维护企业经营秩序的义务。企业委员会的根本原则就是与企业经营者相互信赖并彼此合作。①

1. 关于监事会雇员代表制:共同决定。

监事会雇员代表制在公司机关的共同决定以下述3种不同的模式出现。

(1)在煤钢工业的公司中(《煤钢共同决定法》第1条第1款)监事会由股东和职员同等的代表以及所谓的中立人组成(《煤钢共同决定法》第4条第1c款),以至于劳动和资本可以平等的参与。相应的按照《共同决定补充法》第5条第1款适用。根据《煤钢共同决定法》第4条,监事会原则上由11名成员组成,股东和雇员原则上各占有5个席位,第11名成员作为中立人;在一个规模巨大的公司,如果符合该法第9条所规定的情形时,监事会成员人数可以扩大到15人甚至21人。根据《煤钢共同决定法》第13条,雇

---

① 周超.职工参与制度法律问题研究[M].北京:中国社会科学出版社,2006:111.

员将通过劳工关系董事在实现法定代理组成的公司机关中被代表;劳工关系董事不能在违反监事会中雇员代表的意见时被任用。

(2)1976年的《共同决定法》同样是按照监事会平等组成的原则设定的(1976年《共同决定法》第7条)。然而在这里,表决时票数相同不是像在《煤钢共同决定法》中通过在监事会中设立所谓中立人来解决的,而是通过监事会主席的决定性投票的可能性来实现的。借此,引出了股东方面的优势,因为它没有达到按照1976年《共同决定法》第27条第1款要求的2/3多数时单独选举监事会主席(1976年《共同决定法》第27条第2款)。

根据1976年《共同决定法》第7条、第15条,监事会平等地由股东代表和雇员代表组成;监事会成员的人数按照公司的大小分级确定。在监事会中将由属于公司的雇员和工会代理人代表雇员方面;监事会中至少一个属于管理职员。

根据1976年《共同决定法》第33条,公司的法定代理机构的成员是劳工董事,他由监事会选任,在监事会中的雇员代表没有像在《煤钢共同决定法》第13条规定的那样被授予特别权利;股份两合公司没有劳工董事。

(3)在公司中雇员共同决定的最弱的框架是按照1952年的《企业委员会法》产生的,它只规定雇员在监事会中占据1/3比例(见1952年《企业委员会法》第76条第1款)。1952年《企业委员会法》确立的参与模式其后被2004年的《三分之一参与法》取代。该法第1条规定,符合这一模式的公司,雇员人数必须超过500人。《三分之一参与法》第4条到第6条也有相关规定[①]。

关于企业的共同决定的法律基础是1972年的《企业委员会法》《联邦人事代表法》和各州的《人事代表法》以及《发言人委员会法》。

关于在国家和社会上的共同决定,不同于魏玛帝国宪法的情形,在宪法中,针对经济民主规定了委员会制度,而在《德国基本法》中,没有规定超出企业和公司共同决定之外的国家和社会的雇员共同决定制度。对此,要区分在《德国基本法》第9条第3款中保护的权利,即在结社中组织各阶层利益并通过特殊的按照结社进行的活动实现这一权利。[②]

2. 关于企业委员会参与。

纳粹政权倒台后,企业委员会体制在1952年开始重建,1952年颁布《企业委员会法》。1972年修改《企业委员会法》,企业委员会管理的事务也被大大扩展。2001年,1972年《企业委员会法》最终被修改。这一修正案的变化主要在于:一是提高了中小企业对《企业组织法》的适用条件;二是对于传统的组织结构进行了改变以适应不断变化着的现实;三是提高了企业委员会这一机构可供利用的资源;四是相应提高了企业委员会在特定领域的权力。1989年,《高级职员代表机构法》(Sprecherausschuss gesetz, SPrAuG)通过,为高级职员代表提供了法律基础。公共部门受1955年颁布、1974年修

[①] 魏斯,施密特. 德国劳动法与劳资关系[M]. 倪斐,译. 北京:商务出版社,2012:283.
[②] W 杜茨. 劳动法[M]. 张国文,译. 北京:法律出版社,2003:276.

订的《联邦职员代表法》(Bundespersonal-vertretungsgesetz-BPersVG)调整。①

根据上述法律的规定,企业委员会对于企业享有一系列的参与权,参与的领域包括一般事务、对社会事务、人事方面事务、经济方面事务等方面,此外,对于为形成工作岗位、工作流程和环境方面的事务等具体的情形也有参与的权利。

(1)关于一般事务。《企业委员会法》第80条:企业委员会应该监督雇主执行有利于雇员的有效的集体合同;企业委员会在没有特别理由的情况下,向雇主要求审查纯工资清单;并且在紧急情况下要求法院强制实施。

(2)关于社会事务。《企业委员会法》第88条:全部社会事务无论如何应该通过自愿企业合同被规范。强制共同决定的客体既包括企业秩序、工作时间、劳动保护、劳动报酬、企业条件设施环境等,也包括社会设施、工厂住房、企业工资形成、给付相关的工资、企业建议方面事务。

(3)关于工作岗位、工艺流程和工作环境的形成。《企业委员会法》第90条:如果已经在计划阶段雇主在提供必要材料的前提下应及时告知企业委员会。与此相联系,对于已经规定的企业重组和所有因此对雇员产生的人事上、经济上和社会上的影响,雇主应当向企业委员会进行咨询。按照《企业委员会法》第91条,如果在人类公正劳动形成过程中明显地违反了安全的劳动科学知识,这类劳动技术变更以特殊方式增加了雇员负担。企业委员会可以要求采取合理措施拒绝、减少或者平衡这种负担。

(4)关于人事事务。企业委员会在人事事务方面的参与权被区分为一般的人事事务(《企业委员会法》第92条至第95条)、职业培训领域(《企业委员会法》第99条至第98条)以及个别人事措施(《企业委员会法》第99条至第105条)。其中一般人事事务包括人事计划;职位广告;人事调查表、评判原则、挑选方针。职业培训领域包括雇主和企业委员会有义务促进雇员的职业培训(《企业委员会法》第96条第1款第1项),他们应该就职工的培训(《企业委员会法》第96条第1款第2项和第3项)、企业培训机构的设立和人员配置、企业内部培训措施的实施以及参与企业外的培训措施(《企业委员会法》第97条)共同进行协商。另外,在实施职业培训时,企业委员会享有在《企业委员会法》第98条中规定的共同决定权、拒绝同意权和免除职务权。个别人事措施包括招用、分组、重组、调动;解约妨碍企业者。

(5)关于经济事务。由于企业委员会法原则上不限制公司的决策自由,因此在公司经济事务领域只存在有限的参与权。包括一般事务、企业变更。对于一般事务,经济理事会在经济事务中享有知情权和参与权(见《企业委员会法》第106条);对于公司的经济状况和发展,企业主必须按照《企业委员会法》第110条规定告知全体职工。对于企业变更,如果在企业中通常雇用了超过20名以上的有选举权的雇员,那么按照《企业委员会法》第111条第1款第1项在企业变更时,企业委员会享有参与权;另外,还必须是对全体雇员或者大部分雇员有实质性不利的后果的企业变更,在《企业委员会法》第111条第2项规定中列举了作为这类企业变更的有效的企业主经济性决策。

---

① 魏斯,施密特.德国劳动法与劳资关系[M].倪斐,译.北京:商务出版社,2012:249.

在企业委员会法适用范围之外的管理职员的利益,根据《发言人委员会法》第1条第1款、第25条第1款:通过管理职员的发言人委员会进行代理。

根据《联邦人事代表法》第1条、第4条,公共服务领域雇员的共同决定在联邦人事代表法和各州人事代表法中规定。联邦人事代表法适用于联邦管理机构和联邦直属机构、公法上的机构和基金会以及联邦法院。对于各州的公务员适用各州人事代表法。法官有自己的代表机构(法官委员会、主席团)。①

3. 关于信任合作原则。

《企业委员会法》第2条第1款规定,雇主和企业委员会应该充满信任地为雇员和企业的福利而进行合作。

信任性合作原则在《企业委员会法》的不同地方被进一步具体化:

(1)按照《企业委员会法》第74条第1款第1项,企业伙伴在一个月之内至少举行一次共同协商。雇主和企业委员会争议问题应该以严肃的意愿为达成一致进行协商,为所附的不同意见提出建议(《企业委员会法》第74条第1款第2项)。

(2)禁止劳工斗争(《企业委员会法》第74条第2款第1项),禁止进行政党政治活动(《企业委员会法》第74条第2款第3项第1半项),以及不损害企业流程,企业和平的不作为义务是为企业和平的安全服务的(见《企业委员会法》第74条第2款第2项)。不排除要处理企业和雇员涉及的集体合同政治上的、社会政治上的事务以及经济方式,特别是在企业职工大会上(见《企业委员会法》第45条第1项,第74条第2款第3项)。

(3)不依赖于存在特殊信息条款的条件(例如《企业委员会法》第90条,第92条第1款,第99条第1款,第102条第1款第2项),《企业委员会法》第80条第2款给予企业委员会为完成其任务以一般的告知请求权以及必要材料的原件请求权。只有雇主对于企业委员会主管范围内的所有事务都及时、全面地告知企业委员会,那么,信任性合作才有可能。

由雇主按照《企业委员会法》第80条第2款所承担的对企业委员会告知义务应该使得企业委员会有能力自我检查,是否已经为它引出这些任务并且它是否应该为完成这些任务进行工作(见 BAGNzA 1992,707)。

4. 关于三方机制。

20世纪60年代,联邦政府、工会以及雇主协会三方建立了非正式会议,即所谓的一致行动机制(Konzertierte Akiion)。这些会议的目的是在经济和劳动市场政策的基本准则方面达成妥协。

(二)荷兰②

20世纪50年代初,荷兰、芬兰、奥地利及波兰等其他欧洲国家也都先后通过制定法

---

① W 杜茨. 劳动法[M]. 张国文,译. 北京:法律出版社,2003:276-352.
② B.J.格拉佩豪斯,G.费尔堡. 荷兰雇佣法与企业委员会制度[M]. 蔡人俊,译. 北京:商务印书馆,2011年。

律,要求企业设立类似英、法的企业委员会或工厂委员会作为劳资协议机关。下文重点介绍荷兰的相关法律。

荷兰《企业委员会法》制定于1971年,先后于1979年、1982年、1984年、1990年、1995年、1996年、1998年、1999年、2001年、2004年以及2006年做了多次修订。

根据该法的规定,雇员代表机构即企业委员会有权就涉及企业管理和经营业务的重大决定提出意见。其中,某些决定做出之前,还必须征得企业委员会的同意。

(1)根据荷兰《企业委员会法》第31条,在企业委员会任期初始,管理方应当向企业委员会提供下列涉及企业的信息。① 上述信息发生变化的,管理方应当及时通知企业委员会。

(2)根据荷兰《企业委员会法》第24条、第31a条,企业应当每年分两次向企业委员会提交企业在过去一段时间内的总体经营业绩信息,尤其是财务与经营信息,包括一些预期行为的信息、社会政策信息、工资水平与雇佣条件信息。

(3)根据荷兰《企业委员会法》第25条,涉及下列事项的决定,企业应当听取企业委员会的意见。②

---

① (a)企业形式及其章程(仅在企业为其他法人实体所有时适用);
(b)如果企业所有人为自然人或者荷兰法律所承认的数种合伙组织形式之一的,该自然人或者合伙事务执行人的名称、住所;
(c)如果企业委员会为某一法人实体所有,监事会与管理委员会成员的姓名与住所;
(d)如果该企业是某一企业集团的一员,该集团所属企业的特征,集团内控制权的分配,以及对该企业施加控制的当事方的名称与住所;
(e)与企业保持长期关系(基于d项规定的控制权分配以外的原因),可能对企业的持续经营产生重大影响的其他企业或者机构,以及此种长期关系带来的可能对该企业施加控制的当事方的名称和住所;
(f)企业的组织架构,管理委员会成员以及其他行使重要管理职能的人员的姓名和住所,以及这些人之间承担各自职责的方式。
② (a)企业转让或者部分转让;
(b)设立、兼并另一企业或者放弃对另一企业的控制权;与其他企业建立、实质变更或者终止长期合作关系,包括该企业建立、变更或者终止实质性的财务参与;
(c)企业经营活动或者主要经营活动的终止;
(d)企业经营活动的实质性变更;
(e)企业组织结构的实质性变更,或者企业内部责任承担主体的实质性变更;
(f)企业住所的变更;
(g)集体招聘或者解雇一批雇员;
(h)以企业名义的重大投资;
(i)企业向外贷款;
(j)企业对外借款,以及为其他企业提供担保,除非基于企业正常经营活动的需要借款或者提供担保;
(k)引进或者更新重大技术设备;
(l)与企业重大环保举措有关的行动和决定,包括引入新的或者改变现有的政策以及与环保有关的组织性的或者管理性的设备;
(m)依据社会保障资金法第40条的规定,作出与残疾人待遇相关的风险承担有关的安排;
(n)任命为上述事项提供意见的外部专家及确定其授权提出意见的范围。

(4)根据荷兰《企业委员会法》第 27 条,一些涉及雇佣条件的事项非常重要,不能由企业一方单独实施,而必须事先取得企业委员会的同意。需经企业委员会同意的事项包括下列事项,其引入、变更或者撤销均需要提交给企业委员会同意。①

(5)根据荷兰《民法典》第 2 编第 158 条,在一些"大型"企业中,法律赋予企业委员会提出监事会人选的权利,以及就不超过监事会成员 1/3 的人选提出候选人的权利。大型企业监事会成员由企业股东大会任命。企业委员会以及股东大会有权推荐监事会成员人选。②

(6)根据荷兰《企业委员会法》第 35 条,企业雇员为 10 人以上 50 人以下,未成立企业委员会的,应当每年分两次与雇员进行协商。1/4 以上的雇员要求进行协商的,应当进行协商,要求中应当载明进行协商的理由。企业应每年至少一次口头或书面向雇员提供企业基本信息,涵盖企业在上一年度的经营活动和业绩。企业还应当提供未来一年的经营规划。如果企业应当对外公布年度账目和年报,其同时也应当向雇员提供这些材料。

(7)根据荷兰《企业委员会法》第 35b 条,管理方应当就可能导致以下后果的事项征求雇员们的意见:(i)失去工作,或者(ii)涉及 1/4 以上雇员的工作岗位、工作条件和环境的重大变更。如果管理方未接受雇员的建议,可以继续实施该决定而雇员无权就该决定提起申诉。《企业委员会法》规定,在小型企业中,雇员可以选择设立由 3 名雇员组成的雇员代表机构。应多数雇员申请,管理方应当成立这一机构。

(8)根据荷兰《企业委员会法》第 35c 条,下列制度的引入、变更或者废除必须取得雇员代表机构的同意:(a)工作时间与休息休假制度,(b)与工作期间或病假期间有关的安全、健康、福利等规则。企业委员会法规定,可授予雇员代表机构其他额外的权力。

(三)瑞典

瑞典的产业民主起始于其一系列的共同规制法。1976 年颁布了《雇佣(工作场所共决法)》[Employment (Co-Determination in the Workplace) Act],2000 年修订。该法

---

① (a)涉及养老保险、利润分配计划或者公积金积累的方案;
(b)关于工作时间与休假制度;
(c)待遇和工作类别体系;
(d)在职以及病退期间与职业安全、职业健康以及职业福利相关的制度;
(e)录用、解雇和升职制度;
(f)职业培训制度;
(g)雇员表现评价制度;
(h)行业社会工作制度;
(i)工作咨询制度;
(j)申诉处理制度;
(k)企业雇员信息登记、使用与保护制度;
(l)雇员出勤、风纪或者表现监控制度。
② 蔡人俊.浅析荷兰的企业委员会制度[J].法制与经济(下旬),2012(2):70-71.

建议,就工资等类似事项订有集体协议的双方,在雇员提出要求时,也应就雇员在公司管理和劳动管理方面享有的共同规制权磋商,达成集体协议,根据该项建议,劳动力市场最重要的部门达成了共同规制协议。其中涉及由 SAF 和 LO 以及主要的付薪雇员工会订立的《1982 年发展协议》(1982 Development Agreement)。

1987 年颁布了《董事会雇员代表法》(1987 Act on Private-Sector Employee Representation on the Board),该法适用于股份公司、银行和经济联合体。

1987 年《职员代表条例》(1987 Ordinance on Personnel Representation)是规范公共部门的董事会代表法。

二、集体谈判制度

(一)日本

1945 年 12 月,日本《工会法》颁布实施。该法禁止对工会会员给予不利待遇,禁止雇主和员工签订以不参加工会为条件的"黄犬契约"(yellow-dog contracts),该法为施行这些禁止性规定,还规定了有关的刑事责任,并且规定工会的正当活动可免于民事和刑事责任,以促进工会的自由化。

1946 年调整劳动争议的《劳动关系调整法》制定实施。

1946 年制定的《日本宪法》第 25 条至第 27 条也做了相应的规定。[①]《宪法》第 28 条保障了劳动者的基本权利。规定,"劳动者的团结权、集体谈判权和集体行动权受到保护"。《宪法》第 28 条也被进一步解释为,其立法的目的是授权国会立法以保证工会的基本权利。因此,任何无正当理由侵犯这些基本权利的法律和行政法规,均属无效。劳动者从事正当的工会活动,不承担民事和刑事责任。

对于来势汹涌的工会运动,根据麦克阿瑟的意见,1948 年 7 月政府公布了 201 号紧急命令,废除了公共部门雇员集体谈判和罢工的权利。为使 201 号命令长久化,政府修改了《国家公务员法》和《公共部门劳动关系法》,并于 1948 年 12 月开始实施。

1949 年修订了《工会法》,美国的《华格纳法》是此次修订的范本。《工会法》规定了工会成立的要件,确立了不当劳动行为制度以防止雇主抵抗工会的行为,确立了集体交涉协议的规范性约束力,并成立了劳动委员会,这是处理不当劳动行为案件并帮助解决劳动争议的行政性三方机构。工会法第 7 条禁止雇主以下 3 种类型的反工会行为:对工会成员的不利待遇、拒绝谈判和对工会工作进行支配或干涉。此外,该法还将刑事处罚改为行政处罚,由劳动委员会命令采取救济措施,命令以后改正其不当劳动行为。

[①] 日本宪法规定了基本的社会权保障制度。一般被称为关于"生存权"规定的第 25 条,宣告了福利国家的原则。第 26 条确立了国民的教育权利和义务。第 27 条第 1 段(人人有劳动的权利和义务)被解释为,国家要承担两项政治义务:首先,国家应介入劳动市场,以使劳动者获得适当的工作机会;其次,对不能获得工作机会的人,国家有保障其生活的政治义务。这一规定是"劳动市场法"的基础。第 27 条第 2 段(工资、工时、休息及其他劳动条件应由法律规定)要求国家制定法律规范劳动条款和条件,这一条规定为个别劳动关系法提供了立法依据。

◄◄◄ 第二编 共享：世界劳动关系法律制度的历史变迁及其趋势

1949年制定了《劳动关系调整法》，其目的是促进集体劳动争议的解决。本法规定劳动委员会有权对劳动争议进行协商、调解和仲裁。虽然对公共事业部门的劳动者有一些特殊规定，但是上述法律为调整私有部门的劳动关系提供了一个基本的法律框架。[①]

1955—1964年为日本劳资关系的转型期。1955年，日本为推进增产运动和联合磋商，在国际贸易产业部（Ministry of International Trade And Indstry，MITI）和占领军政府的主导下，企业界成立了"日本生产性本部"。日本总工会和日本生产力中心确定了经济增长运动的3条原则：①增产必须促进雇佣安定，转型期的裁员不能通过解雇解决，而要通过转岗或其他方式解决；②必须促进劳资磋商以决定增产的具体措施；③根据国家经济条件的变化情况，增产的成果必须在经营者、劳动者和顾客之间公正地分配。

在产业和全国层面成立联合的劳资磋商会（勞使協議）。在国家层面：被称为"产业劳动恳谈会"（產業勞動懇話會）的三方委员会于1970年成立。

在产业层面，许多同一行业的大公司和工会联合会往往自发地成立劳资磋商会。他们经常就产业状况、工作条件、产业今后发展的战略及劳动者的福利待遇交换信息与意见。

在日本有个有趣的现象，在自愿成立的联合劳资磋商会广泛兴起的同时，集体协议程序随后走向非正式化。虽然没有法律规定必须成立联合磋商组织，但是1999年的一项调查表明，所有被调查的单位中41.8%的单位有这种磋商组织。在成立工会的单位中，甚至高达84.8%。根据1999年的调查，联合劳资磋商会讨论的事务70%以上内容和工作条件有关，如工时、休假、工作方式的改变、健康安全、工资奖金、家庭育儿休假、加班工资的比例、强制退休制度、解雇和退休金的问题。从集体交涉到联合磋商的变化表明，已经实现了从传统方式向新的方式的转变。[②]

（二）瑞典

1974年《瑞典宪法》第2章第17条任何工会、雇主或雇主协会都有权罢工或停工或采取任何类似措施，除非法律另有规定或协议中另有约定。

1976年颁布了《工作生活共同规制法》，该法规范集体协议以及它们的效力、结社自由和谈判权、劳动争议调解制度以及产业行动权。2000年对该法进行了修订。与其他各国相比，瑞典工会的产业行动权非常广泛。仅有很少的法令对产业行动权有所限制。

（三）英国

1980年的英国《公司法》修正案要求董事在履行其义务时重视雇员及股东的利益。

1982年的英国《雇佣法》，在第1条中明确规定了对董事的激励制度。其中规定：凡是拥有250人以上雇员的公司董事必须要在年度报告中说明，也包括说明他推进雇员参与企业经营管理计划的具体思路和想法。雇佣部门的调查报告显示，并非所有的大

---

① 荒木尚志.日本劳动法[M].李坤刚，牛志奎，译.北京：北京大学出版社，2010：121.

② 同①135-138.

公司都完成了这一要求,大约 1/4 的公司都未积极实施立法规定的激励措施。不过,报告显示的参与企业经营管理的雇员人数和参与方式都有所增加。至 1988 年,报告显示的最频繁的方式是股权方案、奖金和红利计划、管理渠道交流及当地咨询系统(正式的和非正式的)。值得注意的是,2/5 的报告都提到,工会及职工协会是联合决策的交流渠道,尽管立法设想的雇员参与模式事实上并未涉及工会和集体谈判。①

作为对集体层面的职工参与的替代,保守党政府(1979—1997 年)更偏爱个人层面的职工参与,其形式表现为"利润分享"(profit-sharing)或"股权分享"(share-ownership)方案。尽管一些"股权分享"方案是在 20 世纪 70 年代提出来的,但这些方案在 20 世纪 80 年代得到了更大促进。特别值得指出的是,1987 年的《金融(第 2 号)法案》[the Finance (No.2) Act 1987]引入了对"利润工资"(profit-related pay)进行减税的政策。有人指出,这种规定将导致雇员与其受雇公司的身份相近。②

1992 年《工会与劳工关系巩固法案》第 181—185 条规定了雇主的信息披露义务。要求雇主向独立工会(已经被认可为集体谈判主体)披露信息。这些信息具有以下特征:①缺少这些信息,工会将在集体谈判中受到实质上的阻碍;②按照劳资关系的良好实践,雇主必须披露的信息。英国咨询、调解及仲裁服务局(Adisory Conciliation and Arbitration Service, ACAS)发布了一项包含指导实践的规范。该规范提出,1992 年《工会与劳工关系巩固法案》未包含的集体谈判事项,就信息披露而言仍然具有相关性,比如,雇主的投资计划、资本投资收益以及销售额等。③

自工党政府于 1997 年执政以来,对劳资关系政策的处理被政府定义为一种"社会合伙关系"。新措施的核心是关于企业层面的集体谈判,以及在欧盟范围内采纳欧洲工作理事会关于与雇员的信息沟通及磋商的措施。

2004 年《雇员信息和磋商条例》在英国得以实施,在英国,自 2005 年起,该条例适用于雇佣职工达 150 名以上的企业。自 2007 年起,该条例对于雇佣职工 100 名以上的企业也适用。而从 2008 年起,条例的适用范围扩展到雇佣职工达 50 名以上的企业。

(四)德国

关于社会保障,德国《社会法典》中包括失业津贴和社会救助。1995 年长期护理保险制度生效。

关于集体谈判。德国集体谈判的层次:1949 年颁布;1969 年修订的《集体合同法》中规定了公司协议、行业集体谈判和区域集体协议。集体谈判的范围和主题:20 世纪 70 年代中期经济危机开始前,集体谈判主要关注薪酬和其他经济福利,包括合理的经济补偿和其他补偿;20 世纪 80 年代以来,其他问题也被纳入,如工作时间的减少和弹性化、工作安全、职业培训等。④

---

① 哈迪. 英国劳动法与劳资关系[M]. 陈融,译. 北京:商务印书馆,2012:309-310.
② 同①315.
③ 同①323-324.
④ 魏斯,施密特. 德国劳动法与劳资关系[M]. 倪斐,译. 北京:商务出版社,2012:202-203.

(五)法国

1947年,法国国民议会通过了《保卫共和国劳动自由法》,这一法律的名称是保卫劳动自由,但却是镇压工人运动的一部法律。

到了20世纪60年代,西方国家的劳动立法则显示出新的趋势。究其表现,主要是由于大规模的工人运动,使得各主要资本主义国家被迫修改法律,如改善劳动条件和劳动待遇,法国也不例外。相继在男女同工同酬、改善劳动条件以及限制劳动方面种族歧视等领域制定了规则。

自20世纪80年代以来,集体谈判和工作场所代表权的重要地位日益提高。其中,集体谈判发生在跨行业层、行业层和公司层3个层面。跨行业层和行业层的协议为各个企业提供了广义的参考指标和最低标准,使得它们遵守灵活性、工作时间(跨行业层)和薪酬(行业层)的相关规定;公司层协议则实施了详尽的薪酬与工作条件标准。需要注意的是,这里不存在唯一代表权形式:法国法律要求在公司层举行谈判,无论大多数雇员是否授权了一个排他性工会作为他们的代表。因此,雇主的谈判对象可能是由不同工会的会员所组成的委员会。此外,正如其他许多欧洲国家一样,法国法律允许行业协议扩展到同一行业内的所有企业,而无论各个企业有多少工会会员。因此,即使工会密度很低,集体谈判协议的工人覆盖率也很高。

法国法律提供了几种独立于工会的工作场所雇员代表权形式。雇员代表的职责包括处理申诉,以及监督劳动法和集体谈判协议的执行。工厂委员会(works committees)有对工作场所和企业决策的知情权和咨询权。雇员代表和工厂委员会代表由所有工人通过无记名投票选举产生。[1]

三、职工董事、职工监事制度

从第二次世界大战后到20世纪70年代,是职工董事和职工监事制度迅速发展的一个历史时期,各个国家相继颁布了一系列的法律制度,见表2-1。

表 2-1 职工参与董、监事会的八国比较[2]

国家	适用范围	代表层次	选举及适任
丹麦	◎50人以上的企业 ◎单轨制	◎董事会中劳方代表占1/3	◎由受雇者选出 ◎候选人须服务1年以上
法国	◎50人以上的企业 ◎单轨制或双轨制	◎董事会中劳方至少2席,若管理、技术人员超过25人,则增至4席 ◎国营企业受雇者、管理人员及政府各占1/3	◎由工厂会议选出 ◎若有2席劳工代表,1席为行政管理阶层,另1席为非技术工;若4席,则2席是非技术工,1席行政人员,1席技术人员 ◎服务2年以上

---

[1] 巴德. 劳动关系:寻求平衡[M]. 3版. 于桂兰,译. 北京:机械工业出版社,2013:403.
[2] 杨明峰. 国营事业劳工董事制度之研究. http://www.cpa.gov.tw/rearch/pdf/pdfad.pdf.

续 表

国家	适用范围	代表层次	选举及适任
德国	◎500人以上的企业 ◎1000以上的煤、钢、铁业 ◎双轨制	◎501-2000人者,监事会中有1/3劳工席次 ◎2000人以上者,劳方代表、股东代表各占1/2,主席拥有双重投票权 ◎1000人以上的煤钢铁企业,劳工代表、股东代表各占1/2,双方另指派1中立人士	◎501-2000人的企业中,劳工代表由受雇者直接选出及工厂会议推荐,至少有1名技术工及非技术工;若女性占50%以上,则至少有1名女性代表; ◎2000人以上者,由受雇者及工会选出。技术工与非技术工分开选出,并保障1席行政人员
爱尔兰	◎7家州营事业及电力、航空公司 ◎单轨制	◎董事会1/3劳工代表	◎由受雇者选出 ◎服务3年以上 ◎18-65岁
卢森堡	◎1000人以上的企业 ◎肥股25%以上的企业 ◎钢铁部门 ◎单发制	◎1000人以上的企业,劳工代表1/3 ◎国营企业每100人1名代表 公营煤钢企业劳工代表3名	◎钢铁部门以外企业,由现场技术工及非技术工分开选出 ◎钢铁部门由全国性工会指派 ◎服务2年以上
荷兰	◎100人以上的企业 ◎双轨制	◎监事会中无劳工代表,但受雇者对监事会人选有否决权	◎监事会由管理部门、工厂会议及股东大会推举
挪威	◎51-200人的企业及200人以上的建筑制造业,单轨制 ◎200人以上的企业,双轨制 ◎大众传播、航海、银行、金融、保险业不适用	◎单轨制中,董事会有1/3劳工席次,至少2席 ◎双轨制中,监事会有1/3劳工席次,执行董事会由监事会指派	◎由受雇者及工会选出 ◎若女性受雇者超过1/3,则至少有1名女性代表 ◎服务1年以上
瑞典	◎25人以上的企业 ◎银行、保险业由其他法律规范	◎劳工代表至少2席,只有1股东代表时,则劳工代表1席	◎由工会指派 ◎企业有2个以上工会者,由拥有80%会员的工会指派2名代表;否则由最大两工会各推派1名

表注a:双轨制是指监事会与董事会分立,监事会拥有指派、监督及解任董事会的权限。董事会(或称管理会)则负责公司的日常业务的处理。

表注b:单轨制是指有些国家将以上两种功能合一于董事会。

本章附录：

瑞典《雇佣(工作场所共决)法》摘录

结社权

第7条 "结社权"是指雇主或者雇员所具有的加入一个雇主组织或者雇员组织，并在上述组织中行使其成员的权利，以及参加或者成立这种组织的权利。

第8条 结社权不受侵犯。雇主或者雇员，或者其代表，因对方行使结社权而作出损害对方的行为，或者为诱导对方不行使其结社权而直接针对对方采取行动的，认为其构成对结社权的侵犯。即使采取这样的行为是为了履行对第三方的义务，其仍被认为构成侵权。

雇主组织和雇员组织不需容忍任何对其活动构成侵犯的侵犯结社权的行为。当既有地方组织又有中央组织时，这些规定应适用于中央组织。

通过终止协议、其他法律行为或者基于集体协议或其他合同中的条款而侵犯结社权时，上述法律行为或者条款无效。

第9条 雇主和雇员组织有义务尽力阻止其成员采取任何可能侵犯结社权的行动。如有成员采取了这种行动，该组织有义务尽力说服其停止。

协商权

第10条 就雇主与受雇于或已受雇于他的雇员组织成员之间的任何事务。雇员组织有权与其谈判。雇主也应有同等的权利同雇员组织谈判。

依照第1款，雇员组织也有权同该雇主隶属的任何组织以及与该雇主隶属的组织相关的任何类似的雇主组织进行谈判。

第11条 如存在特别原因，该雇主可以在履行本条第1款的谈判义务之前，作出并实施其决定。

第12条 第11条所指的雇员组织提出谈判要求时，除第11条规定的情形外，雇主也应该在作出或者实施涉及该雇员组织成员的决定前与该组织进行谈判。

但是，存在特殊事由时，该雇主可以在履行谈判义务之前，作出并实施其决定。

第13条 当事情具体关系到某一雇员组织的成员的工作和雇佣条件，而该雇主与该雇员组织又无集体协议时，该雇主应按照第11条和第12条的规定，同该组织进行谈判。

雇主由于工作不足或者发生《就业保护法》(SFS 1982：80)第6条所述之企业转让、交易或部分交易转让而终止雇佣关系的，如无相关事项的集体协议，雇主应按照本法第11条的规定，与所有相关的雇员所属的组织进行谈判。但是，在该雇主只是暂时不受集体谈判协议约束的情形下，上述规定不应适用。(SFS 1994：1686)

第14条 有地方雇员组织时，履行第11条至13条项下的谈判义务，应首先与这样的组织谈判。

在根据本条第 1 款规定举行的谈判中,没有达成协议的,雇主也应当在中央的雇员组织要求时,与其谈判。

第 15 条　负有谈判义务的任何一方,应亲自或者派代表出席谈判会议,并在必要时就谈判相关事项的解决提出合理的建议。各方可以共同决定谈判采取除会议以外的形式。

因工作短缺决定终止雇佣关系而举行谈判的,雇主应当及时以书面形式将下列事项通知对方:

1. 计划终止雇佣关系的理由;
2. 将会受到该决定影响的雇员数量及其雇佣类别;
3. 正常情况下雇员的数量及其雇佣类别;
4. 计划执行终止雇佣的时间期限;
5. 有关终止雇佣关系应当给付的任何赔偿费用,除法律或者可适用的集体协议要求的部分以外,其他部分计算的方法。

雇主根据《促进就业的相关措施法案》SFS 1974:13 第 2 条 a 中第 1 款和第 2 款(SFS 1994:1686)中的规定提交给县劳动委员会备案的所有通知,应同样向对方提供相应副本。

第 16 条　双方可就谈判的时间和地点作出约定。谈判应当迅速进行。如果一方要求,则应当保存会议记录,并由双方核准。除非双方另有约定,当已经履行了其谈判义务的一方以书面形式通知对方其退出谈判时,谈判应当认为已经结束。

第 17 条　对被指派代表其组织参加此类谈判的雇员,不得拒绝其为参加谈判而合理地请假。

知情权

第 18 条　在谈判中,一方援引书面文件的,如果对方要求,其应向对方提供该文件材料。

第 19 条　如果实现上述一切不会导致不合理的花销或者不便,该雇主应当应要求提供给该雇员组织文件的副本,并且应当协助该组织出于上述目的所要求的任何审查。

第 20 条　如果存在地方雇员组织,根据第 19 条规定履行提供信息的义务的,应当向这一组织履行。对于根据第 14 条第 2 款规定进行的谈判,如果这些信息对于谈判中的事项具有重要价值,则此义务也应当向中央雇员组织履行。

第 21 条　负有义务提供信息的一方,有权同对方就其要提供的有关信息的保密义务进行谈判。如果该谈判与按照第 19 条提供的信息有关,应适用第 14 条的规定,在细节上可作必要的修改。

如果谈判在本条第 1 款所说之情形下达成协议,一方可以向法院就对方的保密义务提起诉讼。诉讼必须在谈判结束后 10 日内提起。法院应当就保密义务发布命令,以防止其认为可能存在对诉讼方或者其他任何人有严重伤害的危险为限。

如果一方已经就保密义务提出了谈判请求,并且遵照了第1款和第2款的规定,则对方应遵守这项保密义务,直到事情得到最终的解决。如果请求对方履行保密义务不存在任何理由,且该方知道或应知道这一点,则不存在任何保密义务。(SFS 1977：532)

第22条　代表地方或中央雇员组织的任何人,获取信息并对该信息负有保密义务的,可以不必顾及保密义务向其组织的董事会成员披露上述信息。在这种情况下,保密义务也适用于该董事会的成员。

根据集体协议享有的共决权

第32条　已就工资和一般雇佣条件订立集体协议的各方,在雇员方要求时,也应就关于雇佣合同的缔结和终止、管理和分派工作以及一般活动的实行等事宜的雇员共决权订立集体协议。

各方就共决权达成集体协议,可以约定除应由雇主决定的事项,应当由雇员代表或者为实现共决而组成的特别联合体来决定。有第3条规定的情况,按其规定。

就协议的解释出现争议时的决定权

第35条　受同一集体协议约束的雇主和雇员组织就雇员成员的工资和其他报酬发生法律争议时,该雇主有义务就此争议立即召集谈判。如果争议不能通过谈判解决,则该雇主应当提起法律诉讼。没有召集谈判或者没有提起法律诉讼的雇主,应就争议金额按雇员组织提出的要求付赔偿金,除非雇员组织的要求不合理。(SFS 1977：532)

某些情况下的工会否决权

第38条　雇主决定让某人代表他或者在他的公司中从事某项工作,但并不雇佣他时,该雇主应当主动就该工作与根据集体协议他负有谈判义务的雇员组织进行谈判。在进行上述谈判时,该雇主有义务向雇员组织提供其要求的关于这项工作的信息,以使雇员组织能够对相应的谈判事项采取一定的立场。

此类工作为暂时的并且具有短期性,或者需要特殊技能的,并且当这些行为根据《私人职业介绍所和临时产业法》(the Private Employment Agency and Temporary Labor Act)(SFS 1993：440)并不构成对劳动力的租用时,则不应适用第1款的规定。当计划执行的工作在重大方面已得到了雇员组织的同意的,也不适用第1款的规定。雇员组织就具体问题要求谈判时,雇主有义务在采取和执行该问题的决定前开始谈判。

有特别事由时,雇主可以在履行第1款规定的谈判义务前,采取并实施其决定。有特殊理由不能推迟决定的,雇主虽负有第2款规定的谈判义务,该雇主可以不必推迟决定及其执行到履行完谈判义务后。根据第1款和第2款进行谈判时,适用第14条的规定。

当根据第1款和第2款举行谈判时,雇主有义务应雇员组织的要求向其提供任何

关于其所计划的工作的信息,以使雇员组织能够对相应的谈判事项采取一定的立场。(SFS 1994:1686)

第39条 根据第38条进行了谈判后,且中央雇员组织,或者当不存在这一组织时与雇主订有集体协议的雇员组织宣布,该雇主企图采取的行动可能被认为违反法律规定或者是集体协议,或者该行为会违反双方协议范围内认可的行为时,则该雇主不得采取或者实施上述行为。当涉及《公共采购法》(the Public Procurement Act)(SFS 1992:1528)所述之购买行为时,上述宣布行为只能在出现上述法中第1章第17条或者第6章第9条至第11条中(SFS 1994:16％)规定的情形时,才能做出。

第40条 第39条的禁止性规定在雇员组织对其立场没有理由时不适用。当雇员组织在公共采购的过程中,作出的宣布行为不是基于《公共采购法》(the Public Procurement Act)(SFS 1992:1528)中第1章第17条或者第6章第9条至第11条的规定做出时,该禁止性规定也不适用。

瑞典《工会代表(在工作场所的地位)法》摘录

第3条 任何雇主不得妨碍工会代表履行职责。

如果工会代表被委派(履行职责)地不是原工作地,雇主应允许其履行代表职责,并根据职责需要自由活动。但工会代表的活动不应对雇主的正常经营活动形成严重阻碍。

工会代表有权获得必要的建筑物或其他空间以开展工会活动。

第4条 不得因雇员被任命为工会代表而降低其工作或雇佣条件。任命之后,雇员应获得同样或同等工作或雇佣条件的保证,就如同他从未受到工会任命一样。

第9条A 根据第3条第2款的规定,雇主有义务为工会代表提供进出某工作场所的自由且允许其在此间自由活动。此时,雇主有权就该代表对所获信息的保密义务与有关雇员组织进行谈判。

瑞典《董事会代表(私营部门雇员)法》摘录
SFS1987:1245
包括后续修正案和 SFS1998:1508

介绍性条款

第1条 本法的目的是通过在董事会设雇员代表使雇员获得关于公司活动的信息,并使雇员对公司活动施加影响。

作为董事会代表的权利

第4条 雇员行使第1款规定的权利时,在董事会的雇员代表数不应超过其他代表的人数。

第 1 款、第 2 款中对公司的规定同样适用于母公司下的整个集团,且雇员在董事会的代表数应按照有利于集团雇员的原则增加。

第 5 条 雇员代表一旦被任命,那么其代表地位在授权期内不因雇员人数减少或者董事会其他成员的人数减少而改变。

德国《煤钢共同决定法》(1951 年)摘录

第 4 条 第 1c 款监事会由股东和职员同等的代表以及所谓的中立人组成。监事会原则上由 11 名成员组成,股东和雇员原则上各占有 5 个席位,第 11 名成员作为中立人。

第 13 条 雇员通过劳工关系董事在实现法定代理组成的公司机关中被代表;劳工关系董事不能在违反监事会中雇员代表的意见被任用。

德国《共同决定法》(1976 年)摘录

第 7 条 监事会平等地由股东代表和雇员代表组成;监事会成员的人数按照公司的大小分级确定。

第 15 条 在监事会中将由属于公司的雇员和工会代理人代表雇员方面;监事会中至少 1 个属于管理职员。

第 33 条 公司的法定代理机构的成员是劳工董事,他由监事会选任,在监事会中的雇员代表没有像在《煤钢共同决定法》第 13 条规定的那样被授予特别权利;股份两合公司没有劳工董事。

德国《企业委员会法》(1952 年颁布,2001 年最终修改)摘录

第 74 条 第 2 款禁止劳工斗争、禁止进行政党政治活动以及不损害企业流程或者企业和平的不作为义务是为企业和平的安全服务的。

第 80 条 企业委员会应该监督雇主执行有利于雇员的有效的集体合同;企业委员会在没有特别理由的情况下,向雇主要求审查纯工资清单;并且在紧急情况下要求法院强制实施。

第 88 条 全部社会事务无论如何应该通过自愿企业合同被规范。强制共同决定的客体包括:企业秩序、工作时间的分配、社会设施、工厂住房、企业工资形成、给付相关的工资、企业建议等方面事务。

第 90 条 如果已经在计划阶段雇主在提供必要材料的前提下应及时告知企业委员会。与此相联系,对于已经规定的企业重组和所有因此导致雇员产生的人事上、经济上和社会上的影响,雇主应当向企业委员会进行咨询。

第 91 条 如果在人类公正劳动形成过程中明显地违反了安全的劳动科学知识,这类劳动技术变更以特殊方式增加了雇员负担。企业委员会可以要求采取合理措施拒绝、减少或者平衡这种负担。

第 106 条 企业委员会在公司经济事务领域只存在有限的参与权。包括一般事务、企业变更。对于一般事务,经济理事会在经济事务中享有知情权和参与权。

德国《三分之一参与法》(2004 年)摘录

第 1 条 符合雇员在监事会中占据 1/3 比例模式的公司,雇员人数必须超过 500 人。

第 5 条 第 2 款 雇员代表由公司内年满 18 周岁的雇员选出。

第 6 条 企业委员会,或者 1/10 的企业雇员,或者 100 人以上的雇员有权提出候选人名单。

荷兰《企业委员会法》摘录

(制定于 1971 年,先后于 1979 年、1982 年、1984 年、1990 年、1995 年、1996 年、1998 年、1999 年、2001 年、2004 年以及 2006 年进行多次修订)

第 24 条 第 31a 条企业应当每年分两次向企业委员会提交企业在过去一段时间内的总体经营业绩信息,尤其是财务与经营信息,包括:一些预期行为的信息、社会政策信息、工资水平与雇佣条件信息。

第 35 条 企业雇员为 10 人以上 50 人以下,未成立企业委员会的,应当每年分两次与雇员进行迹商。1/4 以上的雇员要求进行协商的,应当进行协商。要求中应当载明进行协商的理由。企业应每年至少一次口头或书面向雇员提供企业基本信息,涵盖企业在上一年度的经营活动和业绩。企业还应当提供未来一年的经营规划。如果企业应当对外公布年度账目和年报,其同时应当向雇员提供这些材料。

第 35b 条 管理方应当就可能导致以下后果的事项征求雇员们的意见:(i)失去工作,或者(ii)涉及 1/4 以上雇员的工作岗位、工作条件和环境的重大变更。如果管理方未接受雇员的建议,可以继续实施该决定而雇员无权就该决定提起申诉。

第 35c 条 下列制度的引入、变更或者废除必须取得雇员代表机构的同意:(a)工作时间与休息休假制度,以及(b)与工作期间或病假期间有关的安全、健康、福利等规则。企业委员会法规定,可授予雇员代表机构其他额外的权利。

瑞典《董事会代表(私营部门雇员)法》(1987 年颁布,1998 年修订)摘录

介绍性条款

第 1 条 本法的目的是通过在董事会设雇员代表使雇员获得关于公司活动的信息,并使雇员对公司活动施加影响。

作为董事会代表的权利

第 4 条 雇员行使第 1 款规定的权利时,在董事会的雇员代表数不应超过其他代表的人数。

第 1 款、第 2 款中对公司的规定同样适用于母公司下的整个集团,且雇员在董事会的代表数应按照有利于集团雇员的原则增加。

第 5 条 雇员代表一旦被任命,那么其代表地位在授权期内不因雇员人数减少或者董事会其他成员的人数减少而改变。

欧盟相关法律

2000 年与《关于欧洲股份有限公司地位的条例》同时颁布的《公司法指令》规定了职工共同管理权问题。根据该指令,欧洲公司的管理机构必须首先试图和职工代表进行磋商,寻求制定一个令双方都满意的共同管理方案。如未能达成合意,而且其中的一个发起公司有义务建立共同管理制度,那么就适用欧洲公司住址所在国的共同管理法。[①]

---

① 莱赛尔,法伊尔. 德国资合公司法[M]. 3 版. 高旭军,译. 北京:法律出版社,2005:37.

第三章 二战后:劳工参与企业利益分享

职工参与制度,不仅包括职工的管理参与,也包括利益参与。这一参与制度在很多国家的法律制度和经济领域中都有所体现。在历史上,法国和西班牙等国的完全的雇员所有制较为典型。关于不完全的雇员所有制,以美国较为典型。本章主要介绍美国及其他国家的职工参与制度。

一、美国

美国通过提供高额的税收优惠、在养老金立法中设置例外规定、以及制定特殊的公司法等方法来推广雇员所有权制度。[①]

1935年《国家劳动关系法案》(National Labor Relations Ad,NLRA)第8节第a条第2款禁止公司主导的雇员代表计划。1946年,美国汽车工人联合会在通用汽车的罢工中未能赢得雇员参与管理决策的权利,管理方对管理的权利得到巩固。

1974年,美国国会通过了《美国职工退休收入保障法案》(Employee Retiremert Incone Security Act,ERISA),其中明确规定了公司实行职工持股计划(Employee Stock Ownership Plans,ESOP),此外,还就与此相关的各类税收优惠政策进行了规范。在该法案出台以后,又有包括401法案在内的20多部法律出台。在此基础上,在美国的50个州中,约一半的州还颁布了鼓励职工持股的立法。上述法律的出台,为推动ESOP在美国的推行提供了法律支撑。

ESOP终于被纳入法律规范,ESOP的发展驶入了快车道。此后,美国国会颁布了近30部联邦法来支持、促进和规范员工持股计划的发展。至今,美国有关员工持股计划的法律已被修改了15次。其中,比较重要的立法有1975年通过的《降低税收法》,1978年通过的《收入法》,1984年通过的《降低赤字法》《1984年税制改革法》,1986年通过的《1986年税收改革法》,1997年通过的《赋税人信托法》。其中,在《雇员退休和收入安全保障法》中规定:雇员的投资额不受限制;ESOP可以贷款购买公司股票;公司帮助贷款,用于ESOP的本金和利息可获得税收豁免(在税前扣减)。这3条是ESOP的特权,由此奠定了ESOP的法律地位。美国国会分别在1975年的《降低税收法》和1978

[①] 汉斯曼. 企业所有权论[M]. 于静,译,北京:中国政法大学出版社,2000:7.

年的《收入法》中提高了实施 ESOP 能取得的税收减免程度。①

为规范 ESOP 的发展,保障员工利益,1978 年的《收入法》中特别规定:①非公开上市公司在实施 ESOP 时要为员工提供兑现选择权,这样,员工的"退出"渠道得以畅通,能让员工更好地抵御风险;②公开上市公司中,参与 ESOP 的员工具有完全的投票权,非公开上市的公司中,参与 ESOP 的员工对重大事项有投票权。ESOP 是一个股权计划,应该让员工拥有了完整意义上的企业所有权,只有加上了投票权,其所有权才是完整的。银行也是 ESOP 的一个重要的参与者,为了增加银行参与积极性,1984 年通过的《降低赤字法》增加了对参与 ESOP 的银行的税收减免的优惠措施。为了真正发挥 ESOP 的实效,《1986 年税制改革法》对减税的力度进一步加大,但限制条件也更严格,比如对那些在 59 岁前退出 ESOP 的员工,将对其从 ESOP 中取得的收益增收 10% 的税。②

1990 年,土星公司开始了以雇员广泛参与生产和经营决策为基础的生产活动,突出了高绩效工作系统的新模式。1992 年 Electromation 裁定发现,在《国家劳动关系法案》第 8 节第 a 条第 2 款的规定下,有些劳资委员会非法控制着雇员代表计划。

关于劳资合作伙伴在公共部门的一个例子是,1993 年克林顿总统为联邦政府机构授权的劳资伙伴关系,必须"包括雇员和他们的工会代表,作为资方代表的正式伙伴,来找出问题和解决方案,以更好地服务(各)代理机构的客户和使命"。这些合作伙伴关系的最终覆盖面已超过 800 000 名工人。③

美国实施的利益分享形式和数据分析见表 2-2~表 2-4。

表 2-2　美国实施较普遍的几种分享制形式或计划

分享方式	实施内容	授予对象	实施时间	收益方式	相关法案
员工持股计划	授予或优惠售予股票	部分或所有员工	入职、退休或离职	股价上升、股息	ERISA,国内税法 409(p)
雇员股票购买计划	折价出售股票	所有员工(或不含新员工和高管)	一定时间内	股价上升、折扣差价、股息	国内税法 423
限制型股票	授予或折价出售股票	部分员工	约定时间或满足一定条件	股价上升、折扣差价、股息	国内税法 83(b)

---

① 陈国权. 大范围员工股份期权计划:产权和激励制度的新进展[M]. 西安:西安交通大学出版社,2004:171-172.
② 同①173.
③ 巴德. 劳动关系:寻求平衡[M]. 3 版. 于桂兰,译. 北京:机械工业出版社,2013:340-341.

续表

分享方式	实施内容	授予对象	实施时间	收益方式	相关法案
虚拟股票	授予（奖给）股票或现金	同上	一定时间内或满足一定条件	现金或股票转让	ERISA
股份期权计划	授予看涨股票期权	从管理层扩大到员工	约定时间或满足一定条件	行权获利	国内税法421(a)
经理股份期权	同上	管理层	同上	同上	同上
大范围股份期权计划	同上	部分乃至大部分员工	同上	同上	同上
有限合伙制	约定管理权与利润分享比例	普通合伙人（实际管理者/团队）	按项目投资期或合伙协议	管理费＋分享利润	RULPA(1985)

注：ERISA 即 Employee Retirement Income Security Act(员工退休收入保障法)；RULPA 即 1985 年修订的 Revised Uniform Limited Partnership Act(修正统一有限合伙法)。

表 2-3　美国公司近年来实施 ESOP 计划统计

年份	ESOP 计划（个）	参与人数（万人）	涉及权益（亿美元）
2000	10 500	640	3 150
2001	10 500	839	4 084
2002	10 300	974	4 684
2003	9 600	1 109	6 225
2004	9 700	1 136	6 977
2005	10 000	1 170	7 175
2006	9 400	1 030	8 670
2007	9 600	1 030	9 340
2008	10 100	1060	7 090
2009	9 800	1 030	8 690
2010	11 000	1 060	—
2011	11 500	1 080	8 580
2012	12 000	1 100	8 700

资料来源：National Center for Employee Ownership，http//www.nceo.org。

表 2-4　美国公司 2013 年利润分享抽样数据

企业名称	参与员工（人）	人均（美元）	总额（亿美元）
福特汽车	47 000	8 800	4.136 0
通用汽车	48 500	7 500	3.637 5
克莱斯勒	—	2 500	—
达美航空	80 000	6 329	5.063 0
联合航空	—	—	1.900 0

资料来源：上述公司官网。

二、德国

德国的职工参与制主要表现为财产参与。生产性财产的参与可以直接通过以优惠的价格分配员工股份来实现（见《股份法》第71条第1款第2号，第192条第2款第3号，第202条第4款，第203条第4款）。与此相联系的是以传统的形式同时参与收益分配。这也可以通过分红证书（《股份法》第221条第3款）来实现，它和参与利润分配的权利相联系。只要在这种雇员和公司之间的参与方式上增加一个额外的机构启动，像职工基金或者是企业分配公司（比较《投资公司法》），人们就称之为间接的财产参与。

如果选择《财产构成法》第2条所列举的投资方式，通过在个别或者集体合同中约定由雇主履行财产有效的给付的方式让雇员参与生产资本，按照《财产构成法》将通过国家雇员储蓄补助许可的方式加以促进。

本章附录：

德国《股份法》摘录

德国1937年《股份法》强调，公司董事"必须追求股东的利益、公司雇员的利益和社会公共利益"。[①]

1965年《股份法》规定企业可以采用3种方式发行职工股：

(1)公司可以为此目的而回购其自己的股份（《股份法》第71条第1款第2项），公司回购的这些股份总额最多可以达到基本资本的10%（《股份法》第71条第2款）。公司可以将这些股份无偿地或有偿地分配给职工。即使无偿发行，也不属于低价发行，而是公司提供的一种特别福利。根据《股份法》第71条第2款的规定，职工参股还享有税收优惠。

(2)《股份法》第204条第3款甚至允许董事会无偿向职工发行股份，无偿的前提条

---

① 郭富青. 公司权利与权力二元配置论[M]. 北京：法律出版社，2010：78.

件是公司必须用其部分年终利润冲抵职工的出资,而且董事会和监事会必须根据《股份法》第58条第2款的规定能够动用秘密储备金中的款项。①

美国公司法摘录

美国《统一有限责任公司法(1996)》第401条规定:"有限责任公司成员的出资可包括有形或无形的财产,或其他对公司之利益,包括金钱、本票、已提供的劳务,或者其他交付现金或财产之协议,或未来提供劳务之契约。"②

美国《特拉华州有限责任公司法》第18—501条规定:"成员向有限责任公司的出资,可为现金、财产、已提供的劳务或本票,或提供现金、财产、履行劳务的其他责任。"③

美国《1976年统一有限合伙法》第501条规定:"合伙人可通过下面的形式出资:现金、财产、已提供的劳务、本票,或提供现金、财产或劳务之义务"。④

纽约《商事公司法》第717条要求董事在某些情形下,要考虑的事情之一是他们提出的决策建议对现有的和过去的雇工的影响,对公司顾客和债权人的影响,以及"公司作为存续的实体提供货物、服务、雇用机会和雇佣利益以及其他的对其营业所在社区贡献的能力。"⑤

1974年,美国国会通过了员工持股计划的法律,通过税收减免推行各式各样的利润分享制度。

1990年3月27日,美国宾夕法尼亚州参众两院通过了《宾夕法尼亚州1310法案》,成为该州公司法的修正案。其中最后两条规定了"在收购一旦得逞情况下公司的董事会应当对职工的利益给予特别关照"。

---

① 莱赛尔,法伊尔. 德国资合公司法[M]. 3版. 高旭军,译. 北京:法律出版社,2005:333-334.
② 虞政平. 美国公司法规精选[M]. 北京:商务印书馆,2004:191.
③ 同②488.
④ 同②623.
⑤ 戴维斯. 英国公司法精要[M]. 樊云慧,译. 北京:法律出版社,2007:287-288.

第四章　二战后:劳工参与社会决策和社会利益分享

劳工除参与企业层面的管理决策和利益分享之外,也在社会层面参与决策和利益分享,它主要是通过一些机构与机制进行。这些机构和机制,不仅仅是在单个国家,在国际社会层面也有一定表现。

一、国际层面

(一)国际劳工组织机构参与

国际劳工组织机构参与是从凡尔赛条约开始的,第一次世界大战结束后,巴黎和会上提出设立国际劳工立法委员会,讨论劳工问题。巴黎和会通过的《凡尔赛条约》中的第13部分,其基本内容大致就是当今的《国际劳工组织章程》核心内容。根据规定,国际劳工立法委员会由政府、雇主和工会三方代表组成。1919年,在美国的华盛顿第一届国际劳工大会召开,会上宣布了成立国际劳工组织,并决定将这一委员会作为国际联盟的附属机构。

第二次世界大战即将结束时,国际劳工组织在1944年5月举行了国际劳工大会,在本次会议上通过了著名的《费城宣言》。这一宣言以《国际劳工组织章程》附件的形式,作为国际劳工组织开展活动的法律依据和指导性文件。1946年5月30日,国际劳工组织正式成为联合国所属的负责劳工事务的一个专门机构,在联合国的机构系统内,国际劳工组织成为了唯一的具有三方性结构的国际组织。

国际劳工组织在组织结构上体现了三方性的原则,即除财务委员会以外,它的其余机构都是由政府、雇主和工人组织三方面的代表组成。这种三方性结构在联合国系统的各个国际组织中是独一无二的。国际劳工局工作人员的组成同样也遵循了三方性原则,一些重要部门的负责人分别来自三方。劳工局内部还设有雇主活动局和工人活动局,专门为世界各地的雇主和工人组织提供服务。国际劳工组织的其他会议,如地区会议和部门会议也都体现了三方性原则。根据三方性原则,出席国际劳工组织各种会议的三方代表都有独立表达各自观点的权利。

国际劳工组织的工作大体分为三个方面,即制定国际劳工标准,开展技术合作和进行国际劳工问题研究。制定国际劳工标准是国际劳工组织的工作重点。自1919年该组织成立以来,国际劳工组织已经完成了187项公约和198项建议书的制定,已形成了较为完备的国际劳工标准系统。

(二)国际劳工公约:三方机制公约

1952年,国际劳工组织(International Labour Organization,ILO)制定《关于劳资协议以及劳资协作的意见书》,根据意见的要求,为促进劳资双方的协议及协作,对于涉及劳资双方的不在集体谈判制度范围内的事项或不能按通常方式处理的事项,应该采取适当的对应措施。

此外,1976年,国际劳工组织通过了《三方协商促进实施国际劳工标准公约》(144号公约),其中规定三方机制是指政府(通常以劳动部门为代表)、雇主和工人之间,就制订和实施经济与社会政策而进行的所有交往和活动。

二、国内层面

(一)地区性劳资委员会

地区性劳资委员会(Areawide Labor-Management Committee,AWLMC)是劳资双方在某一特定地理区域内联合组成的组织,既不参与集体谈判,也不组织多雇主谈判或多工会谈判。地区性劳资委员会的职责是针对如何有效地处理劳资双方共同面临的劳动与就业问题,向成员提供建议。建立地区性劳资委员会的宗旨是,发现并确认劳资双方共同面临的难题(如企业利润减少、就业保障程度降低),然后用合作方式解决问题,减少和避免冲突。地区性劳资委员会通常由管理方高层与工会领导共同任命的一名行政总监负责管理,主要参与四类活动:发起社会活动,增进劳资双方的沟通;在工厂建立劳资委员会;在集体谈判时提供必要的帮助;促进地区的经济发展。

(二)干预主义或社团主义

如在英国,政府经常邀请工会和雇主代表到全国经济发展委员会(National Economic Development Council,NEDC)共同讨论经济和社会问题;此外,咨询、调解与仲裁部、公平机会委员会、安全卫生委员会以及人力资源服务委员会等就业服务机构都体现了工会、管理方与政府的三方合作机制。

第五章 20世纪70年代后:新自由主义对全球劳动关系的消极影响及启示

新自由主义经济政策自上世纪70年代以来,对于世界经济、政治及社会等产生了深刻的影响。新自由主义经济政策在短时期内适应了当时英美等国消除滞涨、一些发展中国家工业化的进程以及世界市场开放的需求,成为资本主义世界的主流经济政策,但是从40多年的实践过程及结果来看,也产生了诸多消极影响。如何评价新自由主义经济政策?其对于世界经济发展的实践有何影响?如何认识其发展趋势?国内外研究文献众多,如芝加哥大学著名国际关系学者约翰·米尔斯海默(John J. Mear-sheimer)(2019)在《大幻想:自由主义之梦与国际现实》一书中重点关注了为何自由主义霸权这项宏大战略遭遇了严重的困境乃至挫败;因坦·苏万迪(Intan Suwandi)等人(2019)基于全球商品链与新帝国主义的视角,分析了新自由主义全球化下的剥削之谜;爱德华·费什曼(Edward Fishman)(2020)在《美国国际主义的生与死》一文中论述了经济学在新自由主义全球推广的失败中所起的作用;贾斯汀·瓦萨罗(Justin H. Vassallo)(2021)《美国作为发展中国家的肖像》一文中提出拜登宣布将进行"范式转变"、拜登努力表明要果断地摆脱新自由主义①;鲁保林(2016)基于马克思经济学劳资关系视角对"里根革命"与"撒切尔新政"的供给主义进行了批判与反思;崔学东(2012)提出了新自由主义导致全球劳资关系不断恶化。上述研究在理论层面揭示了新自由主义经济政策的本质和趋势,然而,针对新自由主义对具体经济关系的影响,现有研究还有较大的空间。本书通过研究新自由主义经济政策对劳动关系的影响,力求在理论上从劳动关系的视角深刻认识新自由主义,在实践中进一步总结历史经验和国际教训,以指导解决劳动关系领域当前遭遇到的理论难点和实践争议,引导劳动关系的发展走向,正确选择劳动关系治理的具体路径。此外,研究新自由主义经济政策对劳动关系的影响也是重新认识新帝国主义的国际垄断与剥削的一个重要视角。

一、新自由主义对劳动关系的主张

新自由主义产生于20世纪30年代,20世纪70年代以来扮演着越来越重要的角色,在这一时期,资本主义开始由国家垄断阶段向国际垄断阶段过渡,新自由主义的勃

---

① 瓦萨罗. 美国作为发展中国家的肖像[J]. 郑姝妍,译. 波士顿评论,2021(5):05.

兴适应了当代国际垄断资本发展的需要。尤其是1990年"华盛顿共识"出台后,新自由主义更成为国际垄断资本向全球扩张及其制度安排的理论依据。新自由主义经济政策以理性经济人、市场充分竞争、追求自身利益最大化等为基本假设,其核心主张是自由化、经济市场化、私有化和全球一体化。具体到劳动关系领域,其主张主要表现在以下几方面。

(1)主张资本和贸易的自由化。新自由主义经济政策在主张国家不干预的同时,却又要求政府必须在资本家面前保护资本主义。主张资本在国际上的自由流动,主张限制工会等社会组织的发展,主张金融自由化,借由经济全球化实现金融资本在全球的自由流动;在国内主张"大资本、小工会、小政府",削减社会保障与福利、削弱工会与减少对劳工市场的保护等,以维护资本、富人的利益①。在国际贸易中主张不加区分的对外开放,主张对待发达国家的投资不加限制和审查。

(2)主张加强劳动力市场的竞争,取消国家对劳动关系的干预。根据供给学派的主张,认为通过市场进行自由竞争,是实现资源配置和实现充分就业的唯一途径。基于这一主张,政府应大幅度降低个人和企业纳税的税率,减缓政府预算支出的增长速度,削减社会福利支出,认为对实际工资的刺激将影响劳动力的供给。认为需要限制国家的权力,国家不能经济调节,也不需要推行社会福利,而应该"允许市场在不受阻碍的情况下运行",使之"最大限度地满足所有的经济需要,以及有效地使用所有经济资源,并自动为所有真正希望工作的人产生充分的就业(机会)"。② 基于此,华盛顿共识提出"放松政府的管制",主张"政府的角色最小化"。在劳动关系中,主张市场自发运行下的自由竞争就可以实现充分就业,无需政府干预劳动关系,无需劳动保护政策和法律,无需工会这一平衡力量,更不需要三方机制等协调劳动关系的机制存在。

(3)主张全面推行私有化。提出应迅速把公有资产低价卖给或送给私人,如哈耶克认为"如果没有与私有产权和竞争性市场这些制度相勾连的权力和创制权的分散制度,那么人们就很难想象一个社会能够有效地维护自由"③。哈耶克甚至认为,如果不实行私有制,就会丧失个人的自由,就会"通向奴役之路"④。认为私有制是人们"能够以个人的身份来决定我们要做的事情"。以新自由主义学说为理论依据的华盛顿共识明确提出要"对国有企业实施私有化",专门强调要保护所谓"私人财产权"⑤。在劳动关系中,新自由主义经济政策甚至倡导公共部门、社会保障机构等也应该推行私有化改革,应引入私人资本或私有制企业来经营或运营养老保险等社会保障。

(4)主张全球经济和制度一体化。在经济全球化的推进下,实现资本在全球范围的自由流动和自由扩张。主张一切产业都无须保护,应实行外向型的出口导向战略。以

---

① 池元吉.世界经济概论[M].北京:高等教育出版社,2006:130.
② 费洛,约翰斯顿.新自由主义:批判读本[M].陈刚,译.南京:江苏人民出版社,2006:52.
③ 哈耶克.哈耶克论文集[M].邓正来,译.北京:首都经济贸易大学出版社,2001:571.
④ 哈耶克.通往奴役之路[M].王明毅等,译.北京:中国社会科学出版社,1997:41.
⑤ 何秉孟.新自由主义评析[M].北京:社会科学文献出版社,2004:179.

WTO组织和其制度体系以及国际劳工标准为核心推进制度的一体化,同时将贸易与劳动问题实现捆绑,向世界各国推行发达国家的劳动法律制度和劳动标准,以劳动关系领域的不合规为由遏制作为世界工厂的发展中国家的经济与贸易发展。全球一体化逐步从经济向政治和文化等领域扩张,最终实现全球资本主义化。

二、新自由主义对全球劳动关系的消极影响

(一)全球自由化强化了资本对劳动的控制和剥削

新自由主义强化了资本在全球范围内的联合而限制了劳工的全球联合:①新自由主义所主张的全球化自由贸易,要求解除对要素跨国流动的限制,主张资本流动更加自由化,并且用相应的制度和规则加以保护和支撑。如WTO组织的设计和WTO之下的各种规则《与贸易有关的知识产权协议》(Agreement on Trade-Related Aspects of Intelloctoal Propertg Rights,TRIPs协议)等,都进一步推动了经济全球化的进程;再如华盛顿共识要求拉美国家实行贸易自由化、资本进入自由化、放松政府管制等。②全球经济一体化造就了全球范围内的劳动力大军,新自由主义推进了全球产业后备军的规模膨胀,为新帝国主义国家攫取发展中国家的剩余价值奠定了劳动力基础。根据世界劳工组织的数据,1980—2007年,世界劳动力从19亿增长到31亿,其中73%的劳动力来自发展中国家,仅中国和印度就占了40%。[①] 因坦·苏万迪(Intan Suwandi)和约翰·B.福斯特(John B. Foster)通过研究发现,在全球商品链中占据就业岗位最多的国家是中国,2008年占比43.4%,2013年为39.2%;其次是印度,2008年占比15.8%,2013年为16.8%[②],而同期美国的占比仅为3.3%和3.6%。与此同时,劳动力流动却受到种种限制,如受到国别的限制,这是一种天然的限制;此外还受到各类制度的限制,劳动者被按照地域分割,按照阶层分割,无法实现全球的联合。马克思所倡导的"全世界无产者联合起来",在全球化下的背景下变得愈发艰难。

新自由主义助推了国际垄断资本对发展中国家劳动的主导权。具备流动优势的跨国公司在资本—劳动关系中,掌握了主导权,不仅是对本国劳工的主导权,更是对发展中国家劳工的主导权,实现了资本对全球劳工的统治。资本的全球有组织性和劳工的全球无组织性,使得资本可以表现出全球资本联盟,而劳工却缺少跨国工会或全球工会联盟,劳工的全球无组织性使得相对于资本,劳工处于弱势地位;而且,资本的可流动性,使得资本具有了在世界范围内自由转移并讨价还价的砝码,跨国公司可以在全球范围内自由选择和雇佣劳工,并借助其优势地位打压劳工的抗议或罢工,并以此要挟政府作出有利于资本的制度选择。因此,自20世纪80年代以来,世界各国的劳工保护制度

---

① 福斯特,麦克切斯尼,约恩纳. 全球劳动后备军与新帝国主义[J]. 张慧鹏,译. 国外理论动态,2012(6):39.

② 苏万迪,约恩纳,福斯特. 新自由主义全球化下的剥削之谜:基于全球商品链与新帝国主义的视角[J]. 于明,译. 国外社会科学前沿,2019(9):14.

以及国际劳工公约等内容均表现出趋缓趋弱的态势。

跨国公司在世界范围内的推进实现了对发展中国家劳工的剥削。正如约翰·史密斯(John Smith)所强调的,全球劳工套利或工资套利是连接北方资本与南方劳动力的关键环节①,实现了对发展中国家劳动力的超级剥削。超级剥削的实现,一是依赖于使用价值生产中的技术垄断,二是依赖于价值实现中对品牌营销和流通渠道的垄断。新自由主义造就了全球资本对全球劳工的分而治之,在世界范围内形成一种新的劳动分工。跨国公司处于垂直专业化分工的最上游,负责制定标准,控制产品的研发设计,并借助于信息技术协调全球各地工厂和生产商之间的业务,运用集装箱运输实现全球商品流通。而发展中国家往往依赖于跨国公司,更多从事劳动密集型的生产加工装配,承担着简单零部件大批量生产的任务。工人的工资水平普遍较低,工作强度大,劳动时间长,工作环境差,在这种分工中,跨国公司获取了大部分价值增值,并通过流通环节得以实现,榨取了巨大的"帝国主义租金",却造成全球劳工的"逐底竞争"。根据国际劳工组织2015年发布的关于世界就业的报告显示,全球商品链相关的就业岗位数量在1995—2013年间急剧增加,参与全球商品链对企业生产率及其盈利能力产生积极影响,但工资却并未因此递增。苏万迪(Intan Suwandi)等从劳动价值商品链的角度,对南北方之间的不平等交换进行经验分析,测算全球南北方国家之间工资和单位劳动力成本差异,揭示了南方国家较高的剥削率以及南北方国家之间的价值转移②。

(二)社会保障领域的改革导致劳动者进一步弱化和边缘化

新自由主义主张同时推行减税和降低社会保障及福利的措施,大大减少劳动者可支配收入。如在"里根革命""撒切尔新政"时期,政府实施大幅度减税的举措,特别是大幅度降低高收入群体的个人所得税。在里根政府时期的平均税率从70%下降到28%,同样,撒切尔政府也将最高税率从82%降至40%。③ 根据美国《1986年税收改革法案》,其后两年的最高边际税率从50%降至28%,公司税从50%下降到35%。④ 由于推行大规模减税,导致政府可支配资源减少。同时主张削减政府在教育、医疗等方面的支出,弱化福利国家的功能,导致对劳动者的社会保障能力不足。20世纪80年代开始美国大幅度减少社会福利开支,1982年削减支出325亿美元,1983年和1984年再分别消减440亿和514亿美元。⑤ 据统计,里根政府时代,社会福利支出明显放缓,增幅不及

---

① 谢富胜,李英东. 当代帝国主义发生质变了吗:国外马克思主义学者的最新争论及局限[J]. 中国社会科学评价,2019(3):58.
② 同①66.
③ 管清友. 供给学派的实践典范[J]. 金融博览,2013(6):35.
④ 鲁保林. "里根革命"与"撒切尔新政"的供给主义批判与反思:基于马克思经济学劳资关系视角[J]. 当代经济研究,2016(6):59.
⑤ 张彤玉,时学成. 论新自由主义理论对美国收入差距的影响[J]. 理论探讨,2010(4):70.

20世纪70年代的50%。① 里根政府还直接削减了低收入群体的社会福利计划,如退伍军人福利、老年残疾救济等,涉及几千万美国劳动者。这就导致失去了"福利国家"制度保护的西方工人群体被直接置于竞争性市场之下;资本利益集团从政治、经济上全方位打压工会势力,通过资方推行"人力资源管理/员工管理"模式等缓解劳资对立,与传统工会组织争夺工人阶级认同。②

在新自由主义的主导下,政府削弱劳动者的收入水平,包括降低劳动者工资增长率、降低对劳动者的政府转移支付、几乎冻结最低工资的增长。如在1979—1989年期间,美国联邦政府所规定的实际最低工资从5.81美元跌落到4美元,在10年中几乎下降了1/3。③ 在英国,撒切尔被认为是"几乎毁掉了英国在全世界都曾经非常有名的福利制度",因而被称为民主国家的独裁者。

在降低社会保障和社会福利的同时,新自由主义所主张的私有化政策也同样延伸至社会保障领域。如在21世纪初,法国、瑞士、希腊、奥地利等国先后对原有的社会保障制度"进行结构性改革",要求劳动者必须参加私营或部分国有的退休基金。如美国政府将个人的养老保障与雇员持股计划结合起来,使得养老保障金从原有的政府义务转化为雇员持股企业的义务,这就导致劳动者的养老保障金从确定性资金转化为不确定性资金获得,大大降低了养老的稳定性。再如打破了原有的国家和企业承担社会保障的模式,取而代之的是金融资本担负起社会保障的功能,由此引发社会保障的个体与国家政府之间社会权利义务关系的消失,取而代之的是金融资本与社会保障个体之间合同关系的产生,使得社会保障转化为公民个人的一种义务。如此私有化改革,一方面迎合了资本扩张领域的需求,另一方面加深了资本对劳动者的控制。可以认为,"里根革命""撒切尔新政"是以牺牲劳动者的利益为代价,旨在增进资本的利益,最终导致劳资矛盾加剧。

(三)国内外劳动法律制度的变革削弱了对劳动者的保护

20世纪80年代以来,在新自由主义的影响下,对劳动者保护的制度供给减少,如劳动立法的进度放缓,已有的制度表现出放松管制的态势;与此同时,个别霸权国家在劳动关系领域运用法律的"长臂管辖",试图实现对全球劳动关系的主导。

在国内,表现出减少劳动制度供给和放松管制的特征。如美国总统里根和英国首相撒切尔夫人执政期间,在劳动关系领域放松政府的监管,逐步削弱工会和工人阶级维权的反抗力量。里根就任总统后,立即批准成立了以布什副总统为主任的撤销和放宽规章条例的总统特别小组,该小组主张的法令规章涉及生产安全、劳动保护、消费者利

---

① 胡莹. 从收入分配看"美国式"的公平效率观:以里根时期美国的收入分配政策为例[J]. 马克思主义研究,2013(6):90.

② 杨典,欧阳璇宇. 金融资本主义的崛起及其影响:对资本主义新形态的社会学分析[J]. 中国社会科学,2018(12):127.

③ 高峰. "新经济"还是新的"经济长波"[J]. 南开学报(哲学社会科学版),2002(5):49.

益保护等。英国在20世纪80—90年代,这一变化更为明显,对低收入的传统支持被取消;1980年废除了原有那些将集体谈判扩展到没有工会组织的部门或行业的法律条款;1983年政府废除了《公平工资决议》,1986年工资委员会的功能被大大限制;最低工资确定机制在1993年被全盘废除;三方模式中的人力服务委员会被撤销,而改由雇主主导的培训企业委员会行使其管理权;失业人员津贴及与疾病津贴相关的福利在1982年被取消,有些福利的实际价值被削减。① 在立法和行政领域放松管制的同时,司法领域同样表现出这一态势,如据美国学者统计,以1980年为界,以前30年中提交行政和司法当局处理的劳资争议约有70%的判决对劳方有利,以后14年中则为70%的裁决对资方有利。②

在国外,随着国际垄断资本向全球扩张,一些霸权国家试图以统一的劳动法律制度规则约束发展中国家,实现对发展中国家劳工的剥削。新自由主义所主张和推行的经济全球一体化、私有化、自由化、市场化,与之相适应的是经济规则的一体化。而一体化的规则由谁来主宰:①跨国公司,跨国公司的崛起,从全球市场到全球工厂,跨国公司获取了国际规则制定权,凌驾于很多主权国家之上;②霸权国家,依赖其经济垄断实现规则一体化。在劳动关系领域,企业社会责任标准SA8000就是典型例证。该标准最初为美国一个民间组织社会责任国际组织(Social Accountability International,SAI)发表,其内容包括童工、强迫性劳动等9项审查。其后得到了美国政府的认可,并将其与国际贸易挂钩,作为各国产品生产商和供应商是否有资格开展贸易的判定标准。这一标准冠以社会责任的字眼,但事实上仅开展劳工标准的审查。③ 美国法律的长臂管辖是一种法律制度的全球扩张,是资本全球扩张的衍生品和重要工具,同时也是以资本的全球扩张为依托和支撑。

(四)发达国家传统产业国际转移导致底层劳动者受损

资本输出,将高污染、低技术要求等低附加值产业转移到发展中国家。对发展中国家,创造了大量的就业机会,使得劳动者成为低工资低技术产品的生产者;对发达国家,资本外流和产业转移造成了本国传统产业空心化,劳动者就业机会的减少。基于这一严重问题,前任美国总统特朗普甚至提出,要实现产业回流,解决国内蓝领工人的高失业率问题。

(1)产业资本输入国的低技术劳动者成为全球劳动者的最底端。发达国家产业资本的大量输出,使得资本输入国的劳动者受到跨国公司的剥削、受到垄断资本的工资挤压。在前文已有论述。此外,还必须看到,产业资本的国际流动,不仅带来资本主义国家之间在世界范围内的产业竞争,更加剧了各国工人阶级之间的工资竞争。在马克思看来,随着资产阶级经济学家所预想的自由贸易变为现实,关于劳动力商品"最低工资

---

① 哈迪.英国劳动法与劳资关系[M].陈融,译.北京:商务印书馆,2012:50-51.
② 郭懋安.新自由主义与劳动的非正规化[J].国外理论动态,2010(1):29.
③ 杨云霞.经济全球化下的法律帝国主义与中国应对[J].马克思主义与现实,2020(1):165.

规律"也就得到证明①。经济全球化下,催生了国际工资巨大的梯度差异。全球大量劳动后备军的存在,使得发展中国家的劳动者处于全球劳动者的最底层,成为全球工资逐底现象的最大受害者。如 1991—2011 年,以 2005 年美元汇率为基准计量,发达国家的人均 GDP 从 54 800 美元上升到 73 600 美元,而发展中国家的人均 GDP 由 7 460 美元仅上升到 14 220 美元。②

(2)产业资本的输出国出现了劳动者的分层和分化。新自由主义导致资本输出国劳动者群体内部分层:①产业尤其是传统产业工人受损。在新自由主义的主导下,美国大量推行产业转移和产业结构调整,尤其是传统产业大量外移到发展中国家,加上缺乏制造业的竞争优势和资源禀赋,导致美国中西部工业地区出现产业空心化,产业发展趋缓甚至倒退。如 20 世纪初,美国制造业的比重大幅度下降,一度降到 10% 以下,目前也低于 20%。从 1999—2011 年间,美国制造业丧失了 240 万个工作岗位。③ 由此导致美国社会结构性失业严重,中低层次劳动力的就业率持续走低,大量蓝领劳动者收入水平下降。用前任美国总统特朗普竞选班子的宣传总长史蒂夫·班农的话来讲"美国的劳动阶层和底层人民的生活水平在过去数十年出现了倒退"④。英国同样表现出失业率高这一问题,根据国际劳工组织的统计,英国自 20 世纪 80 年代起失业率居高不下,直到 1995 年失业率仍为 8.9%,1998 年为 6.4%,远远高于 20 世纪 60—70 年代的 1%—2%。⑤ ②在科技和金融等具有比较优势的领域的劳动者获益。由于新自由主义的影响,美国经济金融化形成。1980 年以来,美国金融业在国内总利润当中所分割的比重越来越大,从不足 20% 上升到 21 世纪初的 45%。目前占美国 GDP 比重最大的行业,是以金融、房地产为代表的高端服务业,这些高端服务业体现出资本要素和智力要素密集度高的特征。在产生一个技术持有者与知识创造者群体的同时,导致食利者阶层增大。

新自由主义导致收入差距拉大,两极分化加剧:①资本所有者剩余价值率的大幅度提升。在 1982—2006 年间,美国企业的可变资本从 15 056.6 亿美元增加到 60 474.61 亿美元,增加幅度为 301.66%。而剩余价值从 6 747.06 亿美元增加到 36 152.62 亿美元,增加幅度为 435.83%⑥。②劳动者收入水平的相对下降。经济上采取自由主义政策,国家对经济的调节能力不足,导致经济增速放缓甚至负增长,经济乏力,经济危机频发,导致劳动者的绝对贫困化与相对贫困化。如 1989—2010 年间,美国的劳动生产率

---

① 刘顺,周泽红. 马克思对资本主义自由贸易的本质批判及当代价值[J]. 马克思主义研究,2019(6):148.
② 谢富胜,李英东. 当代帝国主义发生质变了吗:国外马克思主义学者的最新争论及局限[J]. 中国社会科学评价,2019(3):58.
③ 施密特 2019 年 12 月 12 日在厦门大学法学院"信息科技对就业及劳动关系的影响"讲座中的数据.
④ 班农 2017 年 12 月日本东京的演讲"中国摘走了自由市场的花朵,却让美国走向了衰败"。
⑤ 哈迪. 英国劳动法与劳资关系[M]. 陈融,译. 北京:商务印书馆,2012:22.
⑥ 李翀. 马克思利润率下降规律:辨析与验证[J]. 当代经济研究,2018(8):14.

增长了62.5%,而工人人均小时报酬却只增长了12%①。在新自由主义的影响下,劳动者的工资水平相对于利润的增长表现出相对下降的趋势。如1982—2006年的20余年间,美国非金融公司部门中,产业工人的实际工资增长率仅仅只有1.1%,这一数据不仅远远低于1958—1966年的2.43%的增长率,而且甚至还低于1966—1982年经济下行时期的1.68%。而与此同时,利润率却上升了4.6%。②美国20世纪60年代,公司主管与普通工人的收入比为35∶1,而在21世纪,收入比表现为450∶1。

劳动者群体内部的分层与分化,导致诸多的社会问题产生,如底层劳动者的阶层固化、社会流动受阻、社会矛盾加剧、社会撕裂严重、社会经济问题严重。

(五)"大资本、小工会、小政府"模式导致劳动关系失衡加剧,出现了逆经济民主化的趋势

美国、英国在"里根革命"和"撒切尔新政"下,实现了从"大企业、大工会、大政府"向"大资本、小工会、小政府"模式的转变,导致资强劳弱的格局得到进一步强化。在新自由主义主导下,在劳动关系中主张的是自由协商、自主谈判、减少政府干预,在看似平等的关系中,由于劳方的先天弱势,加上资方的后天强势,导致劳动关系失衡加剧。这种趋势表现在以下几个方面。

(1)为公共部门就业人员的大幅度减少。在英国,由于国有企业的私营化以及政府颁行了缩减公共服务的政策,公共部门就业人员大幅度减少。如1983年公共部门就业人员在全部劳动力中所占比例为29.4%,1989年下降到了23.1%,1998年下降到了22.2%,2000年为22.9%。③

(2)表现出工会规模降低和力量弱化的趋势。在美国,由于资方的强烈抵制,工会会员数量锐减,美国工会化比例从1954年最高纪录的35%下降至2009年的12.3%,私人部门的工会率更是下降至7.2%④。韩国为了应对1997年爆发的经济危机,进行了大范围的新自由主义式的结构调整,表现出碎片化企业工会的特征,工会开始衰弱、工会的密度甚至下降到11%;随之产生了一大批被严重分化和削弱的非正式工人,并且大多数的非正式工人都没有被工会和集体谈判所覆盖⑤。在澳大利亚同样表现出这一趋势,工会入会率从20世纪70年代的50%,逐步下降到当前的17%,私营经济部门的工作入会率甚至已经降到12%。

(3)引发了劳动者集体行动能力的衰退。欧美国家在新自由主义的影响下,出现了

---

① 崔学东.新自由主义导致全球劳资关系不断恶化[J].红旗文稿,2012(20):18.
② 程恩富,鲁保林,俞使超.论新帝国主义的五大特征和特性:以列宁的帝国主义理论为基础[J].马克思主义研究,2019(5):61.
③ 哈迪.英国劳动法与劳资关系[M].陈融,译.北京:商务印书馆,2012:24.
④ 崔学东.新自由主义导致全球劳资关系不断恶化[J].红旗文稿,2012(20):20.
⑤ LEE J. Between Fragmentation and Centralization: South Korean Industrial Relations in Transition[J]. British Journal of Industrial Relations,2011,4(49):767.

集体谈判组织化的去集中化,满足了谈判政党的灵活性和安全性需求。由于工会的弱小和分散,难以形成有效的集体行动,在1980年,英国取消了雇主承认工会的法定条款,其后的立法同样削弱了工会组织;集体谈判的层级逐步降低,从产业层面逐步降低到企业层面;政府对工会罢工表现出抵制和压制的态度,工会失去了支持集体谈判的绝大多数辅助性立法的保障。

(4)出现了劳动关系领域逆经济民主化的进程。产业领域经济民主化的进程,是伴随着经济的国家干预和社会主义的进程而逐步产生并推进的。其中,经济的国家干预,要求在产业层面运用法律、经济政策等手段推行产业民主化,随之而来的是共同决定制、职工董事职工监事制度、工人委员会、集体谈判等民主制度的产生;社会主义制度的实施,在社会主义国家建立起了劳动者委员会,在国有企业建立了职工代表大会等民主决策机构,产生了劳动者共享改革成果的利益分享机制等。上述措施使得劳动领域的民主化进程得到了巨大的推进。而随着新自由主义的推进,出现了逆经济民主化的进程。在经济领域,大规模推行私有化,一方面,导致资本主义国有企业领域所实施的民主化措施遭到了破坏或解体,先前建立的国家劳动关系协调机制也遭遇到大调整。英国前首相撒切尔夫人在其执政期间更是力推私有化,英国自1979年开始掀起了大规模的私有化运动,到1989年英国政府掌握的煤炭、钢铁、电力、航空等国有企业的部分或全部股份已经卖掉了40%,已有27家国有企业全部或部分地实行非国有化,约70万名职工从原国有部门转入私营部门;到1997年这些行业基本上完成私有化。① 另一方面,苏联解体和苏东剧变导致社会主义国家数量急剧减少,其在世界范围内所推行的经济民主化制度也遭到了遏制。可以说,新自由主义的结构转型已经被破坏和重新定义了"被理解为民众管理的民主原则、民主实践、民主文化、民主主体和民主制度",②劳动者参与企业管理和利益分配的民主制度表现了出严重衰退的发展态势。

(六)劳动力市场灵活用工策略导致很多劳动者被排除在劳动法保护之外

技术的发展以及社会化大生产的转型,导致世界范围内劳动就业出现灵活化和非正规化趋势。根据韩国临时工中心统计的数据,2009年韩国有超过8 500万非正式工人,占所有工人总数的52%;2010年10月非正式工人的月工资只有正式工人的46.8%。③面对着经济全球化所产生的竞争压力,韩国政府以及企业开始致力于实施劳动力市场的灵活用工政策,如1996年修改劳动标准法旨在消除经济核心部门管理内部劳动力市场的严格的规章制度。

针对大量存在的非正式工人,界定其是否存在劳动关系,成为是否受到劳动法保护的重要依据。在新自由主义理念下,对于灵活化的就业实施非标准化劳动关系的认定,

---

① 张才国. 新自由主义意识形态[M]. 北京:中央编译出版社,2007:126.
② 吉鲁,吴万伟,张琪. 新自由主义的法西斯主义批判[J]. 国外理论动态,2018(12):50.
③ LEE J. Between Fragmentation and Centralization: South Korean Industrial Relations in Transition[J]. British Journal of Industrial Relations,2011,4(49):781.

相对于标准化劳动关系,劳动者的劳动保护程度降低,劳动者的社会保障覆盖面降低,劳动者处于就业的不稳定状态,劳动者的结社机会缺失,劳动者表现为个体化状态,劳动者劳动维权成本提升。总之,传统劳动者所享有的社会化大生产条件下的劳动和社会保障在灵活性用工下尽失,劳动者重新回到了劳动关系发展的初期的弱势状态。据2012年美国国家雇佣法项目报告显示,大量的雇员被错误归类为独立合约人,如在伊利诺斯州约有368 685人,在马萨诸塞州人数约在125 725 - 248 206人之间,在纽约人数为704 785人,俄亥俄州人数为54 000 - 459 000人,宾夕法尼亚州约580 000人。① 加州大学伯克利分校公共政策教授、美国前劳工部长罗伯特·莱许认为"零工经济将我们拉回过去",这种经济模式就是19世纪的"计件工资"模式,20世纪以来获得的劳工权利将丧失殆尽。②

三、对我国劳动关系治理的启示

通过上述影响分析,有助于我们认清新自由主义对劳动关系所产生的消极影响,并进行有力抵制;此外,要吸取新自由主义对劳动关系的不利影响等深刻教训,促进我国经济社会的良性发展,提升国家治理体系和治理能力现代化水平。

(一)妥善处理政府与市场的关系,把握劳动关系的治理方向

破解政府和市场关系的世界性难题,是一个重要研究课题。越来越多的研究者认识到新自由主义对政府干预的排斥所产生的社会恶果。如亚瑟·赫尔曼(Arthur Herman)提出的,"产业政策在很大程度上一直是美国政客和经济学家的禁忌话题。但最近对于政府在塑造美国经济命运中扮演适当角色的态度发生了转变。越来越多的人担心,将政府的角色限制为仅仅依靠市场机制会损害我们的经济未来和国家安全。越来越多的人认为,必须寻求超越市场原教旨主义的政策选择,并且如果不追求这些选择,可能会使我们走上一条通往奴役制的道路"。③

劳动关系作为社会关系的重要组成部分,政府与市场的关系处理是劳动关系治理的重要指导和重要遵循。在对世界各国劳动关系治理的研究中,根据对劳动关系的目标、劳动力市场机制、政府作用、劳动法律制度、工会作用、劳资力量对比、解决策略等主张的不同,逐步形成了新保守派、管理主义学派、正统多元学派、自由改革主义学派和激进派等五大学派。这五大学派对于劳动关系的理论差异,核心在于如何认识政府与市场之间的关系。这也是新自由主义对劳动关系影响的核心所在。

---

① LEBERSTEIN, SARAH. Independent Contractor Misclassification Imposes Huge Costs on Workers and Federal and State Treasuries[EB/OL]. [2011 - 10 - 08]. National Employment Law Project, http://www.nelp.org/.

② 杨云霞. 分享经济中用工关系的中美法律比较及启示[J]. 西北大学学报(哲社版),2016:151.

③ Herman A. America Needs an Industrial Policy[J/OL]. [2019 - 11 - 1]. American Affairs, 2019, 3(4):3 - 28. https://americanaffairsjournal.org/2019/11/america - needs - an - industrial - policy/.

针对政府与市场这一世界性难题,我国经过长期的实践探索,摸索出了一条成功的道路。我国对于政府与市场关系的全面充分认识,对于把握劳动关系的治理方向具有重要的意义。要充分肯定劳动力市场机制的作用,实现其在劳动力资源配置中的决定性作用。在此基础上,充分发挥政府的作用,建立完备的劳动法律制度体系,完善政府在社会保障中的角色,发挥政府、工会和雇主组织在三方机制中的作用,平衡与协调劳动关系,建立并完善工资集体协商制度,推进产业民主的进程,不断完善职工董事、职工监事制度,充分发挥职工代表大会制度的价值,最终实现和谐劳动关系。

(二)推进国有企业改革,防止过度私有化及劳动者就业主导领域丧失

私有化与国有化的争议由来已久,资本主义国家私有化浪潮,将原有的大量国有企业变卖为私有企业,使得劳动关系所依赖的企业所有制形式和结构发生了巨大的变化。在中国,20世纪90年代,国有企业改革进程中出现了国有与私有化的论争,在承包经营、租赁经营中大量的国有企业职工下岗、转岗、再就业,劳动关系的巨大转型使得劳动者承受了企业改革的巨大代价。当今,关于国有化与私有化的争议依旧持续不断。与此同时,新自由主义妖魔化中国的国有企业和公有制经济,将其称为是国家资本主义的模式。因此,在实践中妥善处理好国有与私有的关系,维持劳动关系的良好运行态势,保护好劳动者的权益,并吸取智利等国新自由主义实施所产生的严重不利社会后果的教训,借鉴有益经验,是一个重要的现实课题。

党的十九届四中全会《中共中央　关于坚持和完善中国特色社会主义制度,推进国家治理体系和治理能力现代化若干重大问题的决定》明确提出"坚持公有制为主体,多种所有制并存的基本经济制度",强调"毫不动摇巩固和发展公有制经济,毫不动摇鼓励、支持、引导非公有制经济发展……做强做优做大国有资本"。同时,通过具体的制度厘清政府与市场的边界,如在2019年颁布的《政府投资条例》(中华人民共和国国务院令第712号)中明确规定政府投资资金投向的范围:政府投资资金应当投向市场不能有效配置资源的社会公益服务、公共基础设施、农业农村、生态环境保护、重大科技进步、社会管理、国家安全等公共领域的项目,以非经营性项目为主。

只有坚持将国有企业作为劳动者就业的主导领域,才能实现我国宪法赋予劳动者的社会主体地位,才能充分发挥国有企业在劳动关系中的模范雇主角色,实现充分就业的目标,实现国有企业对构建和谐劳动关系的引领作用。

(三)探索劳动关系中的共享发展机制,防止劳动者群体的相对贫困化

自2008年金融危机以来,对我国《劳动合同法》的质疑之声不绝于耳,一些政府官员和学者甚至认为,是《劳动合同法》导致企业用工成本大大提升,导致中国企业丧失了传统的劳动力竞争优势,是《劳动合同法》的出台导致中国经济出现了增速趋缓等问题;甚至把降成本误认为就是减税+降低工人的工资和福利。基于这些不当认识,有一种声音要求对《劳动合同法》进行大幅度修改,以降低劳动标准。面对着这些有影响力的观点或认识,我们必须吸取新自由主义带给发达国家劳动者的不利影响这一历史教训,加强对劳动者的法律保护,完善对劳动关系的治理,不断优化工会的职能,做大雇主组织等机构,不断完善社会保障制度,扩大社会保障的覆盖面,制定切实可行的措施,围绕这一任务,在劳动关系领域坚持和贯彻共享发展理念,①让劳动者分享改革的成果和收益,防止其贫困化,是劳动关系领域需要坚守的一个立场。② 我国近些年开展了系列制度创新,不断探索劳动者利益共享的机制。

(四)把握世界灵活用工的趋势,劳动立法处理好灵活与安全的关系

伴随着信息技术革命和产业结构的改变,劳动就业领域发生了巨大的变化,灵活就业成为重要的就业形态。这一就业形态的改变引发劳动关系领域的深刻变革。出现了从原有的社会化大生产下的典型劳动关系模式向灵活就业状态下的非典型劳动关系模式的调整。面对着这一形势,国际劳工组织在2006年《关于雇佣关系的建议书》(第198号建议书)提出了"要与隐蔽的劳动关系作斗争";在2015年《关于从非正规经济向正规经济转型建议书》(第204号建议书)中,提出"应聚焦非正规经济的整体性和多样性,明确提出向正规经济转型是实现人人享有体面劳动和包容性发展的途径。其旨在指导各成员国实现以下目标:①推动工人和经济单位从非正规经济向正规经济转型,同时尊重工人的基本权利和确保获得收入、维持生计和开展创业的机会;②促进在非正规经济中创造、保护和维持企业和体面工作以及在宏观经济、就业、社会保护等政策上保持协调一致;③防止正规经济中的就业岗位非正轨化"。国际劳工组织之所以要提出这一主张和倡议,与新自由主义对劳动关系的不利影响有着密切的联系。

2019年8月,国务院办公厅印发的《关于促进平台经济规范健康发展的指导意见》提出,"抓紧研究完善平台企业用工和灵活就业等从业人员社保政策,开展职业伤害保障试点……完善平台经济相关法律法规"。可以看出,这一制度为平台经济下保护劳动者提出了制度要求,今后应通过制定完善的制度,防止以就业灵活性为由将大量劳动者边缘化。

(五)积极参与全球化进程,防止我国产业空心化

从历史教训可以发现,在新自由主义的主导下,英、美等国所实施的资本输出、产业转移、去工业化,带来了巨大的社会问题。因此,多位专家提出英国应奉行积极的工业和制造业政策,以摆脱撒切尔自由市场政策所带来的危机③。美国同样如此。近些年,前任美国总统特朗普频频提出要实施产业回流政策,在财税改革的促进下,特朗普解冻了美国企业海外被冻结的1.4万亿美元,并承诺对回流美国的资本只收取15.5%的税;

---

① 杨云霞,庄季乔. 分享经济下的劳动者保护[J]. 西安交通大学学报(社会科学版),2019,39(4):57-63.

② 杨云霞,庄季乔. 推动中国特色和谐劳动关系健康发展[N]. 光明日报,2018-8-21(5).

③ DOUGLAS J. Rebuilding British industry: a plan for the Post-Brexit Economy[J/OL]. [2019-11-1]. https://americanaffairsjournal.org/2019/11/rebuilding-british-industry-a-plan-for-the-post-brexit-economy/.

此外，在中美贸易摩擦中，提出了要求在中国的大量美国企业撤回美国。特朗普的这一动议，一方面是为了应对中美贸易摩擦，通过撤回美国企业对中国进行贸易制裁。但另一方面，从深层次来讲，特朗普的动议绝非是应对中美贸易摩擦的权宜之计，也并非短期的策略，而是从美国产业全球化的进程中不断总结经验教训，是在充分认识到资本外流对本国产业空心化和蓝领工人以及劳动关系的巨大不利影响之后，做出的方向性调整。因此，认清新自由主义对劳动关系的影响，对于防止我国产业空心化，保持在国际上产业劳动力的竞争优势，激发产业劳动关系的活力，避免或克服新自由主义对劳动关系的不利冲击，都具有参考价值和借鉴意义。

第三编

共享：中国劳动关系的法律治理

第一章 共享：中国劳动关系的发展进程及其趋势

一、现实基础

马克思共享发展思想在中国的实现是以社会主义制度为制度基石，以中国特色社会主义实践为现实条件。①

(一)制度基础

我国宪法确立了共享发展思想实现的制度基础。宪法明确规定"社会主义制度是中华人民共和国的根本制度"。在这一根本制度下，通过规定"中华人民共和国是工人阶级领导的、以工农联盟为基础的人民民主专政的社会主义国家"，确立了劳动者的社会主体地位；通过规定"人民依照法律规定，通过各种途径和形式，管理国家事务，管理经济和文化事业，管理社会事务"，确立了人民当家作主的政治制度，并通过人民代表大会等形式来确保人民行使权力。社会主义公有制的确立，使得劳动者地位发生了根本的改变，区别于资本主义私有制下劳动者的客体地位，实现了从客体到主体的转变，劳动者的劳动实现了从雇佣劳动到自主劳动的转变，劳动者从被剥削者向劳动关系的重要参与主体转变，包括劳动过程的参与管理和劳动收益的参与分享。

(二)实践基础

在中国特色社会主义道路中，劳动关系的实践为马克思共享思想的实现提供了现实土壤和实践条件，该实践主要表现在两个方面。

(1)劳动者参与管理，这是共享的基础，也是实现共享的重要途径。中国特色社会主义协商民主为劳动者参与国家治理、参与行业管理、参与企业管理等提供了可能，为更好实现人民当家作主的权利提供了重要渠道。2015年中共中央印发的《关于加强社会主义协商民主建设的意见》明确提出"健全以职工代表大会为基本形式的企事业单位民主管理制度。畅通职工表达合理诉求渠道，健全各层级职工沟通协商机制。积极推动由工会代表职工与企业就调整和规范劳动关系等重要决策事项进行集体协商。逐步完善以劳动行政部门、工会组织、企业组织为代表的劳动关系三方协商机制"。党的十

---

① 胡守勇. 共享发展理念的理论溯源与演进历程[J]. 马克思主义研究，2017(2):21.

九大报告中对此做了进一步阐释。

(2)劳动者参与利益分享。利益分享是实现分配正义的有效路径,也是构建和谐劳动关系的最终目标。在当前社会条件下,我国劳动关系与世界各国一样,既表现出合作性也表现出冲突性,与此同时,我国劳动关系还表现出各方主体整体利益一致性的特征,因此具有利益协调性。和谐劳动关系的实质是劳动关系主体之间利益的和谐,其中实现利益分享是利益和谐的核心。利益分享意味着共担风险共享收益,是共同应对经济新常态和经济下行压力的有效措施,实现在互相扶持中的合作双赢,避免利益冲突中的两败俱伤。利益共享,在宏观层面看,就是要实现工资增长与劳动生产率增长的同步化,实现劳动者对企业收益增长的分享,是人民分享改革的成果和收益的一种基本途径。①

二、劳动者共享发展成果的 70 多年制度变迁②

让劳动者共享改革发展成果,是中国特色社会主义的本质要求,也是社会主义制度优越性的集中体现。在新中国成立 70 多年的发展变迁中,遵循马克思主义共享发展思想的指引,劳动者充分参与改革发展的历史进程,国家不断完善劳动者的权利体系、建立确保劳动者参与分享的机制,扩大劳动者共享改革发展成果的覆盖面和参与力度。本书通过对 70 多年制度变迁的研究,提出我国劳动者共享改革成果的演进历程及其发展趋势。

(一)逐步建立了劳动者共享改革成果的权利支撑体系

劳动者共享改革的成果,是以劳动者权利体系作为其重要的制度支撑。在新中国成立 70 多年的发展变迁中,我国逐步实现了制度的从无到有、从个别制度到体系化制度的变迁。

(1)劳动就业制度的变迁。我国传统的经济体制是计划经济体制,与此相对应的劳动就业体制是高度集中的劳动就业制度。在国家层面,表现为由城乡二元经济结构所决定的二元就业结构。在城市就业中,是一种统包统配的固定就业制度,由行政配置劳动力资源的城镇就业制度。在城市就业中其表现为是一种等级就业制度,将工人与干部区别对待,其中工人由劳动部门安排就业,干部由人事部门管理调配,形成了一种基于身份的就业体制。

从计划经济体制向市场经济体制转型的过程中,我国就业制度发生了根本的转变。20 世纪 80 年代初,国家对就业制度进行改革,并相继颁布了很多条例等制度对改革行为加以规范。实行劳动部门介绍就业、自愿组织起来就业和自谋职业"三结合"的就业方针。③ 1994 年《劳动法》的颁布,在法律层面为普遍实行全员劳动合同制奠定了制度

---

① 杨云霞.习近平中国特色社会主义和谐劳动关系思想研究[J].理论视野,2018(6):25-30.
② 杨云霞,庄季乔.马克思共享发展思想在中国劳动关系中的实践[J].西安财经学院学报,2019(2):96-97.
③ 张明龙.新中国 50 年劳动就业制度变迁纵览[J].天府新论,2000(1):11.

基础。2007年《中华人民共和国就业促进法》的颁布,确立了政府和劳动者以及社会组织在就业中的职责,为促进就业,促进经济发展与扩大就业相协调确立了制度基础。党的十九大报告指出,就业是最大的民生,坚持就业优先战略和积极就业政策。

(2)保障劳动者权利的制度变迁。我国1982年颁布的《中华人民共和国宪法》中,一方面,规定了社会主义制度,使得劳动者社会主体地位具有了所有制层面的依据;另一方面,规定了"中华人民共和国公民有劳动的权利和义务。"这一规定被确立为劳动法的一项基本原则。1994年颁布的《中华人民共和国劳动法》《中华人民共和国工会法》等法律中系统地规定了劳动者的个人权利和集体权利。根据这些规定,劳动者的个人权利主要包括以下几个方面:平等就业权、职业选择权、劳动报酬权、休息休假权、劳动安全卫生保护权、职业培训权、社会保险权、获得福利权、劳动争议处理权;劳动者的集体权利包括:结社权、集体谈判权、参与权等。劳动者权利体系的确立,为保障劳动者的收益、保障劳动者参与分享改革成果确立了制度基础。

在21世纪的前10年,我国劳动保障法制建设取得突破性进展。对于失业、工伤、医疗、养老、生育等领域都建立了较为完备的保险制度。劳动和社会保障部通过了《集体合同规定》。特别是2007年以来,全国人大常委会审议通过了《中华人民共和国劳动合同法》《中华人民共和国就业促进法》《中华人民共和国劳动争议调解仲裁法》。与这些法律法规相配套,劳动保障部制定了一系列规章和政策,各地出台了一大批地方劳动保障法规和政府规章,①保护劳动者的法律体系基本形成。

劳动者权利体系的完善与相关理论的变迁具有耦合性。计划经济时期,赋予了劳动者政治主体地位,而对于经济收益的关注较少;20世纪90年代,随着公司等经济组织成为现代企业制度的主要形式,产业民主理论兴起,关于企业社会责任和利益相关者理论逐步引进并获得一定范围的实践;在新时代,随着劳动者社会主体地位的重新提出,进一步充实了劳动者的经济地位。但着力保护劳动者的就业等权利,而且对于落实企业民主管理中的各项权利都不断充实,尤其是对于劳动者最密切关注的问题更是逐步实现了法治化需求。着力维护劳动者的精神文化权益,加强企业文化、职工文化建设,满足职工群众日益增长的精神文化生活需求。② 尤其是劳动者参与分享民主管理、劳动者参与利益分享等各个层次的权利被逐步全面落实,并成为劳动者参与分享改革成果的重要途径。

(二)逐步建立了劳动者参与管理的制度体系

新中国劳动者参与的发展历史可以追溯到20世纪60年代初。毛泽东在1960年3月在转发中共鞍山市委《关于工业战线上的技术革新和技术革命运动开展情况的报告》的批示中提出了我国企业管理的一个重要思想:"两参一改三结合",具体包括"对企业

---

① 劳动和社会保障部普法办公室.劳动和社会保障法律制度[M].北京:中国劳动社会保障出版社,2008:1.

② 徐守盛.让广大劳动者更多更公平分享改革发展的成果[N].湖南日报,2014-05-05(12).

的管理,采取集中领导和群众运动相结合,干部参加劳动,工人参加管理,不断改革不合理的规章制度,工人群众、领导干部和技术人员三结合。"被称为是"鞍钢宪法"。这一思想后来通过1961年9月16日中共中央制定的《国营工业企业工作条例(草案)》(简称"工业七十条")加以具体化和制度化。"两参一改三结合"的核心和实质就是强化劳动者对企业管理的参与。

如果说,劳资两利和鞍钢宪法作为特定历史时期的产物,主要通过政策加以保障的话,那么,在20世纪80年代开始,则逐步实现了劳动者参与民主管理和实现利益协商的法律制度化阶段。

针对劳动者参与,在这一历史阶段设定了实现劳动者参与的权利依据。主要包括两个层面。在宪法层面,社会主义制度使得劳动者参与的实现成为必然,公有制和民主制为实现劳动者参与奠定了基础,并通过具体的制度设计保障劳动者参与;人民代表大会制度保障了劳动者的决策和监督权。除了根本性保障之外,还做了具体的制度性规定,如《中华人民共和国宪法》第42条规定,"国有企业和城乡集体经济组织的劳动者都应当以国家主人翁的态度对待自己的劳动";《中华人民共和国宪法》第16条规定,"国有企业依照法律规定,通过职工代表大会和其他形式,实行民主管理。"

在具体法律制度层面,职工代表大会制度保障了劳动者的民主管理权,职工董事制度、职工监事制度、集体协商制度保障了劳动者的决策参与权和参与协商权,员工持股计划等保障了劳动者的利益分享权。20世纪80年代,尤其是1984年经济体制改革以后,企业的民主参与制度得到迅速的恢复和发展,在其后的《中华人民共和国全民所有制工业企业法》等诸多立法中得到确立;在《中华人民共和国城镇集体所有制企业法》《乡村集体所有制企业法》等法律中也明确提出了建立职工代表大会、职工大会作为劳动者民主参与的重要形式。在1993年的《中华人民共和国公司法》中继续对于这一制度做了规定,"公司依照宪法和有关法律的规定,通过职工代表大会或者其他形式,实行民主管理。"在2005年修订的公司法中,还提出了建立职工董事和职工监事制度,这对于现有的职工参与制度实现了一定的突破。此外,在《中华人民共和国劳动法》《工资集体协商条例》《集体合同条例》中,也明确规定了劳动者的集体协商权。党的十九大报告中进一步提出,通过"健全企业民主管理制度。完善以职工代表大会为基本形式的企业民主管理制度,丰富职工民主参与形式,畅通职工民主参与渠道,依法保障职工的知情权、参与权、表达权、监督权"。这些法律法规,为劳动者分享管理权和分享收益权提供了法律制度保障,使得劳动者参与成为现实。

(三)逐步建立了劳动者参与利益共享的制度体系

(1)从宪法层面确立了参与利益共享的制度基础。共享发展思想的实现是以社会主义制度为制度基石,以中国特色社会主义实践为现实条件。[①]

---

① 胡守勇. 共享发展理念的理论溯源与演进历程[J]. 马克思主义研究,2017(2):21.

共享理念下劳动关系法律治理研究

1982年《中华人民共和国宪法》确立了共享发展思想实现的制度基础。我国宪法明确规定"社会主义制度是中华人民共和国的根本制度"。在这一根本制度下,通过规定"中华人民共和国是工人阶级领导的、以工农联盟为基础的人民民主专政的社会主义国家",确立了劳动者的社会主体地位。通过规定"人民依照法律规定,通过各种途径和形式,管理国家事务,管理经济和文化事业,管理社会事务",确立了人民当家作主的政治制度,并通过人民代表大会等形式来确保人民行使权力。

在参与管理和参与利益分享两个层面中利益分享是实现全社会的分配正义的最为有效的路径,也是我国最终实现和谐劳动关系的重要目标。

(2)企业与职工共享收益的提出。2007年3月7日,胡锦涛在看望工会、共青团、青联、妇联的全国政协委员并参加联组讨论时,发表重要讲话,强调"在共建中共享、在共享中共建"这一构建社会主义和谐社会必须坚持的重大原则;还提出了"发展成果由人民共享"等。其后,针对当前我国社会主义初级阶段的社会特征,结合我国劳动关系的社会实践,我国将共享纳入五大发展理念,并提出了具有中国特色社会主义的劳动关系共建共享的现代理念,即实现全民共享、全面共享、共建共享、渐进共享。将劳动关系纳入经济发展、国民收入分配的大格局中,着力构建劳动者与用人单位利益平衡与协调发展的宏观与微观机制,从做大蛋糕实现双赢、建立劳动关系中的社会伙伴关系的角度,提出了"统筹处理好促进企业发展和维护职工权益的关系,调动劳动关系主体双方的积极性、主动性,推动企业和职工协商共事、机制共建、效益共创、利益共享";实现"职工工资合理增长"。针对收入分配问题,习近平提出了"收入分配是民生之源",是改善民生、实现发展成果由人民共享最重要最直接的方式。要深化收入分配制度改革,不断增加劳动者特别是一线劳动者劳动报酬,努力实现劳动报酬增长和劳动生产率提高同步。

(3)对于实现共享进行了具体的制度设计。基于共建共享的现代理念,进行了以权利配置为中心,以市场分配法律机制为基础,以政府分配法律机制为保障,以第三次分配法律机制为补充的具体制度设计。① 如2015年8月中共中央、国务院《关于深化国有企业改革的指导意见》中提出"探索实行混合所有制企业员工持股"等,在混合所有制企业改革中实现劳动者的共建共享;这一共建共享不仅限于企业层面,还包括在全社会范围内的共建共享,包括产业利益、劳动者利益、社会保障利益、公共产品利益等各层面的共建共享。这些都是劳动者参与共享的具体的举措。

(4)将知识价值和创造性劳动重点纳入共享的范畴。针对新时代新要求,凝练了创造性劳动的范畴,提出了尊重知识、尊重创造性劳动,并将其付诸于制度实践。习近平强调,"创新是引领法治的第一动力,是建设现代化经济体系的战略支撑","坚定实施人才强国战略、创新驱动发展战略""建设知识型、技能型、创新型劳动者大军"。这些是对劳动者在实现创新型国家建设中的新时代要求,同时也是劳动者社会主体地位的新型形态。

---

① 李昌麒.中国改革发展成果分享法律机制研究[M].北京:人民出版社,2011:2

在进行战略部署的同时,还通过具体的制度设计加以支撑,如我国知识产权法律制度、2015修订的《中华人民共和国促进科技成果转化法》、2016年11月中共中央办公厅和国务院办公厅《关于实行以增加知识价值为导向分配政策的若干意见》对于激发科研人员创新创业积极性,在全社会营造尊重劳动、尊重知识、尊重人才、尊重创造的氛围,实现以增加知识价值为导向的分配政策具有引领性作用。如在《中华人民共和国促进科技成果转化法》中,国家对于科技创新除了给予组织实施和保障措施之外,更主要的是,大幅度提升了科技成果完成人和转化人的技术权益。《关于实行以增加知识价值为导向分配政策的若干意见》指出,"坚持长期产权激励与现金奖励并举,探索对科研人员实施股权、期权和分红激励,加大在专利权、著作权、植物新品种权、集成电路布图设计专有权等,知识产权及科技成果转化形成的股权、岗位分红权等方面的激励力度"。

在大众创业万众创新的时代,共享不仅是成果的共享,也是过程的共享;不仅是分配的共享,也是生产中的共享;不是少数人的共享,而是全民的共享;不是小众的共享,而是大众的共享;不仅是共享,也是共建。

在该阶段,逐步实现了从利益对立到利益协调的逐步转变,进一步扩大了劳动者群体的参与范围,从工人到知识分子,都释放了劳动活力和创新活力。当然,随着社会主义制度的不断完善,分享会表现出更大层面的分享,它不仅体现在利润分配的问题上,甚至体现在劳动关系提升、居民贫富差距变化以及一个国家的宏观政策等方面。在当前阶段仍旧表现为劳动者与资本共享收益的分配格局,最终趋势则是产权制度的消亡和劳动者的完全占有。[1]

结　语

在共享思想实践的过程中,我国已经逐步实现了从利益对立到利益协调的逐步转变,进一步扩大了劳动者群体的参与范围,从工人到知识分子,都释放了劳动活力和创新活力。当然,随着社会主义制度的不断完善,分享会表现出更大层面的分享,它不仅体现在利润分配的问题上,甚至体现在劳动关系提升、居民贫富差距变化以及一个国家的宏观政策等方面。尽管在当前阶段仍旧表现为劳动者与资本共享收益的分配格局,但终极趋势则是产权制度的消亡和劳动者的完全占有,全面实现马克思所阐释的社会目标。[2]

---

[1] 杨云霞. 习近平中国特色社会主义和谐劳动关系思想研究[J]. 理论视野,2018(6):25-30.
[2] 同①。

第二章 我国管理权和收益权共享的法律现状及存在问题

从我国现行的法律规定及实际情况看,我国职工参与制度在不同的企业形态中其分布是不平衡的。如在《中华人民共和国全民所有制工业企业法》中,最为典型的职工参与方式就是职工代表大会制,但在私营企业立法中则没有相应的规定;在公司法中,规定了职工董事、职工监事制度,但这一制度仅是公司所特有的制度,在其他的企业形态中是不存在的。经过对各类企业的归纳,发现我国劳动者参与企业的民主管理的方式主要有以下几种:①职工大会或职工代表大会、职工董事和职工监事、职工持股等;②劳动者参与企业的合理化建议、技术革新等日常的管理活动;③集体谈判①(或称为集体协商)对企业中涉及劳动者自身利益的事务进行参与。通过本职工作参与企业日常管理,不是一项经常性的制度②,因此,也不在本书的考察之列。本书主要对相关制度进行研讨分析。

一、职工代表大会制度

(一)制度现状

通过职工代表大会实行民主管理,在我国已有很长的历史。新中国成立前夕,华北人民政府颁布实施了《关于在国有、公营工厂企业中建立工厂管理委员会与工厂职工代表会议的实施条例》。建国初期,《中华人民共和国工会法》颁布,其对企业职工代表大会的职权做出了规定,如企业工会代表职工听取企业行政的工作报告,参加企业管理委员会的工作和生产管理工作。在1957年以后,我国一些国营企业开始试行党委领导下

---

① 有学者提出,集体谈判制度不属于狭义的职工参与制度,而是属于劳动权的范畴。但从广义上的职工参与制度来讲,它也属于职工参与的范畴。

② 如《公司法》第18条规定,公司研究决定改制以及经营方面的重大问题、制定重要的规章制度时,应当听取公司工会的意见,并通过职工代表大会或者其他形式听取职工的意见和建议。此外,在我国2002年的《上市公司治理准则》第6章利益相关者中还规定,上市公司应鼓励职工通过与董事会、监事会和经理人员的直接沟通和交流,反映职工对公司经营、财务状况以及涉及职工利益的重大决策的意见。

对于这一参与方式,无论是在法律法规还是其他准规范性文件中,都是以倡导性条款的形式表现出来的,其中并无具体的参与形式、参与途径、参与结果、法律责任等强制性的规定。所以,这一方式不在本书的考察范围之列。

的职工代表大会制度,这一时期的企业工会委员会开始承担职工代表大会的各项日常工作。

上世纪80年代系列相关制度陆续出台,如1981年国务院颁布《国营工业企业职工代表大会暂行条例》,1986年颁布《全民所有制工业企业职工代表大会条例》,其中对于职工代表大会的性质、职权和组织制度等做出了具体的规定。其后,相继出台修改了《中华人民共和国全民所有制工业企业法》[①]《中华人民共和国公司法》《中华人民共和国劳动法》《中华人民共和国工会法》等法律法规,先后对职工代表大会的地位、性质、职责、机构等作出明确规定,为职工民主参与提供了法律依据。但在私营企业的一些相关立法中,对职工代表大会制度则没有做任何规定。

(二)制度存在的问题

(1)在不同所有制企业中表现出制度分布上的不平衡。尽管公司法同样适用于各种所有制类型的企业,但我国一向有根据所有制来进行企业立法的传统。所以,对公司法以外的其他各种所有制形式的企业中职工参与制度的考察也是极为必要的。根据上述对我国现有的职工参与制度的法律法规的梳理,可以看出,总体上表现出在不同所有制形式的企业中对职工参与制度规定得不一致的特点。其中,国有企业中的职工参与制度是最为全面、最为系统的,包括职工代表大会制度、职工董事职工监事制度、集体谈判制度等,而在私营企业、外商投资企业的相关立法中对职工代表大会制度的规定几乎一片空白。如1999年通过的《中华人民共和国个人独资企业法》、2006年修订的《中华人民共和国合伙企业法》、2001年修订的《中华人民共和国中外合资经营企业法》、2000年修订的《中华人民共和国中外合作经营企业法》、2000年修订的《中华人民共和国外资企业法》中仅规定了企业的职工依法建立工会组织,开展工会活动,维护职工的合法权益。而对职工参与制度没有做任何规定。

即使是在公司法中,对不同所有制形式的公司在职工参与的规定上仍然表现出了不平衡的特点。对于两个以上的国有企业或者两个以上的其他国有投资主体投资设立的有限责任公司以及国有独资公司的董事会要求的是应当有公司职工代表,而对于其他有限责任公司以及股份有限公司则规定可以有公司职工代表。这一用词上的差异反映了立法者对不同组织形式的公司的不同的立法要求,对于带有国有成分的公司采取强制性的法律规范,而对于其他一般的公司则采取任意性的法律规范。这就使得大量存在的股份有限公司和非国有有限公司尤其是外商投资企业职工不能行使这一参与形式,职工参与权利得不到保障,无法调动职工积极性,同时也会造成不同企业职工之间

[①] 《全民所有制工业企业法》第52条规定,职工(代表)大会行使下列职权:一是企业重大经营决策权;二是企业重要规章制度审查同意或者否决权;三是重大生活福利事项审议决策权;四是评议、监督企业行政领导干部权;五是选举厂长权,职工(代表)大会有权根据政府主管部门的决定选举厂长,报政府主管部门批准。《城镇集体企业条例》第28条甚至赋予了职工(代表)大会更多的权力,包括按规定选举、罢免或者聘用、解聘厂长(经理)、副厂长(副经理),而无须报批。

制度设计上的新的不平等。

对于职工参与制度所表现出的不平衡,究其法律渊源,其制定依据来源于现有宪法,2004年修订的《中华人民共和国宪法》第42条规定,"国有企业和城乡集体经济组织的劳动者都应当以国家主人翁的态度对待自己的劳动";第16条规定,"国有企业依照法律规定,通过职工代表大会和其他形式,实行民主管理"。而对于私营企业、外资企业则没有相应的要求。这无疑是在宪法层面已经确立了不同所有制企业之间在职工参与上的不平衡。

但是,随着私营企业、中外合资企业、合作企业、外商独资企业等新的企业形态大面积涌现,可以说我国现有的职工代表大会制度的适用范围已经显得不合时宜。基于所有制形式设定职工代表大会的早期逻辑,实际造成了当企业公有制形式有所差异时,似乎其职工代表大会的权限也就有了差别;当企业不是公有制性质时,职工代表大会似乎就没有必要了。如此就使得私营企业等非公有企业的职工参与权缺失了法律依据。

2001年10月,第九届全国人大常委会第23次会议分组审议《中华人民共和国工会法(修正草案)》时,曾就职工代表大会制度展开了讨论,有些委员提出职工代表大会制度不能只限于公有企业,建议草案明确规定非公有制企业、事业单位都应建立职工代表大会制度。但从立法角度来看,要解决扩大职工代表大会制度之适用范围的问题,考虑修改宪法和基本法中的有关规定;并应对其存在的理论依据也应进行必要的修正。

而且,从职工代表大会的法定职权看,显然《职工代表大会条例》第7条①所规定的一些具体内容,也难以完全适用于非公有制企业。若要将职工代表大会制度的适用范围扩大到各种非公有制企业,也必将涉及现行法律的大面积修改和重新解释等非常艰巨的立法实践工作。但无论如何,从维护职工合法权益,保障劳动者的管理参与权等立场出发,非公有制企业也应该建立某种形式的职工参与企业民主管理的机制。

《中华人民共和国公司法》作为建立现代企业制度的依据,为确保企业的民主管理机制,通过第18条规定使职工代表大会制度的适用范围有了明显的扩展,适用于各类公司。并通过第45、52、68、71条等条款,对以其他方式行使民主管理权限的职工代表

---

① 《职工代表大会条例》第7条规定:职工代表大会行使下列职权:第一,定期听取厂长的工作报告,审议企业的经营方针、长远和年度计划、重大技术改造和技术引进计划、职工培训计划、财务预决算、自有资金分配和使用方案,提出意见和建议,并就上述方案的实施作出决议。第二,审议通过厂长提出的企业的经济责任制方案、工资调整计划、奖金分配方案、劳动保护措施方案、奖惩办法及其他重要的规章制度。第三,审议决定职工福利基金使用方案、职工住宅分配方案和其他有关职工生活福利的重大事项。第四,评议、监督企业各级领导干部,并提出奖惩和任免的建议。对工作卓有成绩的干部,可以建议给予奖励,包括晋级、提职。对不称职的干部,可以建议免职或降职。对工作不负责任或者以权谋私,造成严重后果的干部,可以建议给予处分,直至撤职。第五,主管机关任命或者免除企业行政领导人员的职务时,必须充分考虑职工代表大会的意见。职工代表大会根据主管机关的部署,可以民主推荐厂长人选,也可以民主选举厂长,报主管机关审批。

也做了规定。但这一突破并未从根本上解决职工参与制度在所有制上表现出的差异性,由于无法理清职工代表大会与公司的"新三会"之间的关系,仍然使得职工代表大会制度无法充分发挥其应有作用。

(2)制度中的制裁机制要素缺失。从法律文本的分析来看,最主要表现为缺乏法律责任中的制裁机制。如职工代表大会制度,作为实行企业民主管理的一种方式,对于职工参与企业管理具有重要的意义。但从现有的立法来看,对该制度的设置缺乏法律责任条款的监管。从法理来讲,一个完备的法律规范应包括三个部分,即假定、处理、制裁。这三部分在逻辑上是必备的,如果其中缺乏制裁性规定,法律规范本身就不完整,法律规范本身也无从实施。从公司法及其他相关法律对职工代表大会制度的规定来看,仅仅包括了假定和处理两个部分,而对于如果违反该处理部分,如何加以制裁,也就是相应的法律责任问题没有做任何相应的规定。对于公司职工来讲,这就有可能使得该制度成为一种无法救济的虚设性权利。集体合同制度也同样表现出这样的问题。其中仅仅规定了不签订集体合同的法律责任,而对集体合同签订后不履行的法律责任未作任何规定。对于现有的职工董事及职工监事制度,也存在着同样的缺陷。

二、职工董事职工监事制度

(一)制度现状

《中华人民共和国公司法》中引进了职工董事及职工监事制度,其中,第 45、52、68、109、118 条等都做了详尽的规定。[①]

公司法通过上述制度,赋予了劳动者通过职工董事、职工监事制度等形式参与公司的决策和监管。但职工董事职工监事的具体职责范围、议事规则、产生及罢免办法则没有规定。

(二)制度存在的问题

(1)制度实施机制的欠缺。公司法对于职工董事、职工监事的规定尽管已实现了从无到有,但是表现出原则性的缺陷,对相关的程序性规定尤其是制裁性机制尤为缺乏:

[①] 《公司法》第 45 条第 2 款规定,两个以上的国有企业或者两个以上的其他国有投资主体投资设立的有限责任公司,其董事会成员中应当有公司职工代表;其他有限责任公司董事会成员中可以有公司职工代表。董事会中的职工代表由公司职工通过职工代表大会、职工大会或者其他形式民主选举产生。《公司法》第 68 条规定,国有独资公司设立董事会……董事会成员中应当有公司职工代表。《公司法》第 109 条规定,股份有限公司……董事会成员中可以有公司职工代表。董事会中的职工代表由公司职工通过职工代表大会、职工大会或者其他形式民主选举产生。《公司法》第 52 条规定,有限责任公司……监事会应当包括股东代表和适当比例的公司职工代表,其中职工代表的比例不得低于三分之一,具体比例由公司章程规定。监事会中的职工代表由公司职工通过职工代表大会、职工大会或者其他形式民主选举产生。《公司法》第 118 条规定,股份有限公司……监事会应当包括股东代表和适当比例的公司职工代表,其中职工代表的比例不得低于三分之一,具体比例由公司章程规定。监事会中的职工代表由公司职工通过职工代表大会、职工大会或者其他形式民主选举产生。

①对于职工董事和职工监事该如何产生,缺乏规定。无论职工董事还是职工监事都应由公司职工民主选举产生,但在实际操作中如何具体运作呢?在公司法并未明确规定职工代表大会如何行使职权的情况下,又如何具体运作呢?②《中华人民共和国公司法》中对于职工董事和职工监事如何具体行使职权如召集、表决、决议、责任承担等方面也缺乏实际的操作性规定。③对于职工董事、职工监事与其他董事、监事在法律上具有相同的法律地位缺乏相应的制度保障,这就导致很多时候职工董事和职工监事的职权被其他类董事和监事超越或忽略。甚至有学者对这里的职工董事职工监事是否真正意义上的董事监事也提出怀疑,因为公司法仅仅提出董事会监事会中应当(或可以)有职工代表,至于该职工代表是否职工董事职工监事法律并未界定该概念内涵。

(2)制度中的制裁机制要素缺失。对侵犯职工董事权益的行为缺乏相应的救济措施。职工董事和职工监事作为公司的职工,属于劳动者的范畴,在身份上区别于公司董事监事等身份的管理者。因此,职工董事和监事基于其职权进行各种行为时,极有可能会面临一定的职业风险。尤其是对于涉及到劳动者合法权益的事务的表决决策等职务行为中的行为可能会招致其他董事、监事的不满,甚至因此而被解雇、克扣工资等。所以公司法对职工董事、监事有必要提供相应的法律保护。

三、集体协商制度

(一)制度现状

关于集体合同立法,1949年《中国人民政治协商会议共同纲领》中早就有相应的规定,1950年颁布的《中华人民共和国工会法》进一步做了明确规定,其后,通过各种文件等形式进一步明确了集体合同制度。真正的法律制度成型于1983年发布的《中外合资经营企业法实施条例》、1986年发布的《全民所有制工业企业职工代表大会条例》、1988年发布的《私营企业暂行条例》和1994年颁布的《中华人民共和国劳动法》,2004年劳动和社会保障部发布了《集体合同规定》,从集体协商内容、集体协商代表、集体协商程序、集体合同的订立、变更、解除和终止、集体合同审查、集体协商争议的协调处理等几个方面进行了详细的规定。2007年通过的《中华人民共和国劳动合同法》以法律的形式专门采用一章内容规定了集体合同制度,并对集体合同履行中的争议解决机制做出了具体规定。截至2002年底,全国31个省(自治区、直辖市)都由政府或有关部门专门就集体合同工作下发了文件。

从上述综合性的法律来看,对集体合同制度做了总体的规定,无论是哪一种类型的用人单位,都负有同工会以及职工代表签订集体合同的义务,这一制度当然涵盖了公司在内。为了进一步完善公司内部的治理结构,公司法对此也做了明确的规定。

为了确保集体合同制度的有效实施,无论是在《中华人民共和国劳动法》《中华人民共和国劳动合同法》《中华人民共和国工会法》还是在《集体合同规定》中,都建立了关于用人单位拒绝进行集体协商、不履行集体合同的相应的救济机制。

(二)制度存在的问题

我国传统的工会是以"生产为中心的生产、生活、教育三位一体"为其基本职能模式。1988年,工会"十一大"将工会职能改为"四项基本职能",即"维护职工具体利益""代表职工参与管理""开展群众性生产活动"与"帮助职工提高素质",简称为"维护、参与、建设、教育"。其中在职工参与制度中,现有法律赋予了工会重要的地位和作用,在职工代表大会制度中,工会作为其常设机构发挥作用;在集体谈判中,工会作为谈判参与者是一方主体;在职工董事及职工监事制度中,工会是职工董事及职工监事的产生机构。因此,职工参与制度的有效性在很大程度上取决于工会制度设计的有效性以及工会的实效性。

当前,无论何种所有制企业,所建工会基本都沿袭或依照原来计划经济时代利益一致性前提下的企业工会的形式组建,并且完全套用传统企业工会的组织运作模式。很显然,这种模式下的工会无论是经费以及人员对企业都存在着一种依附关系,这种模式是否能够实现工会代表职工参与的职能?下面通过对职工与工会之间的委托—代理关系的分析加以探讨。

在职工与工会之间的委托—代理关系中,职工属于委托人,工会属于代理人,如图3-1所示。

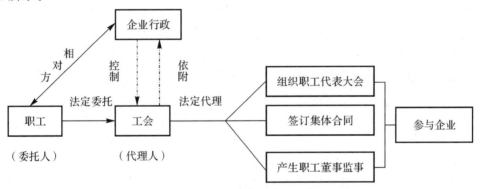

图3-1 职工与工会之间的委托-代理关系

从现有的制度设计来看,我国工会的产生是一种制度设计的结果,这种制度设计是以计划经济条件下企业与劳动者之间利益一体化的劳动关系为基础的,而现有的市场经济条件下劳动关系中的利益的分化,使得企业与劳动者之间出现了利益的冲突和失衡,这就需要相应创新工会的制度设计。从工会与职工之间的代理关系的产生来看,主要是基于法定的职责而产生委托代理关系的,这一代理关系并非是出自于委托人职工内生的制度需求,这就使得工会不需要向职工负责,而只需要向政府或产生建立该机构的企业负责。从职工与工会之间的委托代理过程来看,职工除了向工会缴纳少量的会费之外,对工会并无相应的激励约束机制。这就必然使得工会在代理中的动力不足以及职工对工会的认可程度偏低。这些必然导致工会在代表职工参与的过程中不能努力完成其职责最终使得其在职工参与中的缺位。

四、员工持股制度[①]

(一) 我国员工持股制度的发展历程

员工持股在我国有深厚的历史渊源,其最早可以追溯到清朝时期山西晋商采取的票号身股制[②]。在20世纪80年代,我国正处在国有企业改革以及计划经济向市场经济转变的时期,在这个时期真正意义上的现代员工持股计划才开始发展起来。伴随着员工持股计划的发展,我国相应的法律政策也开始逐步多了起来。下面主要研究了员工持股计划在我国的实践和相应法律政策,分析我国立法存在的问题。

现代真正意义上的员工持股计划在我国发展、实践也有30年的时间了,其在企业实践中经历了多次改变。总的来说,可分为以下五个阶段。

(1)初始探索阶段。1984—1991年,是我国员工持股计划发展的初始探索阶段。20世纪80年代初,为适应商品经济的发展,我国政府对员工持股计划选择以试点方式进行测试,允许企业内部员工持股,以帮助企业融资和增强企业的生命力。1984年国家体改委提出"职工工资实行多种形式,全额浮动,上不封顶,下不保底,允许职工投资入股,年终分红"。

员工持股计划的试点,得到各地企业的积极响应,也由此拉开探索国有企业股份制改革的帷幕。我国企业员工持股的实践历程的起点是1984年北京天桥百货股份有限公司的成立,它是我国第一家股份制企业。1987年,国家对股份制形式进行了肯定——股份制形式是社会主义企业财产的一种组织形式,并表示可继续试行。到1991年底,全国各类股份制试点企业达到3 200家,其中实行员工持股制度的企业占有85%。[③]

(2)全面推广阶段。1992—1994年,是我国员工持股计划以点带面的全面推广阶段。1992年初,新一轮的改革热潮席卷全国,邓小平南巡谈话从理论上深刻回答了长期困扰和束缚人们思想的许多重大认识问题,把改革开放和现代化建设推向新的阶段。企业股份制改革逐渐成为改革的重要部分,员工持股得到了较大发展。1992年国家印发了关于企业内部员工持股的文件,其中包括国家体改委、国家计委、财政部等联合发布的《股份制企业试点办法》和国家体改委印发的《股份有限公司规范意见》,这两份部门规章是国家关于内部职工股最早规定。两份规章对企业内部员工持股做出了详细规定,其中包括职工股占公司股份总额不能超过20%,以及在公司配售3年内不得转让等。

随着国家法律的大力支持,地方开始扩大试点范围,以点带面员工持股在全国推进,达到我国员工持股计划实践中的一个高峰。据数据统计,仅1994年1月,我国新增有限公司约18 000家,股份公司约3 000家。在股份制试点的同时,企业内部员工持股的问题也逐渐暴露出来,如超比例发行、出现人情股等。对暴露的问题,国家和地方开

---

① 贾红叶.我国员工持股法律制度制度研究[D].西北工业大学,2016.
② 梁慧瑜.员工持股制度探源:从晋商票号的身股制说起[J].晋阳学刊,2007(3):126-128.
③ 国务院体制改革办公室.中国经济体制改革年鉴[M].北京:中国财政经济出版社,1992.

始采取措施规范员工股①。1993年7月,国家体改委颁布《定向募集股份有限公司内部员工持股管理规定》,对内部员工持股做出规定,让企业内部员工持股的发展势头有所下降。

(3) 规范发展阶段。1995—1998年,是我国各地政府规范员工持股计划发展阶段。1994年7月,我国开始实施公司法,使股份制试点的进行有法可依,并进入新的发展阶段。在这一阶段,国家除了实施公司法外,针对企业内部员工持股颁布其他相关法规、规章很少,所以各地方政府根据自己本地的经济发展和员工持股计划的实践情况做出相应规定。例如,深圳市企业制度改革领导小组办公室颁布的《关于内部员工持股制度的若干规定(试行)》(深企改办[1994]23号);广东省体改委制定了《企业试行员工持股的若干意见》(粤体改[1996]118号);1997年陕西省人民政府发布的《公司职工持股会试行办法》等,为员工持股计划的良好发展提供条件。1996年,据国家体改委的统计,全国实行股份制的公司共有约1万家,股份合作制企业400多万家;1997年底,我国股份制企业评价中心对全国3 252家股份制企业的统计分析,企业职工持股占被统计企业总股本的10.4%。

在各地政府规范员工持股计划发展的同时,在实践中却出现大量问题。例如,股份公司公开发行股票员工股存在特权情况,不经过摇号中签过程就可以持有员工股,其违背了公平、公正、公开原则;员工在短期内进行减持套现、对股票二级市场造成冲击。1998年11月,证监会颁布了《关于停止发行公司职工股的通知》,我国企业员工持股实践陷入进退维谷的局面。

(4) 重点突破阶段。1999—2004年,是以激励为主的员工持股计划重点突破阶段。1999年9月,《中共中央关于国有企业改革和发展若干重大问题的决定》规定:"要全面加强企业管理。推行科学管理,强化基础工作,改善经营,提高效益,实行以按劳分配为主体的多种分配方式,形成有效的激励和约束机制。"同时,"少数企业试行经理(厂长)年薪制、持有股权等分配方式,可以继续探索,及时总结经验,但不要刮风。"为适当拉开差距,允许进行股权分配方式的探索,这奠定了中国企业员工持股的实践基础。

自实施《上市公司收购管理办法》(证监会[2002]令第10号)以来,出现了管理层收购高潮。虽然上市管理层收购是规范化了,但是其缺少制度的约束和监管,由此造成了大量国有资产流失,市场秩序遭到破坏等问题,例如鲁能事件,社会各界出现了不少的质疑声音。面对质疑和各方面的压力,财政部于2003年3月叫停了上市公司和非上市公司的管理层收购②;随后,国资委、证监会也相继出台《关于规范国有企业改制工作的意见》和《关于规范上市公司实际控制权转移行为有关问题的通知》两个文件,对管理层收购行为作出了更严格的政策限制。

---

① 1993年4月国务院批转的《关于立即制止发行内部员工股不规范做法的意见》。
② 财政部在发至原国家经贸委企业司关于《国有企业改革有关问题的复函》(财企便函[2003]9号)文件中建议:在相关法规制度未完善之前,对采取管理层收购(包括上市和非上市公司)的行为予以暂停受理和审批,待有关部门研究提出相关措施后再作决定。

(5)深化提升阶段。2005年至今,是员工持股计划的深化提升阶段。针对上一阶段出现的问题,2005年以后,国家出台了一系列的政策性文件,用来规范企业员工持股实践。《企业国有产权向管理层转让暂行规定》(国资委、财政部令第3号)《关于规范国有企业职工持股、投资的意见》(国资发改革〔2008〕139号)证监会《上市公司员工持股计划管理暂行办法(征求意见稿)》,这些发布的文件从管理层收购的限制、股权激励的对象等进一步规范企业员工持股,同时也使处于高热状态下的员工持股实践逐步冷却下来。

2013年11月,党的十八届三中全会提出了允许混合所有制经济实行企业员工持股,形成资本所有者和劳动者利益共同体,为混合所有制改革中的员工持股提供了保障。① 我国也从国家制度层面专门对员工持股做出规范,②并从明确员工持股的范围、比例、操作细则等方面入手,出台了一系列政策,完善员工持股计划的整体性,我国员工持股计划进入全面深化提升阶段。

据不完全统计,截至2012年9月底,员工持股的A股上市公司达1 841家,占全部A股上市公司的74.63%。截至2012年12月底,涉及股票期权计划、限制型股票、虚拟股票等股权激励的A股上市公司达345家,约占A股上市公司总数的20%。

(二)现有法律及政策归类

除公司法、证券法等法律对员工持股的总括规定外,也有很多关于员工持股计划的国家层面和地方层面的规范性文件。根据发展历程分的五个阶段来将国家层面的规范性文件(见表3-1)和地方层面的规范性文件(见表3-2)进行归类。

表3-1 国家层面的规范性文件

	国家层面的规范性文件
第一阶段	1984年国家体改委《城市经济体制改革试点工作座谈会纪要》允许员工投资入股。 1987年十三大报告肯定了企业股份制形式和个人入股的做法。 《农民股份合作企业暂行规定》(农业部[1990]令第14号)以及《农民股份合作企业示范章程》对农民股份合作企业的主要方面作了规范。
第二阶段	《股份制企业试点办法》(国发〔1992〕23号)和《股份有限公司规范意见》(体改生〔1992〕31号),对企业内部职工持股做出了规定。 1993年3月,国务院批准了国家体改委《1993年经济体制改革要点》中提出的"股份制企业内部员工持股要从严掌握,严格按照国家有关规定进行规范"。 1993年国家体改委、国家经贸委、国务院证券委《关于立即制止发行内部员工股不规范做法的意见》,要求有关部门和各地政府制止发行内部员工股过程中的不规范做法。 1993年国家经济体制改革委员会《定向募集股份有限公司内部员工持股管理规定》对内部员工持股范围、股权证、股权审批、转让和管理都作出具体规定。

---

① 2013年11月12日中国共产党第十八届中央委员会第三次全体会议通过的《中共中央关于全面深化改革若干重大问题的决定》。
② 2014年6月中国证监会印发《关于上市公司实施员工持股计划试点的指导意见》。

续表

	国家层面的规范性文件
第三阶段	《中华人民共和国公司法》(主席令1994年16号)使股份制试点的进行有法可依,并进入新的发展阶段。 《关于加快国有小企业改革的若干意见》(体改办[1996]84号),文件指出"员工全员入股,既是出资者又是劳动者,共同出资、共同劳动、共担风险,实行劳动合作与资本合作相结合,按劳分配与按资分配相结合"。 《关于发展城市股份合作制企业的指导意见》(体改办[1997]96号),这是国家第一次正式发布股份合作制企业的规范意见,文件明确了员工持股是我国企业改革的一项重要内容。 《关于停止发行公司职工股的通知》(证监发字[1998]297号)要求股份有限公司在公开发行股票时,一律不再发行"公司职工股";尚未发行的,一律停止发行;已经发行的,仍执行原政策。
第四阶段	《上市公司收购管理办法》(证监会[2002]令第10号),使上市公司管理层收购(Management Buy-Outs,MBO)进入规范发展新阶段。 《关于规范国有企业改制工作的意见》(国办发[2003]96号)和《关于规范上市公司实际控制权转移行为有关问题的通知》(证监公司字[2004]1号),对管理层收购行为作出了更严格的政策限制。
第五阶段	《企业国有产权向管理层转让暂行规定》(国资发产权[2005]78号),探索中小型国有及国有控股企业国有产权向管理层转让。 《上市公司股权激励管理办法(试行)》(证监公司字[2005]151号),进一步明确了股权激励对象的范围、股份来源等相关规定。 《关于印发〈国有控股上市公司(境外)实施股权激励试行办法〉的通知》(国资发分配[2006]8号)和《关于印发〈国有控股上市公司(境内)实施股权激励试行办法〉的通知》(国资发分配[2006]175号),积极探索境内外国有控股上市公司(以下简称上市公司)试行股权激励制度。 《关于规范国有企业职工持股、投资的意见》(国资发改革[2008]139号),为规范国有企业改制,加强企业管理,防止国有资产流失,维护企业和职工合法权益。 《关于规范国有控股上市公司实施股权激励制度相关问题的通知》(国资发分配[2008]171号),进一步规范实施股权激励。 《上市公司员工持股计划管理暂行办法(征求意见稿)》,积极引导上市公司实施员工持股计划及其相关活动。 《关于在国有企业积极发展混合所有制经济的意见》(国发[2015]54号),推进国有企业混合所有制改革,促进各种所有制经济共同发展。 《关于上市公司实施员工持股计划试点的指导意见》(国发[2014]17号),对员工持股计划做了专门规定。 2015年初,国资委全面深化改革领导小组召开国资委全面深化改革领导小组会议审议了《关于进一步加强和改进外派监事会工作的意见》《关于混合所有制企业实行员工持股试点的指导意见》,迎来了国有企业员工持股新时代。

表3-2 地方层面的规范性文件

	地方层面的规范性文件
第一阶段	无。

续表

	地方层面的规范性文件
第二阶段	《关于内部员工持股制度的若干规定(试行)》(深企改办[1994]23号)。 1997年济南市出台《公司制企业内部职工持股暂行办法》。 《深圳市国有企业内部员工持股试点暂行规定》(深发〔1997〕21号),已终止。 《企业试行员工持股的若干意见》(粤体改[1996]118号)。 1997年陕西省人民政府印发《陕西省公司职工持股会试行办法》的通知。
第三阶段	《浙江省国有企业内部职工持股试行办法》(浙政[1998]16号)。 《浙江省企业职工持股会暂行办法》浙经体改[1998]92号。 《南京市企业内部职工持股会暂行规定》(宁体改生字[98]52号)。 1998年宁夏自治区党委人民政府《关于加快企业改革与发展的决定》。 《职工持股会管理办法》(沪工总基[1998]50号)。 《北京市现代企业制度试点企业职工持股会试行办法》(京体改发[1996]6号)。
第四阶段	江苏省国有企业内部职工持股暂行办法(苏政办发[1999]98号)。 《深圳市公司内部员工持股规定》(深府(2001)8号),现行有效。 《关于设立企业内部职工持股会的暂行办法》(津体改发[2002]1号)。 1999年《安徽省国有控股参股公司职工持股试行办法》。
第五阶段	2006年《山西省省属国有企业管理层和员工持股暂行办法》。 2014年上海证券交易所上市公司员工持股计划信息披露工作指引。 2014年《中共山东省委山东省人民政府关于深化省属国有企业改革完善国有资产管理体制的意见》鲁发[2014]13号。 2014年《广东省关于深化省属国有企业改革的实施方案》。 2015年《山东省委办公厅省政府办公厅关于深化省属国有企业改革几项重点工作的实施意见》。 《四川省人民政府关于省属国有企业发展混合所有制经济的意见》(川府发[2016]13号)。 《青海省人民政府关于推进青海省国有企业发展混合所有制经济的意见》(青政[2016]29号)。

总结以上不完整的归纳,发现我国涉及员工持股的法规、规章虽然增多,但是国家层面没有统一的立法去指导地方和各部门,无法形成行之有效的法律体系,严重影响法律文件的执行,阻碍了员工持股计划的实施。

(三)法律制度层面存在的问题

(1)法律政策多变,效力低。关于员工持股计划的法律政策很多,每一份文件的出台都是为了促进员工持股的发展,但是实际实践效果却差强人意。如果出现不合理或不符合实际情况,这些文件就面临被修正或被淘汰的局面,无论是修正还是用新的文件来替代,都使得关于员工持股的法规不稳定和间断,导致员工持股计划实施艰难。在我国员工持股计划的实践中,由于员工持股法制的不健全,员工持股的命运三起三伏[1],企

---

[1] 第一次是1994年6月,被国家体改委叫停;第二次是1998年11月,被中国证监会叫停;第三次是2003年4月,被财政部叫停。

业股份制改革一度停滞不前。

根据上述对现有法律及政策的归类,发现国家出台的文件不是针对性太强,就是规定太笼统。例如《关于上市公司实施员工持股计划试点的指导意见》就只是对上市公司产生约束力,而对非上市公司则无能无力。同时从归类中可以看出,属于部门行政规定的指导意见居多,立法层次低,缺乏权威性。

(2)《中华人民共和国公司法》《中华人民共和国证券法》对员工持股发展的限制。员工持股计划是通过全员持股的方式最大化员工的主人翁感及组织承诺,也就是企业实施员工持股其股东的人数会大量增加,这样就会与公司法中关于股东人数的规定冲突,反过来,如果按照公司法规定,则会制约员工持股的发展,达不到其激励作用。同时,只要是企业的正式员工达到一定要求就可以持有企业的股份,但是证券法中对证券公司从业人员持有股票是排斥态度,以防止他们内幕交易和违规为客户提供信息和操作。①

(3)立法内容的缺失。①关于员工持股计划实施的范围,目前多是对国有企业进行规定,但是并不是所有的国有企业都适合,且非国有企业也需要员工持股计划来完成其长期发展战略。明确先在哪里实施,有效逐步推进,会使员工持股计划达到其激励目的,达到企业和员工利益共享。法律应明确实施范围,不能放任,重蹈覆辙。②谁持股是员工持股的核心,现在多为企业在册员工持股,但是还存在的问题是,当一公司有分公司或者子公司时,是否包括其分公司或子公司的在册员工;离退休员工是否可以持有公司股票也没有明确法律规定。持多少?鼓励管理层、骨干人员等持股,为形成激励机制,保持适当差距,何为适当,并没有一个明确标准。③证监会发布的《关于上市公司实施员工持股计划试点指导意见》中对上市公司中员工持股来源列出了五条,包括上市公司回购本公司股票、二级市场购买、认购非公开发行股票、股东自愿赠与和法律行政法规允许的其他方式。其中为员工持股计划实施回购本公司的股票与公司法中的规定相冲突;如果国有企业实施员工持股,股东也不能随便把企业股票赠送给他人。所以股票来源还需法律来规范。④我国关于员工持股认股的资金来源,必须员工的合法薪酬、法律和行政法规允许的其他方式等,②也就是说认股资金一定要是合法收入,具有一定的灵活性。其中现在以人力资本③持股已成为大势,比如中共中央、国务院《关于深化国有企业改革的指导意见》规定:"支持对企业经营业绩和持续发展有直接或较大影响的科研人员、经营管理人员和业务骨干等持股"。这种方式扩大了资金来源,也帮助企业留住了人才,但是其以什么标准评估并持股多少法律具体没有规定,这也是立法上的难点。因为人力资本是无形的,缺乏评估载体,所以价值就难以得出。⑤当持股员工要退

---

① 《中华人民共和国证券法》第43条规定:证券交易所、证券公司和证券登记结算机构的从业人员、证券监督管理机构的工作人员以及法律、行政法规禁止参与股票交易的其他人员,在任期或者法定限期内,不得直接或者以化名、借他人名义持有、买卖股票,也不得收受他人赠送的股票。

② 2014年6月20日中国证券监督管理委员会发布的《关于上市公司实施员工持股计划试点指导意见》。

③ 人力资本:非物力资本,是指劳动者受到教育、实践经验等方面的投资而获得的知识和技能的积累。

出时,手中的股票怎么办?一般企业限制转让,有一定的锁定期,等过了锁定期后,可以转让和被回购。转让一般限于内部转让或内部员工有优先购买权;回购就是企业为了其稳定性,将员工股再购买回来,这就有又涉及上述的回购问题。对于转让和回购价格,也没有明确规定,如果企业利用自己的优势欺压员工,则员工的权益会收到损害。⑥当员工不能以自然人的身份进行持股时,就需要一个组织来进行持股、管理,这就涉及到我国的员工持股会,我国实行过一段时间的员工持股会并承认其法人地位,后因其是单位内部团体,而取消其法人资格。① 但是员工持股会是有利于员工持股计划实施的,其法律地位不明对员工持股计划实施造成障碍。

---

① 2000年12月11日中国证监会法律部给北京市中伦金通律师事务所的《关于职工持股会及工会能否作为上市公司股东的复函》([2000]24号)。

第三章 劳动关系中共享理念实现的制度建构及途径

一、思路选择:以社会主义协商民主实现劳动关系中的共享

(1)核心概念界定。社会主义协商民主的概念最早在党的十八大中提出,十九大又重点强调了要发挥协商民主的作用。当前,协商民主制度已经在我国政治上发挥着独特的优势。在政治上,劳动者已经具备了协商民主的权利,但劳动者在法律上的地位还很低。我国现阶段劳动关系领域内矛盾突出,且劳动关系矛盾类型呈现多样化发展,劳动关系矛盾逐渐成为社会治理的"潜在风险"。但我国劳动关系领域法律协调机制存在很多缺陷,并不能很好地解决这些问题。当前将协商民主引入劳动关系法律保障制度中来促进和谐劳动关系成为一个重要的时代议题,但是在法律层面上,这个问题并没有得到很好的研究。

(2)劳动关系中的协商民主制度是指在党委的领导下,政府积极参与,搭建一个协商民主的平台,在企业管理和决策过程中,劳动者能够切实参与进来,实现他们的劳动协商民主权。本书中的协商民主区别于政治上的协商民主,同时又与西方国家的集体谈判制度存在很明显的差别。西方国家的集体谈判制度在本质是一种对抗式的谈判模式,没有政府的干预,仅仅是雇员利益代表方和雇主进行谈判的制度。而本书所提的协商民主制度,其主体不局限于用人单位和劳动者双方,还有政府发挥着巨大的作用。协商民主的主要内容是劳动关系。协商民主的主要形式有集体协商、职工代表大会、职工监事、职工董事等。劳动关系领域内协商民主一般是按照企事业单位党委负责领导和指导,劳动行政部门和工会积极协调,职工代表大会负责具体的组织实施,职工广泛参与的分工模式。

(一)我国在劳动关系领域引入协商民主制度的可行性分析

当前,协商民主制度在我国政治领域发挥着巨大的优势,党的十九大报告中强调要使协商民主广泛、多层、制度化发展,在劳动关系领域引入协商民主制度是一个重要的时代议题。本书提出我国急需将协商民主制度引入劳动关系领域来促进和谐劳动关系。笔者将从文化基础、理论基础、法律制度基础和实践基础4个方面来进行可行性分析。

1. 社会基础。

(1)民族文化基础。中华文化源远流长,"和"思想在中华民族文化中根深蒂固,"尚和"和集体主义思想深深地扎根于民族性格之中。小到为人处世、大到家国天下都以"和"作为最本质的核心。但中华民族"尚"和不是一味地只追求"和",而是"和而不同""兼容并蓄""求同存异"等更高级的"和合"。当前的协商民主制度所体现出来的协商精神和民主理念也适应并符合了我们的民族性格和文化传统,带有明显的"和"文化特质。因此在我国劳动关系领域引入民主协商制度具有深厚的文化基础。

(2)基本国情需要。当前我国劳动矛盾激发,劳动关系矛盾的实质就是用人单位和劳动者双方利益的对立,而我国劳动领域双方主体地位势力悬殊,用人单位通常以牺牲劳动者为代价来换取自身利益的最大化,导致劳动关系恶化。不少劳动者为了追求自身合法利益,不惜采取极端的方式来维护自身的权利,从而加剧了社会的不稳定。

我国社会主义国家的性质注定了我国劳动关系在本质上不同于西方国家的对抗式。因此也注定了解决此种矛盾不能采用对抗式。我国只能通过协商民主的方式来解决劳动关系矛盾。协商民主的方式能够满足双方利益需求,平衡双方利益,有利于劳动者表达自身诉求和激发其生产积极性,有利于推动企业的竞争力,促进社会经济的发展。因此现阶段在我国劳动关系领域内亟需完善协商民主式法律制度来构建和谐劳动关系,促进社会的和谐。

2. 理论基础。

党的十八大报告提出要让协商民主制度发挥作用,党的十九大报告再次重点强调,要广泛多层次地发展协商民主。党的二十大报告中进一步提出"发展全过程人民民主,保障人民当家作主"。在政治上,我国劳动者已经充分享受到了权利。当前,我国社会正由政治民主化朝着经济民主化进行发展。在劳动关系领域引入协商民主法律机制,企业内部实现职工民主管理是协商民主在基层的重要实现形式,更是实现经济民主化,[①]保障劳动者在经济领域内权利的表现。

协商民主是保障人权和对公平正义的追求。每个劳动者都有追求自身合法利益得到公平对待的权利,而在我国劳动关系中,双方主体地位不平等,劳动者处于弱势地位,因此为了维护劳动者的利益,我国亟需在劳动关系领域内完善协商民主制度。

3. 法律基础。

(1)《中华人民共和国宪法》第 2 条规定我国的一切权利属于人民。宪法赋予劳动者主体地位,劳动者拥有协商民主的权利。因此在我国劳动关系领域内引入协商民主制度,是保障劳动者充分行使宪法权利的一种方式。

企业内部应当通过采用厂务公开等一系列具体制度来实现民主管理。我国的劳动法、劳动合同法中明确规定:企业应当通过建立职工大会、职工代表大会等制度来实现民主管理;劳动者有权利通过这些制度参与到企业的民主管理中,就涉及自身利益的事项与用人单位进行协商。

---

① 杨冬梅. 关于完善工资集体协商立法的思考[N]. 工人日报,2010 - 09 - 14(6).

(2)劳动关系三方协商机制。《中华人民共和国劳动法》《中华人民共和国工会法》《集体合同规定》等法律法规中明确提出我国要不断健全以政府、工会组织以及企业代表的三方协商机制,就劳动关系领域内的矛盾进行协商来促进和谐劳动关系的建立。

(3)工资集体协商制度。我国在劳动法、劳动合同法等法律以及各地政府出台的政策中都对工资集体协商制度进行了明确的规定,是其将协商民主引入劳动关系领域主要法律依据和政策支撑。

(4)职工董事、职工监事制度。公司法对我国劳动关系领域内,劳动者通过选举职工董事、监事参与到企业的民主管理和民主决策过程中提供了法律支持。

由此可以看出,在我国劳动关系领域内引入协商民主制度已具有充足的法律支撑。

4. 实践基础。

中国的协商民主制度不是西方的舶来品,而是经过一代又一代中国共产党人实践摸索而形成的具有中国特色的协商民主制度,打上了中国传统文化的烙印。

中国的协商民主制度有其独特的发展路径,在不同的历史时期,我国的协商民主具有不同的表现形式。在国共两党合作时期,我国的协商民主制度表现为党际协商民主。抗日战争结束后,我国协商民主的表现形式变成了党内协商民主。为了实现人民当家做主的目标,新中国成立以后,为了实现社会主义三大改造,协调好不同利益主体之间的关系我国形成了社会协商民主。进入 21 世纪以来,我国社会发展进入新阶段,为了解决经济高速发展带来的社会矛盾,我国在借鉴西方民主协商理论的基础上,形成了新的协商民主形式即公共协商民主。

在不同的历史发展阶段,我国的协商民主有不同的表现形式,其目的都是为了促进社会的和谐稳定。当前我国社会进入一个转型期,劳动关系领域矛盾激发,劳动关系是否和谐影响着社会的整体和谐。基于我国的社会主义国情,我国劳动关系只能通过协商民主的方式解决。同时党的十九大报告提出要让协商民主广泛多层的发挥作用。因此,当前我国将协商民主制度引入我国的劳动关系领域来缓解劳动关系矛盾,构建和谐劳动关系,促进社会和谐稳定发展,是符合时代发展要求的。

(二)具体思路

1. 在劳动法中引入协商民主的原则。

劳动关系和谐是社会和谐的一个重要方面,也是我国协商民主的重要组成部分。我国在将协商民主式引入劳动关系法律机制过程中要遵循坚持"预防为主、基层为主、调解为主"的方针,强调"刚性执法",突出"柔性服务",坚持把企业和劳动者双方依法在劳动力市场上双向选择、自主选择作为建立劳动关系、明确权利义务、协调利益矛盾的基本方式。全方位协作形成"党政力量、群团力量、企业力量和社会力量合力构建的"的工作格局。

2. 在劳动法中引入协商民主的目标。

将协商民主引入劳动法中就是为了保障劳动者在经济领域内的民主权利,激发劳动者的生产积极性,从而促进企业的健康发展,社会经济的稳定运行。完善协商民主式劳动关系法律制度的核心主线是切实维护好劳动者的利益,关注劳动者的话语权,让劳动者能够通过自己的劳动公平地与企业共享利益。

3. 劳动关系建立阶段确立协商民主的法律制度。

用人单位和劳动者签订的书面劳动合同是劳动关系的起点,"合同"顾名思义是双方在地位平等的基础上,双方合意的产物。劳动合同也应当如此。然而我国劳动合同并没有实现双赢的目的。我国很多劳动合同都不是劳动者真实意思的表达。这些情况导致了劳动关系从建立之初就有矛盾。而我国的劳动合同仅规定了用人单位要与劳动者签订合同,没有明确规定用人单位违反这一规定的法律后果,导致违法成本不高。

(1)在劳动关系成立之初,劳动保障监察部门要对劳动合同的签订情况实行监督检查,切实发挥其作用。

(2)加强立法,在法律中明确规定违反这一规定要承担的法律后果,并加大惩处力度,提高用人单位的违法成本。

(3)加强普法工作,提高劳动者的法律意识,保障劳动者在签订劳动合同时处于与用人单位平等的地位,真正实现协商民主,从而促进劳动关系矛盾的源头治理。

4. 劳动关系维持阶段确立协商民主的法律制度。

(1)完善企业内部民主管理制度。我国企业内部应当通过实行厂务公开等方式来实现民主管理。同时搭建直接民主对话平台和构建各阶层的职工沟通协商机制,畅通职工合理表达诉求的渠道。企业可以与劳动者分享决策权。最后完善职工代表大会、职工监事等制度、使劳动者能够通过这些制度参与到企业的管理和决策过程中去。对一些涉及职工切身利益的重大问题由职工代表大会来决定,坚持将协商民主贯穿于企业的管理和决策的全过程。用人单位应当做到与劳动者共同协商、共建机制、共创效益、共享利益。同时基于我国的基本国情,我国外来务工人员多且大多数都处于社会的弱势地位。我国应当重点搭建政府与外来务工人员的有效沟通平台,使务工人员有效地表达自己的合理诉求,维护自身合法权益。企业实现民主管理,有利于激发劳动者的生产积极性,提高企业的竞争力。

(2)切实发挥工会的作用。工会究其本质应当是劳动者利益的维护者,但是法律对此规定的不完善,导致我国工会存在职责不明确的问题。我国工会发挥的作用十分微弱。我国要加强立法,使工会真正独立化。在企业民主管理、劳动合同签订、集体合同签订、平等协商等方面真正地履行维护劳动者利益。

(3)发挥集体协商和集体合同的作用。集体协商是指工会或者其他代表劳动者利益的组织就有关确定劳动条件、签订集体合同等问题与用人单位进行协商的行为。而集体合同是集体协商后的产物。发挥集体协商和集体民主的作用是在劳动关系中发挥协商民主作用的应有之意。当前我国集体合同和集体协商的立法层次低,立法机关应当制定有关的法律法规来提高法律层级,加强法律刚性。明确集体协商的主体地位、协商的范围和违反规定的法律后果。对违反法律规定的单位加大惩处力度,让集体协商和集体合同其实发挥好自己的作用。

(4)完善三方协商机制。三方协商机制是一个由政府、工会和雇主组成的用来调解劳动关系矛盾的机制。其处理矛盾纠纷有明显的特征。但是目前我国法律对此规定的不完善,导致三方协商机制在协调劳动关系矛盾中的作用不大。我国应当完善三方协商机制法律体系,通过完善劳动法,在劳动法中明确三方协商机制的主体地位;明确工会的主体作用,使工会实现真正的独立,切实发挥其协调功能;同时明确政府在协调过程中的居中地位,在重大问题存在分歧时,政府发挥其宏观平衡功能;明确雇主的地位。我国可以实施政府处理劳动纠纷前置程序,政府在颁布有关涉及劳动者法律法规时,工会可以向其提意见;同时我国应该完善三方协商机制立法,设立三方协商机制常设机构,促使三方协商机制发挥其重要的作用。

5. 劳动关系解除阶段确定协商民主的法律制度。

(1)完善劳动争议协商机制。在我国发生劳动纠纷后,法律规定可以通过协商、调解、仲裁、诉讼等四种方式来解决纠纷。本书提及的劳动争议协商机制是指在发生劳动争议后,争议双方在法律的基础上,进行平等协商、对话等来化解纠纷。

劳动者和用人单位双方进行协商,更有利于解决实质性的矛盾[①]。我国法律虽然明确规定了协商作为解决劳动纠纷的一种手段,但在发生纠纷后,协商这个方式形同虚设。我国应当搭建一个常设的协商机制,在法律上明确规定协商的程序和协商结果的效力。双方当事人进行协商民主达成一致后,一方当事人不履行协商结果,另一方可以就结果向有管辖权的人民法院申请强制执行。让协商制度得到足够的重视,从而提高协商在解决劳动矛盾过程中的作用。

(2)建立政府主导多方参与的劳动争议调解机制。当前,在我国许多企业内部都设立了劳动争议调解委员会,一旦发生劳动争议,劳动者可以选择向劳动争议调解委员寻求调解。[②] 企业调解委员会人员一部分由职工选出的代表担任,另一部分是企业代表,委员会主任由双方共同推选或者由工会代表担任。这一现象导致工会具有双重身份,既代表劳动者又充当中立的第三方。同时又因为这个机构运行的资金来源于企业,因此并不能中立地进行调解,企业内部调解委员会并没有发挥很大的作用。调解程序是当事人双方自由选择的,能够充分表达当事人的意愿。因此我国应当加强立法来促使调解制度发挥更大的作用。我国应当尝试建立以政府为主导不受制于任何争议方的劳动争议调解机制,让其发挥居中调解的作用。同时我国应当加强调解队伍的能力建设,定期组织培训,让调解队伍更专业,让当事人对调解结果更信服。

调解是双方当事人自愿选择的。双方达成调解协议后,基于诚实信用的原则,一方

---

① 郭茜. 我国劳动争议处理机制研究[D]. 东北财经大学,2013.
② 郑东亮. 建立和完善多层次多渠道的劳动关系协调机制[J]. 北京市工会干部学院学报,2011,26(2):36-39.

不应当随意改变。但是我国法律并没有明确规定调解协议具有强制执行力。一方违反调解协议,另一方可以选择申请仲裁。基于此种情况,在劳动争议发生后,当事人直接选择申请劳动仲裁,导致调解制度虚置。我国可以在立法中明确规定调解协议的强制执行力,让调解制度发挥其协调劳动纠纷的作用,缩短劳资矛盾解决的时间。

(3)完善仲裁制度,发挥仲裁实效性。我国在解决劳动争议时实施仲裁前置程序,当事人必须先经过仲裁程序才能向法院提起诉讼。笔者认为仲裁的优势在于其灵活和自愿性,如果赋予当事人在仲裁和诉讼中自愿选择的权利将更有利于发挥仲裁的优势作用。在仲裁庭内部应当设置仲裁员名录,允许双方当事人基于自由意志选择相同数量的仲裁员组成仲裁庭,让仲裁结果更有信服力。

扩大一裁终局的范围。当前我国《劳动争议调解仲裁法》仅在小额的劳动报酬、工伤医疗和社会保险、休息休假等方面规定一裁终局。设计一裁终局的目的是为了更好地保障劳动者的利益,让劳动者可以更快地实现自身的利益保护。基于这个目的,笔者认为我国可以扩大一裁终局的范围,将更多的涉及劳动者利益的纠纷纳入进来,降低劳动者寻求救济的成本。

(4)完善诉讼程序:①建立专门的劳动审判庭。我国劳动案件的处理基本上都适用于民事审判程序,近些年来我国劳动案件的数量激增,同时劳动案件具有其自身的独特性,当前,在我国建立劳动审判庭是可行且急需的。劳动争议案件与普通民事案件存在一些不同之处,在一般的民事案件中,双方的主体地位完全相等,而在劳动争议案件中,劳动者处于弱势地位,对用人单位具有人身依附性。②处理劳动争议案件时不应该完全按照民事诉讼的程序和原则,由于劳动案件的特殊性质,必须兼顾保护劳动者的利益。③普通民事案件中,因为双方地位平等所以奉行"谁主张、谁举证"的原则,但在劳动争议案件中,双方地位不平等,劳动者处于弱势地位,适用普通民事案件的举证原则对劳动者不公平,同时可以吸收工会等作为陪审员,为劳动争议提供自己的建议。④赋予集体劳动争议当事人诉权。在我国集体合同发生争议时,我国法律、法规仅仅只是笼统的规定行政协调和协商两种解决措施。在实际解决集体合同争议时,其程序和实体制度都无处可寻。

我国应当加强立法来保护集体合同争议中各方的利益:①在法律上明确定义什么是集体劳动争议,让其与群体事件进行区分;②法律赋予集体合同双方当事人诉权,在法律中规定,当事人在发生集体劳动争议时,任意一方可以向法律或者仲裁机构寻求救济。最重要的是建立具有中国特色的集体协商制度,发挥工会在集体协商中的重要作用。

二、共享理念实现的制度路径之一:完善传统参与制度

(一)打破企业体制界限,设定平等的职工参与权

现代产权制度的建立,将引发职工参与企业管理的内容、方式和参与的身份地位的

重大变革,通过职工代表大会参与、经营决策参与等形式参与管理,实现由政治意义上的表层化的参与到经济方面的实质性的参与;从国有企业主人翁或私营企业雇工的身份的参与到企业平等雇员身份和企业股权所有者身份的参与。

在立法的过程中,首先要消除不同所有制下的职工不同的参与地位、不同的参与方式、不同的参与效果。从法律上确立平等的职工参与权。在这里,职工参与的基础在于基于每个公民的生存权而享有的平等的劳动权以及财产权利。这里的平等,既包括劳资之间的平等,也包括职工之间的平等。从参与的范围来看,职工参与权利是各层面的,如图3-2所示。

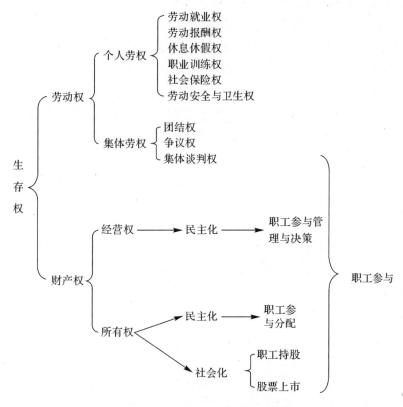

图3-2 我国职工参与权利体系

事实上,从世界各国的职工参与权来看,同所有制形式并无直接关联。其参与的途径及方式仅仅同企业或公司的经营机制有关。尤其是当将职工参与权理解为由劳动权直接引申出来的基于劳动者的劳动权而产生的一种权利时,其平等的意义体现得更为明显。2004年10月《欧盟宪法条约》第91条规定了劳动者的相关权利。[①]

[①] 《欧盟宪法条约》规定的劳动权中包括:为改善劳动者工资待遇和工作条件及改善劳动者权益,进行集体谈判、签订集体合同的权利;参加或不参加工会的权利;参与企业管理的权利;与社会保障相关的权利;努力工作的义务等。

(二)建立完备的职工董事和职工监事制度

当前,在两权分离式的企业产权制度下,我国的职工董事及职工监事制度存在着一系列的问题。那么,在现代产权制度下,如何进行职工董事及职工监事制度的设计呢?

对于现代产权制度下的公司董事会以及监事会制度设计,笔者认为,可以通过建立职工董事制度,形成企业内部的共同决策机制;通过建立职工监事制度,形成企业内部的共同监督机制。具体来讲,从以下几方面进行该制度的设计。

(1)确立单轨制或双轨制。世界各国由于其不同的立法传统,在董事会和监事会制度的设计上采取单轨制或双轨制。就我国公司治理的现有结构来看,有着实行双轨制的立法传统。因此,选择双轨制较为适合我国现状。

(2)确立职工董事及职工监事制度的适用范围。从前文八个欧洲国家职工董事及职工监事制度的设计的情况来看,有的是根据行业的不同来划分的,有的是根据企业职工人数的不同来划分的,有的则是根据企业职工人数及行业的不同来划分。从我国来看,首先缺乏根据行业立法的立法传统,而且,不同行业之间的企业其法律地位是平等的,并不因为某个行业的发展状况强或弱、发展时间早或晚、行业工会强或弱而进行不同的立法,各类公司统一适用公司法。同样,根据企业职工人数分别立法在我国也没有存在的土壤。但是,从我国目前企业立法的主导方向来看,摒弃了以前根据所有制的不同立法的习惯,转而采取根据企业组织的不同法律形态立法的做法。如根据企业的组织形态的不同,我国分别颁布了《中华人民共和国个人独资企业法》《中华人民共和国合伙企业法》《中华人民共和国公司法》。其中独资企业和合伙企业采取的是一种古典产权制度,作为现代产权制度的补充而存在。因此,我国职工董事及职工监事的适用范围应局限于公司,而将独资企业及合伙企业排除在外。

(3)职工董事及职工监事的代表层次。从前文八个欧洲国家的情况来看,职工董事的席位至少占到1/3,更有甚者,是根据职工人数的一定比例来确定职工董事的席位,或是根据股东代表的席位来设定和它相对应的职工席位。在我国目前的职工董事制度中,仅仅提出了董事会中应当(或可以)有职工代表,具体占多少席位,是没有规定的。实践中的做法往往是设定一名职工代表。那么,究竟设立多少席位更为适合我国公司治理。由于缺乏这一方面的深入研究,尚无法确定具体比例。对于职工监事,我国已有的公司法中规定,监事会应当包括股东代表和适当比例的职工代表,其中职工代表的比例不得低于三分之一……,遵循现有的法律规定即可。

(4)职工董事或职工监事的选举产生问题。从前文八个欧洲国家的情况来看,采用了不同的产生方式,具体包括职工直接选举产生、工会会议选出产生、工会选出产生、全国性工会指派、企业工会指派等几种。从我国现有的立法规定来看,要求董事会中的职工代表由公司职工通过职工代表大会、职工大会或者其他民主形式选举产生。而且,职工代表大会在我国具有较长的历史实践及健全的机构组织,所以,选择职工代表大会选举产生作为职工董事及职工监事的产生方式较为适宜。

(5)职工董事及职工监事的任职条件。从前文八个欧洲国家的情况来看,分别从服务年限、年龄、性别等几方面做了规定。从服务企业年限来看,最低要求为1年,最高要求为3年;从年龄来看,只有爱尔兰规定了这一条件,为18~65岁,实际上就是在职从业者的年龄限度,低于18周岁一般为非完全民事行为能力人,尚未达到就业年龄,高于65周岁为退休年龄阶段;从性别来看,德国、挪威两个国家根据性别采取配额制,规定了若女性职工超过一定比例,必须有至少一名女性代表。从我国的立法现状来看,还远远没有达到具体规定上述内容的程度,但是,从完备的职工董事及职工监事制度来看,对任职资格的规定也是必不可少的。从服务年限来看,无论规定多少年服务期,至少应该满足熟悉本企业情况这一基本要件;从年龄来看,无需设定具体的年龄时限,因为每个劳动者在职工参与权的行使方面享有平等权;从性别来看,应规定女性代表的比例,因为我国在实现男女平等的基本国策的目标中,已将性别主流化战略作为一个重要途径,在政治领域已经实现了女性代表配额制,因此,经济领域推行女性代表配额制亦是大势所趋。

此外,关于职工董事及职工监事的法律地位,从表3-1和表3-2中无法看出,但是作为完备的立法,应该有所规定,如在公司法中明确规定,董事会中的职工代表享有同股东代表同样的权利、受到保护的权利等。

(三)对职工代表大会的功能及职权重新定位

当前,职工代表大会制度在我国面临着诸多问题,如私营企业中的拒绝设置、国有企业中的建制率高但效果差等。针对上述问题,完全摒弃该制度并不可取,重要的是如何完善该制度。

(1)职工代表大会存在的理论基础。通过职工代表大会并行使自己的民主管理权利是所有劳动者平等权的一个重要体现。基于此,无论在哪种所有制形式的企业中,设立这样一个职工民主参与机构都是合理的。

(2)职工代表大会功能的转变。我国职工代表大会的职权范围广泛,涉及内容全面,在建立企业后,它同公司的治理结构产生了矛盾与冲突。本书认为,全面地思考并重新定位职工代表大会的功能及其职权极其必要。

对于职工代表大会的功能及职权定位,可以借鉴德国、法国的企业委员会制度。德国1974年3月2日修改颁布的《企业委员会法》明文规定在通常雇有5名以上的职工的企业都应建立企业委员会。法国《劳动法》规定,企业规模在50人以上的都应依法建立企业委员会,以此作为调整企业劳动关系的重要法律制度。企业委员会在当前的德国、法国企业中起着咨询和协调劳动关系、化解内部矛盾、促进企业民主法制建设的重要作用。

企业委员会由企业雇主的代表、职工或工会代表等组成。企业委员会的成员根据职工总数,按一定比例以无记名投票方式直接选举产生。企业委员会的职责是保护、关注职工的利益。

在我国企业中,职工代表大会不仅是职工民主参与的一个重要的途径,还是企业内部协调劳动关系的一个重要机制。基于此,可以考虑将其权限设定为:①对涉及职工福利的事项享有决定权,如审议决定企业的工资调整方案、奖金分配方案、职工培养计划、劳动保护措施、奖惩办法、职工福利基金使用办法及其他有关职工生活福利的重大事项;②对企业董事会、监事会中职工代表享有选举和罢免权;③对企业的经营管理事项享有咨询、知情和建议权。

此外,关于职工代表大会的代表产生办法、代表的职权、对代表的保护、职工代表大会的运作程序等也应做明确的规定。

(四)集体谈判与其他参与方式的有效分工与结合

集体谈判和职工参与企业管理是两种不同的职工参与的方式,集体谈判的作用在于对劳动条件、劳动报酬等方面的标准确定;而职工参与企业管理则不仅仅局限于上述内容,还包括企业治理中涉及的诸多内容。集体谈判体现了劳资双方的合约规范关系,而参与管理则更多的是一种强制性的权利与义务关系。基于此,应该对二者的范围给予明确规定。本书认为,其他参与作为一种强制性的法律规范,是一种职工参与的底线,集体合同可以在此基础上做出约定,但如果集体合同约定的标准低于法律规定,则该集体合同因为其违法而导致无效。

当然,集体谈判与其他职工参与方式并非是截然分开的,职工参与企业治理的真正价值在于它是一种工具,通过它,关于集体谈判、共同协商、共同决策的重要而准确的信息在职工中得以传播,是信息取得的一种重要途径和方式,是劳动者知情权的一个实现途径。

对于集体谈判与其他职工参与方式之间的关系以及其所依赖的机构之间的关系,如图3-3所示。

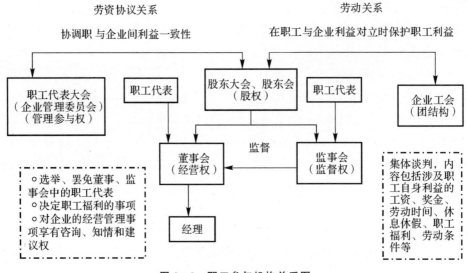

图3-3 职工参与机构关系图

(五)工会制度优化

信任与合作关系的确立是以双方地位的平等为前提的,而要实现平衡,在劳资关系中,由于劳方力量的弱小,需要强化工会的力量。但是,工会在委托代理机制中存在代理问题,因此,对工会建立相应的激励约束机制是极为必要的。对于企业工会而言,主要是确立其独立性,根据全国总工会明确提出的"组织起来,切实维权"的工会工作指导方针,建立劳动者自己的工会,摆脱原有工会的"老板工会"或"三无工会"(无会员、无活动、无经费)的现状。确保工会在经济、人格和利益上的真正独立,就必须摆脱企业工会对企业行政的依附性,首先从经济上要独立,不能再由企业直接拨付工会的经费,借此对企业工会发号施令实施控制,而应采取工会经费的社会统筹,由企业交付给上级工会,上级工会采取统筹管理分配。其次在人员的设置上工会工作人员应实现独立,禁止由企业行政领导兼任或企业自行委派,而实行真正的会员推选产生等方式,企业工会对会员负责。企业工会在经济上以及人事上的独立使得其摆脱了对企业的依附性,相应地同会员之间也产生了真正的委托代理关系中的激励约束机制。

当然,解决上述问题依赖于中国工会的转型,因为当前的行政化工会在市场经济条件下面临着一系列的挑战,如工会对它应当保护的对象没有尽到保护的职责,工会如果失去来自职工群众的信任,生存基础就将动摇;劳动关系不稳定;职工中非正式组织的出现,形成了对现行工会体制的挑战。这些对于工会的转型提出了根本要求。

三、共享理念实现的制度路径之二:完善员工持股制度

(一) 完善我国员工持股法律制度的基本思路

为了使员工持股计划在我国顺利实施,应建立我国关于员工持股的法律制度。从立法模式、理念、应遵循原则入手提出完善我国员工持股立法的基本思路,并对员工持股计划适用的范围、对象、持股比例、资金及股份来源等方面提出具体建议;同时对现有公司法和证券法提出修正建议。只有健全的法律,才能够挖掘员工持股的潜力,并使其得到释放。

1. 立法模式。

从国外员工持股立法的实践总结出其为两种形式,综合立法和单一立法,综合立法中没有规范员工持股计划的专门法,其规定散见于诸多的法律之中;单一立法是对员工持股计划规范的专门法,其他法律很少或者几乎不涉及对员工持股的规范。这两种形式各有利弊,综合立法是灵活有余但是难以把握;单一立法一目了然,容易执行,但太过固定死板。我国应在本国国情基础上,借鉴外国经验,采用综合立法模式和单一立法并重模式,对我国员工持股计划进行规范。

2. 立法理念。

我国已进入共享式发展阶段,企业和职工利益共享成为大家共识。关于企业和职

工利益共享可以追溯到上世纪的美国,在资本主义社会发生通货膨胀和失业问题时,马丁·威茨曼提出了分享经济理论,并在其著作中指出工资制度的不合理导致了"滞涨"问题,他主张用利润分享工资制度来代替固有的工资制度,使普通劳动者通过此制度来分享到企业乃至社会经济增长带来的福利。20世纪80年代后期,利益相关者理论也涉及到企业和员工共享利益,这对"股东至上"的传统观念提出了挑战,员工受到了极大的重视,因为研究者认为员工是企业的直接利益相关者,他们与企业的命运息息相关,应该参与到企业管理和分享企业增长的经济效益。这些理论都从分配方面着手,通过利益共享来促进企业的发展。利益共享并非是对效率优先的否定,它主要是为员工发展提供公平的机会,并唤醒企业的活力。员工持股计划是企业改革的重要手段,基于利益分享理念来完善员工持股法律制度,进而建立资本所有者和劳动者利益共同体,实践与制度相依相持。我国要充分挖掘企业实施员工持股制度的新意,并要克服现有制度的弊端,在借鉴各国合理经验的基础上,走出一条符合国情的特色之路。

3. 立法原则。

(1)信任合作原则。信任合作原则是指在劳资双方相互信任的基础上,确立双方信任合作机制,建立信任与合作权利体系,以劳资关系和谐为目标的一个原则。① 员工持股作为一种利益分享机制,应基于信任合作原则。员工持有企业股份,除有企业激励原因外,最重要的是员工对企业的信任,相信对企业投资能带回相应的回报。所以企业要保障员工的知情权、管理参与权、利益分配权,使员工监管、参与企业经营。

(2)平等、自愿原则。在我国员工持股计划初始探索阶段,由于它是新事物,国有企业又急需脱贫解困,在员工不了解的基础上强制推行,造成了部分员工对其的排斥,同时也为员工持股计划的试点工作叫停埋下了伏笔。员工持股计划对企业来说是激励手段,同时对员工来说是一种投资手段,必须要员工自愿才能顺利实施。同时对待员工持股的态度要平等,并非平均。平等、自愿是员工持股计划实施的基础。

(3)效益优先原则。企业改革和管理的目标就是提高企业的效益,主要是经济效益。员工持股计划的实施为企业吸引人才、留住人才,为企业服务。如果员工持股计划的激励作用没有得到发挥,就无法提高劳动效率、促进企业的发展,所以员工持股立法要根据我国企业发展的趋势,要有利于企业效益的提高。

(4)合理差别原则。合理差别是实质上的平等,这个原则已是员工持股计划实施中的国际惯例。如果大家都平等,形成平均主义,没有效率就无法激发出员工的积极性和热情,员工持股就没有存在的必要了;如果管理层、技术人员持股过高,亦会影响普通员工的工作态度,所以要有差别。差别要合理,要根据大家对企业的贡献来确定员工持股大小,以及员工持股大小占总股本的比例也应有合理的差别。

(5)政府调控原则。市场调节自己本身存在一定缺陷,同时在我国市场经济不成熟

---

① 杨云霞. 劳动关系中的信任合作原则[J]. 法学杂志,2009(09):93-95.

的情况下,必然离不开政府的宏观调控,我国处在改革开放探索前进的阶段,法制不完善,这会使经济规律的作用受到影响,为此,在推行员工持股的时候,有形的手与无形的手即宏观调控和市场调节相互扶助、相互补充、相互协调,推动员工持股的发展。根据企业的性质、行业的差异,政府制定不同的政策进行调控,循序渐进、稳健地推行员工持股。

4. 立法中应注意的事项。

(1)发挥法律对员工持股计划的引导作用。从国外的员工持股计划实施的效果过来看,他们都促进了经济的发展,从中得出,要想使员工持股计划取得成功,就一定要有统一的法律法规来引导、保障。国家立法对推动员工持股计划的实施、企业改革的成功起着至关重要的作用,因为我国缺少立法的保障,导致员工持股计划数次被叫停,严重阻碍了其发展。所以建立一套法律体系来引导员工持股计划的发展是迫切且必要的。

(2)发挥法律对员工持股计划的风险规避作用。从国外发展成熟的员工持股计划可以看出,员工持股计划本身存在一些问题:①员工持股并非所有的企业都适用;②员工持股计划的实施会给企业带来经营风险;③实施员工持股计划可能导致企业交易费用上升等。为了使员工持股计划在我国健康发展,立法要重视这些问题,发挥风险规避作用。

(3)员工持股计划的立法应具有本土化特征。我国实施员工持股计划并不是市场发展成熟的结果,而是改革所需引进的,其具有广泛性、复杂性和地域性等特征。员工持股计划的实施也涉及到多个行政部门,如果每一个部门发布一个规定,就会造成混乱。为推进员工持股计划的发展,减少不必要的程序和成本浪费,我国根据自己的国情,总结教训、借鉴经验,统一立法,同时不能想着一蹴而就,要循序渐进。

(4)立法应当保持适当的灵活性。任何事物的发展都不是一成不变的,员工持股计划也是。美国所谓的员工持股计划包括员工持股计划、股票奖励计划、股票购买计划、延期支付计划、股票期权等多种形式[1],它随着社会的发展而创新发展。我国经济改革正在如火如荼地展开,员工持股计划作为企业改革的重要手段,对企业发展有重要作用。对于建设员工持股计划的相关法律,我国员工持股的法律应多为兜底条款,应允许和鼓励企业根据自身情况选择合适的员工持股形式,为企业实施在员工持股计划过程中有相对宽裕的活动空间。

(二)完善我国员工持股法律制度的具体建议

1. 员工持股计划的适用范围。

完善员工持股的法律框架,明确可实施员工持股计划的范围,即哪些企业可以实施。以我国国有企业为例,明确哪些国企可以使用员工持股计划,有效促进改革,可以

---

[1] 李士萍. 我国企业员工持股问题研究[D]. 天津大学,2008.

在新时期背景下给员工持股计划推进带来好的开端。现在的国有企业分成两类,既商业类和公益类,商业类具体被分为了商业一类和商业二类。商业一类企业是指在竞争行业和领域的企业;商业二类企业较少涉及到竞争或没有,他们多为负责国家经济命脉等重要行业和关键领域,或承担重大专项任务等,具有特定功能。公益类企业产品和服务价格的制定受到国家限制,它们不自负盈亏,当发生亏损时由政府补贴,保障民生,以社会利益为重。

(1)公益类企业。通常是国有独资企业,这类企业既不适合采用混合所有制,也不适合改组,更不适合推行员工持股,因为在公共政策领域市场与价格机制无法发挥其调控作用,实施员工持股,员工做出的贡献很难或无法界定,有利益输送的嫌疑。

(2)商业二类企业。与公益类国企以承担国家政策为目标不具有商业功能不同的是,这类企业有部分商业功能,其非商业性功能或者称为政策性功能的实现以企业自身发展和经营活动盈利为基础,所以对在市场条件不成熟的情况下或是尚不具备推行混合所有制改革条件的企业,不宜考虑实行员工持股。

(3)商业一类企业。它们已经市场化,追求盈利性经营目标,鼓励其积极推进混合所有制改革,实施员工持股,使企业和员工共享利益。

综上,从国有企业性质和企业规模角度进行分析,可以对员工持股制度的适用范围有一定的认识。因此笔者建议,先在商业一类中推行员工持股计划,中小型企业可积极推行,大的企业循序渐进,如果有子公司或者分公司,可先在那里试行。当然,因为国有企业的特殊性和为避免以前实施员工持股出现的问题,

立法除对实施员工持股的企业经营状况、发展方向等规定一些限定条件外,不再设定类型化限制。因企制宜,多措并举。统筹考虑企业规模、行业特点和发展阶段,同时考虑到国有企业的特殊性,应对员工持股在资金来源、股份来源、退出机制等方面作出严格规范。

2. 员工持股计划的适用对象。

谁持股是员工持股实施中重要的问题,以前员工持股外部化,导致国有资产的流失和企业的不稳定,所以一定要明确谁可以持股。关于这个问题,各地方有详细规定,但是略有差异,比如,广东规定的有公司在册员工、劳动关系不变的外派员工、全资子公司的员工,及母、子公司的离退员工;深圳规定的是必须是内部员工,其他没有详细介绍;甘肃规定的是工作一定期限后的公司在册员工,董事、监事、经理,劳动关系未变员工,公司及子、分公司在册离退员工。广东、深圳对时间没有限定,甘肃对时间有限定。从上述规定来看,员工持股适用对象的立法可从以下几个问题进行考虑。对是否应有工作期限定;子公司、母公司员工是否持股;离退人员是否应该持股。

劳动关系是指用人单位与劳动者之间,依法所确立的劳动过程中的权利义务关系。劳动关系中的对应关系包括劳动者和用人单位,虽然法律对于劳动关系中的主体资格要求严格,但是现实中是复杂的,对于员工持股计划中的员工必须是与企业建立劳动关

系的劳动者。对于退休返聘人员、承包等或者以其他方式与企业建立合作关系的其他个人等,是劳动关系之外的,所以不是企业员工。对于企业的高层管理人员,因为他们对企业的发展有着至关重要的作用,应属于职工持股的对象。这个在我国的政策中已有规定,鼓励技术、业务骨干、管理层持股。根据上面问题及分析,笔者建议:①分公司属于总公司,他们是一个利益共同体,因而分公司员工可以持有总公司的股份;而子公司和母公司都是独立个体,可能存在利益相悖,因此子公司的员工不适合持有母公司的股份。②对于企业员工来说,他们已经成为企业一份子,如果一定要规定在企业工作多长时间后才能持股,易导致员工难以融入企业,同时造成企业与员工之间的隔阂,打击员工的积极性,且违背平等原则,所以不建议设立。③关于离退休人员的持股问题,员工持股是为激发员工的积极性,而离退休人员已不是公司员工,所以不建议他们参加员工持股。

3. 员工持股的持股比例。

员工持股计划应坚持增量利益共享的原则。实施员工持股计划,可以有效地激发员工的积极性,从而增强企业的生命力,创造增量资产。增量资产的产生是员工付出自己的心血和劳动,所以应该享受一些回报。我们必须摒弃短视行为,始终遵循共享增量资产的原则。在持股比例方面,《关于实行员工持股试点的意见》以及各单位的管理制度中都有相应规定。①

笔者建议,法律应确立一个员工持股的资格评定的标准,给一个大致规定即可,然后由企业根据法律的标准自己建立科学的评价体系,企业可以从职工连续工作时间、工作能力、工作价值观、贡献的大小、工作态度和劳动潜在发展的大小进行评估,以确定员工的分配股份份额。员工持股比例,对于员工持股计划的效果有着重要的意义。员工持股比例可分为公司员工之间持股相对比例和占总股本的绝对比例:相对持股比例。如果员工持股一样会造成员工"吃大锅饭",即员工无论干多干少,干好干坏,都不会影响持股分配,存在严重的平均主义,违背了员工股权激励的目的,所以员工之间的持股比例差异不仅是合理,并且是必要的改革,应防止少数高管在员工持股计划中的垄断,其会破坏员工的积极性;普通员工持股过低,管理层过高,会扩大收入差距,激化社会矛盾。企业在操作层面上,要依据员工的贡献大小来确定持股比例。可以适当提高骨干员工持股比例。绝对持股比例。国企改革,国有企业的员工持股,其份额应根据国有企业分类经营状况、员工接受、支付能力等实际因素来考虑进行决定。员工持股比例应由企业自主决定,特别是国有企业,其有充分的市场,企业自己制定适合自己的决策,为自

---

① 《关于实行员工持股试点的意见》规定:员工持股的总比例不能超过25%、个人持股比例不能超过5%。2014年年初航天科工集团制定的《中国航天科工所属四级公司制企业骨干人员持股工作指导意见》中即是按照这一比例制定的相关股比规定,同时规定持股人员不超过本公司员工总数的20%,持股人员总数不超过30人,不允许在上级单位任职人员持有公司股份;腾讯公司员工持股计划大概是占到总股份的17%;百度公司的员工持股接近10%。

己负责。

4. 员工持股的资金来源。

资金是员工能否参加持股计划的重要因素,为了避免员工持股计划被当作是一种融资手段,要遵循自愿原则,反对强制入股。关于资金来源各省规定不同,深圳规定:个人出资;非员工股东担保贷款;公司划拨资金;技术、专利及非专利折价入股。广东规定:个人出资;企业从年度结余奖励基金及福利基金提取时奖励或使员工认购;企业规定的其他方式。江苏规定按一定比例以现金认购股份;改制后的国有企业经同意提取净资产增值部分奖励给管理层及重大贡献人员。

综上所述,员工持股的资金来源主要分为现金、贷款、奖励、技术专利折股、企业按利息提供资金帮助等。员工持股资金来源方式增多了,但是其主要的还是个人现金出资,这一方式也存在一定问题,普通员工的工资低,购买力不足,且传统的保守思想比较严重,并且因自身认知限制对员工持股的发展前景估计不足,不敢冒险去持股,所以员工持股的资金来源仍是问题。

笔者建议,面对资金来源问题,应采用国家企业帮助和员工个人出资结合的方法来解决。具体规范为:

(1)立法明确人力资本问题。员工可以自己选择以不同的方式购买股票,当他以现金购买股票时,就需承担有限的责任;当他选择以人力资本获得股票时,也应当负相应的责任,这个责任的大小根据人力资本获得股票的多少衡量,所以评估人力资本的价值相当重要。据经验评估原则一般包括客观原则、评估方法可行原则、评估制度化原则、多层次评估原则。T. W. 舒尔茨分析得出影响人力资本的有五大因素:①是医疗和保健;②在职人员培训;③正规的初等、中等和高等教育;④成人继续教育;⑤个人和家庭适应于变换就业机会的迁移。这包括求学与工作两大投入,根据教育成本和工作后的表现来考察其价值,可以大致保证其准确。当然,为了保证人力资本入股后承担相应责任,持股员工需要提供保证责任。

(2)保证税收和信贷对员工持股的支持。利用税收、信贷杠杆为员工参加员工持股提供便利,降低员工持股的运作成本。

(3)由国家和企业直接资助员工持股。这是一种常见方法。但是从国有或企业资产中直接提取一定比例向员工配送,这一方法的使用违背了公司法,这样有侵占国有资产的嫌疑,所以人们比较反对这一方法。但是我们不能因噎废食,应用发展的眼光看待问题。公有制企业在发展不成熟阶段,一定会形成一些呆账、坏账和其他问题,企业在清理过程中如有结余资产,可以用以因工资不合理制度造成对员工损害的补偿,按一定比例进行,应当予以肯定。

(4)在员工想持有企业又不想以全资方式获得时,企业可以降低员工薪资,按比例给员工股份。但是现实中,《工资支付暂行规定》规定,工资至少在一个月内支付一次给劳动者且不得以实物及有价证券替代货币支付,所以对劳动法律中有关工资支付等问题可以考虑和公司法证券法适度衔接。

5. 员工持股的股份来源。

企业想推进员工持股就必须有一定数量的股票储备,以备员工持有。《中共中央 国务院关于深化国有企业改革的指导意见》中规定,员工持股主要采取增资扩股、出资新设等方式。增资扩股是指企业向社会募集股份、发行股票、新股东投资入股或原股东增加投资扩大股权,从而增加企业的资本金。出资新设是指公司出资新设立一个公司使员工持股。公司注册登记时,出资额应该是已有股东认缴,可不出资到位。因此,预留的用于吸引人才的股权比例,也应该有人代为持有或者管理。但是,由于发行体制及相关法律法规的制约,我国公司不可能像国外那样根据需要,自行决定是否发行新股或回购股份,股份来源问题成为在我国上市公司推行员工持股的最大障碍。解决这一问题可以有以下几个基本思路:

1)国有企业股东赠送股份预留。《国有科技型企业股权和分红激励暂行办法》中对于股权激励做了相应规定。①

2)减持国有股。方法主要有:国有股配售、股票回购、缩股流通、拍卖、股权转债权。

3)上市公司的大股东为增强企业活力采取激励手段获得的赠与或以优惠方式获得股票。该方式只需获得公司股东大会决议通过,不存在其他政策性障碍。

4)企业为改善不合理结构回购的股票或为实施员工持股计划从二级市场上购买股票。上市公司可以通过自然人购买股票作为员工持股的储备,但是这个方法成本较高,而且能买到股票的数量也较少。

5)还有公司可以发行"虚拟股票",来使员工持股,但是这个需要法律进行明确规范,以防员工利益受到损害。

6. 持股员工的权利与义务。

员工身为劳动者有平等就业和选择就业的权利、取得劳动报酬的权利、休息休假的权利、获得劳动安全卫生保护的权利、接受职业技能培训的权利、享受社会保险和福利的权利、提请劳动争议处理的权利及法律规定的其他权利等。其义务有:劳动者应完成的劳动任务、提高职业技能、执行劳动安全卫生规程、遵守劳动纪律和职业道德等。企业实施员工持股之后,员工的身份就发生了转变,在被雇佣者身份的基础上又加上了企业投资人的身份,其权利和义务除了身为劳动者基本权利义务外,也增添了许多其他权利义务。持股员工的权利有以下几个方面。

(1)显名权。根据股东是否登记在公司的股东名册并在公司的工商注册中登记为准,可分为显名股东和隐名股东。从实践来看,持股员工多为隐名股东,他们的权利一般被公司的管理机构代为行使。法律对此没有详细规定,一般来说,持股员工应享有显

---

① 国有科技型企业以本企业股权为标的,采取股权出售、股权奖励、股权期权等方式,对企业重要技术人员和经营管理人员实施激励。

明权,可自愿放弃。

(2)表决权。员工作为股东有对公司事务进行表决的权利。当员工是显名股东,他有表决权,但是一般公司会约定员工把权利让渡给公司。当员工是隐名股东,如果代持人按照员工股东的意思行使股东的权利,那么其有间接的表决权;如果员工股东不能干涉代持人行使权利,则没有表决权。

(3)经营权。股东是有经营权的,但是实践中员工股东的经营权取决于员工在公司的地位。如果他是管理层人员,则有经营权,而一般员工,大部分是没有的。

(4)收益权。这是员工股东最基本的权利,员工最大的收益来源是公司分红。当然,也可以通过股权转让来获得,但是对于股权的转让,通常公司有严格的标准。

(5)知情权。这是员工股东收益权的重要保障,员工有权去了解公司的经营状况,特别是与自己考核标准相关的经营指标。例如,如果以销售利润来考核技术员工,公司就必须向员工披露销售利润计算的方式及各个要素的数据,如销售收入、销售成本等。当员工成为股东后,也要以自己出资承担有限的责任;应遵守法律、行政法规和公司章程,不得滥用股东权利损害公司或者其他股东的利益。

根据以上分析,笔者提出基于信任合作原则构建具有中国特色的员工持股制度。员工持股作为一种利益分享机制,应基于信任合作原则,并与劳动法结合,给员工持股的实施提供良好的环境。在立法上,对于持股员工的表决权应适当弱化,因为普通员工对公司的经营了解、管控风险能力等不如公司的管理人员;加强信息披露制度的建设,保证持股员工信息的畅通和对公司的监管;同时为了防止公司的控股股东损害员工的权益,应依法成立一个集体管理员工股东的组织,系统地对持股员工权益加以保障。

7. 员工持股的退出。

在劳动关系终结后,如何处理员工股并保障企业和员工的利益,避免发生不必要的纠纷,法律应对员工持股退出做出明确规定。

员工股权退出分为以下 3 种情况:①离职。离职有两种情况,一是岗位变动,新岗位没有实施员工持股计划,原岗位有,调任时要退出原持股份;二是劳动关系不存在了,持股员工要退出原持股份。②被辞退。③身故或丧失劳动能力。各国关于员工股的退出,一般规定员工股可由公司回购,但对转让则不同。美国原则上把员工持股作为对员工捆绑的个人权益禁止转让;英法允许但是有条件,必须满一定期限才可以,如果没有遵守,所造成的损失自己承担。我国在国家层面和地方层面的规范性文件对其转让多为禁止。另外,在无约定或约定不明的情况下,为了避免公司董事、控股股东等利用其优势来压低持股员工的股票价格,使员工所持股份不能以公平的价格得以兑现,建立合理价格退出机制势在必行。

员工持股应做到谨慎操作,循序渐进,实现员工持股有序的发展,同时,要尽量避免利益相关者带来风险,所以对员工持股的进入和退出都要严格。

8. 员工持股会。

当员工持有股票后,对其管理成为了一个问题。在持股员工少的小规模企业中,不需对其进行管理或者是比较容易进行管理,只要符合相关法律和政策就可以。但是对于持股员工众多的大规模企业来说,就需要一个专门的管理机构来管理员工所持有的股份。我国员工持股会是在特殊背景下产生的,为我国国企产权制改革服务的,它是员工持股计划实施过程中直接借鉴的外国经验。作为员工股的管理机构,它负责股份的发行、登记、购入、收益、代替员工股东参与公司管理等职能。每个公司只能设立一个员工持股会,它以其全部出资额对公司承担有限责任。对我国的员工持股会是否具有独立法人资格各地规定不同,当依托工会承担责任,则不具有法人资格,其员工持股会类型属于依托工会的非法人团体;当登记为社团法人,独立承担责任的具有法人资格,其类型属于新设社会团体法人或者企业法人形式。1994年,我国出台的《外经贸股份有限公司内部职工持股企业试点暂行办法》(外经贸计财〔1997〕第188号)确定员工持股会的组织形式,1997年《关于外经贸试点企业内部职工持股会登记管理问题的暂行规定》(民社发〔1997〕28号),正式确立了员工持股会的法人资格。员工持股会有利于员工持股计划的实施,并促进了改革进步。因为员工持股会的任务和作用随着国企改制的完成而完成,存在员工持股会的公司无须清理职工持股会,就可以进行公开发行并上市,上市后持股会继续存在下去出现了很多问题,比如:管理问题,没有具体法律法规对其进行规定;对企业决策的影响;工会成为股东,与其设立和活动宗旨相悖;发行人利用持股会及工会名义发行内部员工股,可能会出现非法集资问题等等。所以2000年起,民政部已不再审批新的员工持股会,如果员工持股会的法律地位一直存在模棱两可状态,那么势必会对利益相关者造成损害,所以法律必须明确其地位。

笔者建议,企业根据自身的发展情况采用适合自己的持股会形式,法律对此不做严格要求,给企业活动的空间。但是有一点必须明确,那就是持股会成立的目的和所应承担的任务。持股会是为管理员工持股建立的,所以要对员工负责,保证其做出的决定是符合员工利益的;同时要建立长期有效的机制,对持股会进行合理的监督,避免损害员工乃至企业整体利益行为的发生。上述提到的员工持股会类型都存在一定弊端,所以本书认为员工持股会应采用信托模式,法律可以对此规定下来,并以信托法作为保障,对作为委托人的员工和作为受托方的持股会之间的权利与义务做出明确的规范。对于持股会的机构设置,要建立会员代表大会制度,明确会员大会是最高权利机构,其下实行双层治理结构即有理事会和监事会两个组织,理事会负责持股会的日常事务,监事会负责监督,两会人员由选举产生,对持股会负责。同时建立持股会章程,对持股会内部日常运行进行指导和约束。

(三)对现有相关制度的修正建议

为了使员工持股计划顺利实施,本书对现行的《中华人民共和国公司法》《中华人民共和国证券法》提出修正建议,修正要遵守授权式规定为主原则、股权收益机制与员工参与机制相结合原则、与国际惯例接轨原则。

(1)对《中华人民共和国公司法》的修正建议：①增强对员工的保护力度。建议修改《中华人民共和国公司法》第一条和第十七条，把必须保护职工的合法权益加入到保护公司、股东、债权人的合法权益中。第十七条第1款和第2款"加强劳动保护，实现安全生产"和"公司应当采用多种形式，加强公职工的职业教育和岗位培训，提高职工素质"等内容属于劳动法调整范围，劳动法已经规定，就可以在公司法中删除了。②为职工股的设置提供便利。例如：修改《中华人民共和国公司法》第二十七条 在"股东用实物、知识产权、土地使用权等可以用货币估价并可以依法转让的非货币财产作价出资"，加上人力资本，明确指出人力资本的评估由法律规定，当公司解散破产时，员工应以人力资本评估的价值出资承担有限责任。③对员工股退出做规定。为促进员工持股计划的稳定发展，避免员工注重短期利益抛售员工股，保护企业利益相关者的利益，《中华人民共和国公司法》补设相关规定，明确员工在劳动关系解除或员工死亡、退休、离岗，员工股应在一定时期不准转移，或者在公司内部转让或被公司回购。④扩大股东的人数。修改《中华人民共和国公司法》第二十四条"有限责任公司由五十个以下股东出资设立"，对于持股员工成为股东，应作出具体规定，扩大股东人数，但是也应有上限。

(2)对《中华人民共和国证券法》的修正建议：①扩大持股对象范围。修正《中华人民共和国证券法》第四十三条，对于不让证券公司从业人员持股，应放开限制，使员工持股计划在金融业起到作用，但是对于《证券法》制定这条规定考虑的问题，"利用职权内部交易"等，在证券法修改的基础上完善信息披露制度，维护投资者的利益，明确违规后的惩罚。②限制员工持股的实施条件。就比说上市公司，不能是所有的都可以实施员工持股，证券法要规定一定的条件，只有到达这个条件，才能实施员工持股计划，才能形成有序的股权交易市场。

(3)对《中华人民共和国劳动法》的修正建议。《劳动法》第五十条规定，工资应当以货币形式按月支付给劳动者本人。根据劳动法制定的《工资支付暂行规定》中也规定，工资应当以法定货币支付给劳动者本人，至少应每月支付一次，不得以实物及有价证券替代货币支付。为了优化员工持股制度，建议修改第五十条，企业可以以股份来作为一部分工资，由员工自己选择。

四、共享理念实现的制度路径之三：确立信任合作劳动关系

如上所述，劳动关系就如复杂生态系统一样，每个参与者之间存在着一种相互依存的关系，而且，劳动关系的演变过程也证实了劳动关系已经进入劳资合作阶段。基于此，本书提出在劳动关系中建立一种信任合作关系，最为主要的是在劳动法中确立信任合作原则。因为，建立劳资合作博弈机制不能单靠企业自身，它不能自动解决劳资之间的"囚徒困境"问题，需要外部的制度安排。实现劳资合作的重要方面是尊重和保护劳动者的合法权益，这要求国家提供完善的法律。在此基础上在企业内实现劳资合作的关键在于解决企业主对劳动者的信任与尊重，以此实现双方的合作关系。

(一)职工参与系统中的信任三维度

(1)职工参与系统中信任维度的构成。关于信任维度,在社会学、心理学、管理学及经济学中对其研究较为集中。Margreet F Boersma 等把信任分为能力的信任、承诺的信任和友善的信任等类型。[①] 罗宾斯(Robbins)提出信任是对他人肯定的预期,认为信任有正直、能力、一致、忠诚和公开5种维度。[②] 我国学者郑也夫指出,"信任可以表现为对自然与社会的秩序(友善的愿望)、对合作伙伴承担的义务(承诺—可靠)和对角色的技术能力(能力)3种期望。"韩小芸等提出信任感是由3个因素决定的,即善意、诚信和能力。[③] 谭涛提出供应链的信任(指双方的信任)包括即能够保持自己的承诺(可靠)、彼此都相信对方所提供的信息(友善)、看到对方获得利益感到愉悦(友善)以及彼此之间值得信任(能力)4方面。[④]

由上论述中可知,确定信任的构成要素有许多,学者们从各自研究的角度提出了自己的观点,分别作出了自己的贡献。这些要素有的交叉,也有的融合。本书在徐学军等人[⑤]归纳的基础上,经过自己的整理,认为职工参与系统中的信任维度可由能力、友善和可靠3个维度来表示。如图3-4所示。

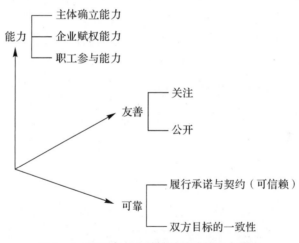

图3-4 职工参与系统中的信任的三个维度

(2)信任各维度的细分。能力维度就是能胜任某一角色的能力维度,它是指参与主体的双方能否胜任该角色。具体是指在职工参与系统中职工一方的参与主体地位能否确立的能力;企业给予职工参与主体赋权的空间能力;职工自身实际参与的能力,包括

---

① BOERSMA F M, BUCKLEY J P, GHAURI N P. Trust in international joint venture relationships[J]. Journal of Business Research,2003(56):1031-1042.
② 斯蒂芬·P·罗宾斯. 组织行为学精要[M]. 北京:机械工业出版社,2003:140-141.
③ 韩小芸,汪纯孝. 服务性企业顾客满意感与忠诚感关系[M]. 北京:清华大学出版社,2003:48-49.
④ 谭涛. 农产品供应链组织绩效研究[M]. 南京:南京农业大学,2004:35.
⑤ 徐学军,谢卓君. 供应链伙伴信任合作模型的构建[J]. 工业工程,2007(10):19.

主动参与意识及参与能力。从能力主体来看，包括企业一方的能力、职工代表参与能力、职工董事职工监事的参与能力、工会的参与能力。

友善维度是指双方关注对方的利益和整体利益以及公开对方所需信息。其中关注具体包括企业关注职工的收益报酬、参与意愿、参与效果等；而职工关注企业的经济效益、企业的文化、企业的长远发展等；公开具体包括职工向企业公开自己的信息以及企业向职工公开参与所需信息，如向职工代表公开企业信息、向职工董事职工监事披露信息、集体协议中的信息披露等。

可靠维度是指双方能履行承诺或契约（即可信赖性）、双方目标的一致性。其中可信赖性包括对企业一方的可信赖性以及对职工一方的可信赖性；双方目标的一致性是指双方共同确立统一的目标（如提高生产率、建立和谐劳动关系等）。

（3）信任是三维度的结合体。信任不是某一维度就能代表的，它是一种多元结构，是三维度的结合体。如一方基于其参与能力被信任，但却可能因其友善程度不够而使得无法实现真正的信任。其中，能力是基础，是实现信任的前提条件；友善是途径，是实现信任的具体路径及过程；可靠是结果，是建立信任的最终目标与预期结果。在职工参与系统中的信任三维度也不例外，在参与者的能力具备以后才能探讨参与问题，而参与的实现需要借助于公开、关注等途径，参与的最终结果或目标则是双方履约。在这一信任三维度中，正如木桶原理，任何一个维度低水平的信任会抵消其他维度的高水平。所以，职工参与系统中的信任机制的建立离不开任何一个维度的发展与完善。

(二) 职工参与系统中的合作行为模型

信任能够增进沟通，提高效率，减少重复劳动，增进合作。正如罗纳德·哈里·科斯 (Ronald Harry Coase) 所指出的雇主对雇员的相关信任关系有利于减少组织内部的交易成本，使组织替代市场。同样，职工参与系统中的信任会产生企业一方与职工之间的合作行为。职工参与系统基于上述信任的三个维度形成的合作行为包括双方共同协商的行为、双方信息披露的行为、如果不履行协议禁止破坏行为、双方利益共享的行为。如图3-5所示。

图3-5 职工参与系统双方主体合作行为模型

(三) 职工参与系统的信任与合作模型

信任是促进合作的关键因素，信任是合作的基础，信任是合作的保证。① 因此，职工

---

① 蒋阳升.供应链关系协调管理研究[D].西南交通大学,2004:37.

参与系统双方主体彼此信任才能高效合作。① 如图3-6、图3-7所示。

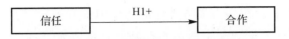

图3-6 职工参与系统信任合作关系简化模型

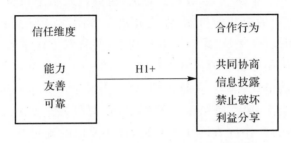

图3-7 职工参与系统信任合作的总体模型

在该模型中,因为合作行为是基于信任而产生的,所以信任与合作行为之间具有一一对应关系,如能力与共同协商相对应、友善与信息披露相对应、可靠与禁止破坏与利益分享相对应。

(四)在职工参与系统中建立制度性信任合作机制

在对信任问题的研究中,顾凡等提出了信任具有人际信任、社会角色关系信任和外在制约的市场信任三种基本形式。笔者认为,职工参与系统的信任属于社会角色关系信任,它是企业职工基于其特定的社会身份(角色)而同企业主之间确立的信任。卢曼(Niklas Luhmann)把信任分为人际信任和制度信任。人际信任是以亲情、血缘、朋友、地域等为基础,并以道德、意识形态等非制度化的东西作为保障,其特点是主体间非常了解,情感是此种信用的根基。而制度信任则是以契约或法律制度准则为基础和保证而确立的,信用关系双方严格遵守信用契约是维系信用关系的关键,它是外在的,以法律的惩罚或预防机制来降低社会交往的复杂性及不确定性。职工参与制度作为现代企业制度下的一项重要内容,应属于制度信任。

职工参与制度中的信任与合作作为一种社会角色信任,不仅仅依赖于单个个体的独特的人格特质,而是依赖于扮演某一社会角色的某一社会群体的整体的情况。另一方面,作为一种制度信任,要求不仅仅是通过个人的道德情感实现信任,而是基于契约或法律机制来实现。所以说,在职工参与系统中建立信任与合作的权利义务约束机制极为必要。②

---

① 参见徐学军,谢卓君.供应链伙伴信任合作模型的构建[J].工业工程,2007,10(2):21.
② 杨云霞,刘向军.试论多维度参与式信任合作模型的构建[J].经济体制改革,2010(6):77.

(五)其他国家立法中的信任合作规范及其借鉴①

信任合作原则在世界很多国家和地区的法律中都有规定,如1978年美国国会通过的《劳资合作法》(即汉夫雷—豪金斯法),鼓励劳资双方采取联合行动,增进劳资合作。在联合国国际劳工组织(International Labour Orgcmization,ILO)的建议书中对此也有相应的规定。如在1960年的(产业级和国家级)协商建议书中,建议各国在全国及产业层级建立政劳资三方对话协商的机制,强化并建立各国政府与雇主及劳工组织间的对话与合作。我国台湾地区"宪法"第一五四条规定,劳资双方应本着协调合作原则,发展生产事业。不过,关于信任合作原则在德国、英国的法律中表现得最为全面。

(1)德国立法中的信任合作。在德国的《企业委员会法》中,明确规定了信任合作原则。根据《企业委员会法》第2条第1款的规定,雇主和企业委员会应该基于信任为雇员和企业的福利而进行合作。值得注意的是,合作要求的确定并不排除雇主和雇员利益的对立,尽管有《企业委员会法》第2条第1款的规定,仍然可以追求各自利益。相反,雇主和企业委员会之间的协作方式被按照企业伙伴关系原则(合作代替对抗)进行调整。很明显,共同决定也意味着共同责任。信任合作原则可以为企业委员会确立义务,即按照《企业委员会法》第99条第1款第1项规定向雇主指出其信息不完整。信任性合作原则在《企业委员会法》中通过具体的权利得以体现:

1)按照《企业委员会法》第74条第1款规定,需要进行协商。②

2)按照《企业委员会法》第74条第2款规定,禁止劳工斗争、禁止进行政党政治活动以及不损害企业流程或者企业和平的不作为义务,这是为企业和平与安全服务的。

3)根据《企业委员会法》第80、90、92、99、102条的规定,以不依赖于存在特殊信息的条件,该法给予企业委员会为完成其任务以一般的告知请求权以及必要材料的原件请求权。只有雇主对于企业委员会主管范围内的所有事物都及时全面地告知企业委员会,信任性合作才有可能。③

(2)英国立法中的信任合作。英国是世界上最早进入工业化的国家,它的劳动法规发展到今天亦是十分的完备。高度发达的工业文明和劳工斗争的历史,使英国的劳动关系从传统的强制、僵化转变为现在的灵活与合作。英国1972年2月公布的《英国劳资关系法实施规则》是规定劳资关系双方间信任合作的典范。它的序言的第一句指出:"本规则的目的在于实际指导,以促进良好的劳资关系。"在这一目的的指导之下,《英国劳资关系法实施规则》把以下两个主题作为该法的基础:一是在雇主和有充分代表性的工会之间,提出以明智的、建设性的方式进行集体谈判的重要作用;二是每个机构建立在信赖和信心基础上的雇主和雇员之间良好的人事关系的重要性。

---

① 杨云霞.劳动关系中的信任合作原则[J].法学杂志,2009,30(9):94.
② 企业伙伴在一个月之内至少举行一次共同协商。雇主和企业委员会对此并且对其他争议问题应该以严肃的意愿为达成一致进行协商,为所附的不同意见提出建议。
③ W·杜茨.劳动法[M].张国文,译.法律出版社,2003:283-284.

在这里,它特别强调了雇主和雇员之间良好的人事关系,而这建立在"信赖和信心的基础上"。换句话说,它指的正是双方之间要相互信任、互相合作,以此达到最终的目的——良好的劳资关系。其实,正如该法序言中所说,在任何企业,管理工作要求有效利用其资源,而雇员则寻求连续受雇、有保证的收入和满意的工作。劳资双方对企业的成功有着共同的利益,否则双方的目的都达不到。但是某些利害冲突也不可避免地会发生。如果有了良好的劳资关系,冲突可以通过认真负责的、建设性的方式得到解决。同时,建立良好的劳资关系是劳资双方共同的责任。他们需要在行政管理、工会、雇主协会和雇员等有关方面进行长期的合作,还要就日常所发生的各种问题进行讨论,并且应当制定法律鼓励并帮助这种合作。①

(六)确定双方信任与合作权利义务体系

职工参与系统作为一种制度性信任合作系统,只有借助于法定权利义务的强制性约束,才能真正实现双方的信任合作。正如涂尔干(Emile Durkheim)在《社会分工论》中所讲:"人们通过契约结合在一起……假如他们想要相互和谐地进行合作,单靠彼此的关系以及对彼此依赖关系的意识是不够的,他们必须在契约的整个有效期内对合作条件作出规定。每个人的责任和义务都必须得到确定……否则在执行契约的过程中每时每刻都会产生碰撞和口角。"②

在职工参与系统中,信任合作机制的建立需要借助以下权利约束机制来实现。

(1)共同协商权。劳资共同协商权是实现劳资双方信任与合作的首要权利。如德国魏玛宪法中创设出三级协商体系:上层是国家层级的劳资利益代表协商,中层是地区性的劳资利益代表协商,下层是以企业单位为基础的劳资代表协商。我国在集体合同及平等协商制度的完善中对此可有所借鉴,但是并非进行简单的制度移植或制度模仿,应遵循功能移植优先原则。因为只有得到有效支持的制度才富有生命力的。

(2)禁止破坏权。确定这一权利旨在保护雇主的利益。从当前解决劳资纠纷的手段来看,除了采用协商、调解、仲裁、诉讼等方式以外,不排除有些劳动者以及群体采用破坏生产资料、罢工、游行示威等较为极端的方式试图解决问题,这一做法非但不能解决纠纷,反而引发更大的社会不安定,因此,在劳动法中规定禁止破坏权具有重要的现实意义。

(3)信息共享权。信息共享权包括资方的知情权与劳方的知情权。资方的知情权,主要是指用人单位了解与劳动直接相关的劳动者的一些基本情况的权利,包括了解劳动者的知识技能、学历、职业资格、工作经历以及部分与工作有关的劳动者个人情况,如家庭住址、主要家庭成员构成等。劳动者的知情权,总的来说应是劳动者对于其可以平等、自愿、公平实现劳动权利有关的一切条件和因素有真实适当的知晓的权利。从传统

---

① 外国劳动法选:第3辑[M].北京:劳动人事出版社,1987:668.
② 涂尔干.社会分工论[M].北京:三联书店,2000:171.

来看,主要包括对所在企业的基本情况以及相关法律法规的知情权。从现有的规定来看,其范围已经被大大扩展。如欧洲公司法章程草案规定,行政董事会或管理董事会必须至少每3个月通知代表欧洲公司劳动者的独立机构有关公司的业务进展,包括由其控股企业可能对欧洲公司的经营产生重大影响的情况。独立机构还应该具有获得股东大会提供的文件的权利。①

(4)共同决策与共享利润权。实现劳资双方共同决策与共享利润,是实现劳资信任与合作的经济基础,也是实现信任与合作的平衡权利配置,只有这样,才能彻底改变劳资之间经济利益相差悬殊的格局,实现劳资之间真正意义上的双赢。只有劳方对参与企业经营与决策,才能真正地实现劳资之间的合作伙伴关系,达到劳方对企业的关注。

(七)完善信任与合作机制

信任合作关系的建立并非一蹴而就,需要借助于一定的机制得以实现。

(1)确立并完善三方合作机制。在协调劳资关系方面,我国当前已经建立了三方机制、集体谈判、平等协商制度。这些合作机制的运行基础首先是劳动关系主体健全、享有平等协商和集体谈判以工资为核心的有关劳动关系问题的自主权利,即劳动契约自由。但目前我国的劳资团体均存在自治能力不足的问题,如作为一方主体的工会的半官方性质,使得工会作为三方机制中的一方缺少自己独立的立场,而对政府表现出或多或少的依赖性,其所发出的声音在一定程度上代表着政府的意愿,同时对所在企业的依赖性,使其将维护企业利益作为职责之一;而作为三方机制另一方的企业联合会尚处于发展期,很多地区甚至还没有建立相应的机构,或者是机构还没有真正发挥其职责。而且,上述机制的建立基本上是因应立法所规定,缺乏劳资双方自愿性参与的理念。同时在这三方参与决策的过程中,制度上的设计仍然是由政府主管机关主导并作最后决策,因此,这些制度是空有架构,并未有真正的对话,更不用说劳资双方实质参与的功能。同时这些制度的设计也未考虑平衡原则,大体是以政府部门代表为主体,因此其对话效果有可能只为政府政策左右,或是易于受到某一方的干扰或操纵,而使原本的对话合作功能被个别团体的利益所掩盖,难以真正达成顾及劳资双方利益,又能兼顾国家经济及社会政策的健全发展的目标。所以,当前亟待解决的问题是培育劳动关系主体,在企业层面,强化工会参与功能,加强工会参与能力;在国家层面,培育成熟雇主协会,提高合作效率。

(2)确立一种利益平衡与利益分享机制。在我国当前的劳动关系中,其突出的特征是主体之间利益的失衡,所以有必要建立一种经济利益平衡系统。这一点德国的一些经验可以借鉴,如德国联邦政府通过累进税缩小资本拥有者和劳动者之间极为悬殊的收入差距,在社会保障中通过立法和行政手段,在社会领域通过社会再分配缓和劳资关系,以解决劳资双方经济利益失衡问题。在我国现有的法律制度下,平衡劳资双方利益

---

① 凯瑟琳·巴纳德.欧盟劳动法[M].付欣,译.北京:中国法制出版社,2005:557.

关系的制度还有所欠缺,借助职工参与制度尤为必要。建立一种劳动者参与经营决策、参与利益分享的制度,也是当前企业治理制度中民主化与社会化背景下的大势所趋。只有这样,才能真正确立劳资双方信任与合作的经济基础。

(3)完善劳资争议解决机制。包括早期争端化解的方法和机制,以及事后的调停、斡旋机制。我国现有的劳动争议解决机制存在着许多问题,如企业劳动争议调解委员会的虚设、劳动者维权成本高、仲裁时效短等,基于此,我国目前正在起草制定相应的劳动争议调解仲裁法。未来我国劳动争议处理体制可以做以下调整:重构法定调解制度,即在坚持自愿原则的前提下,设置新的行政调解制度,这样既可以确保调解制度的独立性、权威性,又能够发挥行政机关长期以来处理劳动关系的经验优势和队伍优势;调整裁审关系,即在做实劳动争议仲裁委员会的基础上,借鉴外国经验,将小额纠纷纳入到强制仲裁渠道,一裁终局;设置一些配套制度,如用仲裁的灵活和司法的公正导流案件,借经济杠杆调节资源利用,以时效制度促进争议及时解决,通过执行与监督措施确保处理结果的严肃性、合法性等。

五、协调机制:完善政府主导型劳动关系

劳动关系是一个复杂的社会经济系统问题,要加强对劳动关系的治理,实现共享理念,政府必须在劳动关系的协调机制中发挥主导作用。

(一)我国劳动关系的模式界定

根据现代世界各国劳动关系的实际情形,学者们将其归纳为以下几种具有代表性的模式。①

(1)斗争模式。根据马克思主义劳动关系理论,无产阶级夺取政权将工厂、土地及一切生产工具公有,同时要消灭资产阶级。

(2)多元放任模式。美国的劳资关系与大部分欧洲国家完全不同,美国欠缺中央级的工会组织,又因为人种复杂,劳动者团结性欠缺,工会又倾向于以短期利益换取长期利益,基本上不受政府统合,因此可另成一类,归类为多元放任模式。

(3)协约自治模式。该模式中包括劳资抗衡模式和劳资制衡模式。

(4)统合模式。以美国学者邓洛普在其著作《产业关系体系》中对劳、资、政三者的政治、经济关系的研究为基础,在现有的研究中,将统合模式分为国家统合、社会统合与经营者统合三大类。有学者认为,我国劳动关系基本上属于这一模式。如图 3-8 所示。我国现阶段劳动关系是否属于国家统合模式呢?可以通过以下几方面分析界定。

1)政府对企业劳动合同采取干预的态度,并且对集体劳动关系予以压缩。在工会方面,要求强制入会,采取一元工会制,在工会领导的产生及其他事务上,政党的力量介入较多,所以工会的自主性非常有限。在雇主团体方面,政府与产业界的关系密切,产

---

① 黄越钦.劳动法新论[M].北京:中国政法大学出版社,2003:68.

业界对政府的影响力量较大。

2)以劳动法为核心,公权力对劳资双方的劳动关系直接介入、干预、管制,为贯彻政府的统合力量,甚至以刑事制裁手段对违法者予以制裁。

3)在劳动、安全、卫生与劳动监察方面,采取官僚本位主义,欠缺工会与劳动者的参与。

4)在社会福利方面,本应是在社会安全观念下政府对劳动者的给付关系,但在统合观念的影响下,却将社会福利规定为雇主责任和政府对劳动者的恩惠。

5)在劳动市场政策制定方面,政府更多地关注社会经济发展计划,而对劳动者利益的关注则较少。

基于上述分析,我们认为我国现阶段企业劳动关系并非国家统合模式。但从主体资格上看,仍存在着部分缺失,如企业层面的工会的缺失,地区层面雇主组织的缺失。其中企业工会的主体缺失导致企业层面劳资双方力量的不均衡以及企业主对劳动者的主导状态,地区层面雇主组织的缺失导致三方机制中缺乏对话机制,使得冲突的协调机制在地区层面中断。①

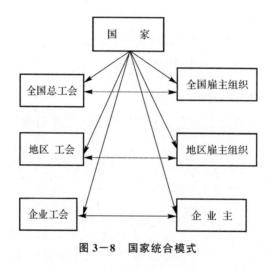

图 3-8 国家统合模式

(二)协调机制的选择:完善政府主导型劳动关系

亟待协调的我国企业的劳动关系面临这样的背景:①重资本轻劳动的国际大环境;②极为严峻的劳动力供求矛盾;③劳资双方的力量失衡,引发诸多劳动冲突甚至已经演化为社会矛盾。基于上述对企业劳动关系属于国家统合模式的界定,建立政府主导型的更加体现市场化和法治化的劳动关系协调机制成为解决问题的基本思路。

如何完善政府主导型的企业劳动关系协调机制呢?这里有必要对世界主要发达国

---

① 秦晓静,杨云霞. 我国私营企业劳资关系协调机制分析[J]. 西北大学学报(哲学社会科学版),2006(3):51.

家政府在协调劳动关系中的做法给予简要的介绍。美国政府在协调劳动关系中的出发点是均衡和制约,主要是通过建立完备的法律体系,包括有关劳资关系的各种标准的立法和劳动关系调整机制的立法。德国主要是建立稳定的"社会伙伴关系"。

基于我国现阶段劳动关系失衡与冲突的现实特征,结合国家统合模式的界定,以及借鉴国外政府的相关做法,在私营企业劳动关系中建立均衡与制约机制极为必要,这也是协调私营企业劳动关系的主导思想。①在社会层面,基于劳动者一方的弱势状态,应给予其扶持与倾斜性的保护。一方面,从劳工政策、经济政策、法律手段及行政手段上给予扶持,如针对劳动力市场中的垄断因素,政府采取反买方(雇主)主导的政策等。另一方面,在舆论上给予导向性的引导,并赋予劳动者以话语权。②在企业层面,基于资方的强势给予相应的制约,政府应严格执法,不再放任企业的违法行为。③在地区层面,针对雇主组织的弱小及不成熟,政府应给予相应的扶持。最终实现平衡与制约。

在完善政府主导型劳动关系的过程中,当前政府的主要有五项任务:①加强政府主导下的立法建设,包括劳动合同法、集体合同法、劳动标准法等。②完善劳动合同制,在恢复劳动合同自主协商的本来特征的基础上增强其约束,提高其强制性和权威性。③进一步建立并完善集体协商和集体合同制,主要增强参与双方的主体能力,扩大其覆盖面。④完善劳动争议处理机制,加强调节机制主要是行政调解,以体现政府的主导作用;实现仲裁的专业化和职业化;建立仲裁为主司法救济为辅的处理机制,将集体争议的性质加以区别,分层处理,最终建立快捷、低廉、人性化的、和谐的处理机制。⑤完善三方机制,主要是拓展三方机制的职能,通过社会对话资源的挖掘,增强三方的代表性,建立具有时效性和强有力的运作模式。通过上述几项任务的实现,最终建立起更加体现市场化和法治化的私营企业劳动关系协调机制。

在这里,要纠正两种错误的观点:①契约自治,也就是认为劳动关系的双方应以契约自由为基础实现契约自治,禁止政府对劳动关系的介入;②政府应承担绝对的居中裁决者角色,对劳资双方不应有所不平衡。这两种观点在我国现阶段私营企业劳动关系的协调中影响很大,如果一味发展下去,将会加剧私营企业劳动关系的失衡状态。

总之,在建立并完善政府主导型协调机制的过程中,政府应充当劳动关系双方力量及利益协调的调节器,维持劳资力量的均衡性,主要是通过发展壮大工会的力量,保证纠纷双方力量的平衡,避免劳动者个人直接对雇主的态势出现。在调节手段的运用上,应法律手段与行政手段、经济手段并用。①

(三)协调机制的发展趋势:政府主导向自主协调机制的转变

在劳动关系模式的发展趋势上,"国家统合"模式只能是一种暂时的状态,随着社会结构由大政府小社会向大社会小政府的转变,以及民主化程度的进一步提升,建立社会

---

① 秦晓静,杨云霞. 我国私营企业劳资关系协调机制分析[J]. 西北大学学报(哲学社会科学版),2006(3):52.

统合模式将是劳动关系发展的必然趋势。而劳动关系的模式的转变,相应带动协调机制的转变,即由政府主导向自主协调机制的转变。这种转变的完成,依赖于各种社会力量的努力,但最为根本的是应实现私营企业从古典的产权制度向现代产权制度的过渡。①

六、社会主义协商民主:劳动关系软法化路径②

从法理学以及立法例的角度来看,法律可以分为硬法和软法,前者是指由国家强制性适用的规则部分,后者是指国家倡导性适用的规则、原则部分,扮演着立法价值的角色。一部法律可以说是两者占比不同的一种有机组成。但是硬法与软法在一个部门法内的比重是可以随着法治体系、治理体系的不断丰富完善而随之展现出相应的变化的。法治程度越高,治理体系越成熟,软法所占的比重就会越大。这是因为软法作为一种价值体现在民主的追求倡导,重在激发、培护一项法律对于人的内在约束力,这股约束力主要通过民主化过程加以集中和引导,而硬法则以国家强制力替代履行之。

从宪法史角度来看,软法形成的核心要素就是民主。公民的民主权利要求最初是在国体、政体上的政治参与权利反映出来,随后是对社会经济性权利的要求,最后是在晚近产生的人权方面。这其中法律是固定民主权利成果的手段,也是连接国家、政府与人民、公民之间的天然链条,这使得民主和法治紧密相关,民主国等同于法治国,而理想的法治国也必然等同于民主国,由此可以说,法律本身是有民主"含量"的。在这个法律链条上,从权力的产生——宪法、行政法等代表的公法到权力的运用——经济法、社会法再到权力的边界——个人意思自治为主的民商法,其中的民主含量可以说是依次递减并主要通过法的内在约束力体现出来的,从而也间接决定了该法的适用能力与约束能力的强弱。民主含量高的法律,内在约束力即强而优先,则国家强制力沦为次级手段。如宪法行政法等法律总体上是依靠公民自觉遵守的,否则若每个人内心皆不服从其中规定,全凭国家强制手段适用,势必将引起社会动荡,因此硬法在这些法律中占比是不高的。反之,需要国家强制力救济的法律内在约束力较弱,如民商法领域中硬法部分是比重较高的。硬法上的权利是无可协商性的,就是固定化的利益。二者的关系:软法所要实现的利益量灵活变动无法固定,但却可以民主化引导,只是这种民主化引导一定要建立在相关硬法性权利基础之上。

劳动关系领域里以劳动法劳动合同法和工会法等为例,三者中硬法占了绝大比重劳动法中的劳权构成了展开劳动者协商、工会协商的法权起点,但整个协商过程却是硬法性的,导致在调节新时期涌现的劳资利益时在不同程度地受到挑战。现行劳动合同

---

① 秦晓静,杨云霞.我国私营企业劳资关系协调机制分析[J].西北大学学报(哲学社会科学版),2006(3):53.
② 曹坤鹏,杨云霞.劳动关系软法化的补充:社会主义协商民主,中共杭州市委党校学报,2020(1):84.

法关于劳资博弈协商的规定就备受争议。董保华认为政府一家独大,压缩了劳资双方的协商、博弈空间。① 现行劳动合同法中固定的治理体系是在"资强劳弱"前提下,政府运用规制手段直接干预劳动关系并进行利益配置的,这被认为压制了劳资双方的谈判力量,从而使得理论上的劳资博弈格局变成了实质上的政府分配格局。除此之外,集体谈判主体之一的工会当下也面临着"四化"风险和脱离群众倾向,毫无疑问也将压缩劳动者的集体协商空间。

《中华人民共和国劳动法》确立的标准劳动关系也遭到巨大挑战。随着经济和科技等领域的日新月异,传统标准劳动关系越来越受到新型劳动形式的冲击,使得传统标准劳动关系不能调节的相关利益大量"溢出"。于此种溢出利益的争议主要体现为两种:"一是立法中的争议。是纳入劳动法的范畴,还是以民法上的合同关系来调整,或是选择第三条道路。二是司法中的争议。分享平台与劳动者之间该如何界定其关系,在美、英等国司法领域中表现出了明显的观点冲突,Uber公司同类案件的不同甚至相左的判决结果即是明证,在我国亦是如此。"②

笔者认为这仍是属于劳动法范畴内的硬法与软法之间转换的过渡,尚未到达完全脱离劳动法射程的地步。一方面,劳动法本身处于公法与私法之间的经济法和社会法部分,民主含量较高,并且当下劳权利益的争议虽然散乱但仍有群体化、组织化的趋势。这样一种公共性特征就决定了增加劳动关系的民主含量以促进其软法化是主流趋势。另一方面,随着技术革新及互联网技术的发展,纵使劳动者的观念和就业方式均出现了灵活化和自由化趋势,劳动关系的从属性明显减弱,但远远未消失,因此劳动者利益诉求的法权基础仍应当以劳权为主。而工会在民主化领导方面具有制度优势,因此如何调整吸收这种动态的、组织化的溢出利益是新时期工会面临的一个重大命题,也是其肩上不可推卸的重大责任,增强工会的组织化、民主化能力将日益增多的群体性纠纷吸收整合成软法力量,正是软法在调节这种动态的利益方面具有硬法所不能及的法理优势。③

(一)我国劳动法律关系中的软法及其民主政治要素

我国劳动法律关系中具有民主要素,同时民主也是劳动关系的软法与政治要素,民主在软法中具有精准的法理学表达。罗豪才、宋功德认为:"'硬法'是指那些需要依赖国家强制力保障实施的法律规范,而'软法'则是指无需依靠国家强制保障实施、效力结构未必完整但能够产生社会实效的法律规范。"④可见二者的区别在于硬法由国家强制

---

① 董保华. 劳资博弈之道:兼谈劳动合同立法博弈中"强资本、弱劳工"的观点[J]. 社会科学家,2009(1):9.
② 杨云霞. 分享经济下劳动法的困境与选择[J]. 学术前沿,2018(5):80-81.
③ 曹坤鹏,杨云霞. 劳动关系软法化的补充:社会主义协商民主[J]. 中共杭州市委党校学报,2020(1):81.
④ 罗豪才,宋功德. 认真对待软法:公域软法的一般理论及其中国实践[J]. 中国法学,2006(2):4.

力实施,软法则自动具备社会实效性。

张龑从实证主义法学角度给出了软法的更为精细化的法理构成,认为软法在满足法的整体上的规范性、实效性前提下,在约束力与强制力方面区别于硬法。具体而言,法的核心属性是规范性,由两个要素构成:效力与约束力。其中效力来源于法体系内,决定了一个规范是否属于法律规范,而约束力指向法体系外,表明规范在社会上的可实现性、规范性继而催生法的义务。硬法一般依靠强制力保障其约束力,但是软法虽缺失强制力却仍然具备约束力,此种约束力的来源,是符合人们日常行为模式的"常规",故而软法是规范性与常规性的结合。[①]

综上所述,软法之所以区别于硬法就在于具有"自动化"特点,明确其法理本质需建立在厘清软法与硬法、软法与习惯的两个关键性区分上。软法来源于从效力到约束力的直接实现,其中无需借助国家强制力的手段,这使其区别于一般硬法。依凯尔森之见,可以脱离道德评价的国家所颁布的纯粹法学体系已然代表应然(即具备效力)之意,故而社会中的实然状态都具有实现这种应然化的趋向,这种自动化的趋向就可理解为法的内在约束力。而社会上如果没有这种自动"趋向"力量,则约束力的实现一般依靠国家的强制力代替之,这种法的(对内)效力外化实现的过程可称之为法的(对外)实效性。但是软法存在的一个大前提就是必须具备纯粹法体系内的效力来源,要经得起合宪性审查。这种源自硬法之内的合宪性来源是软法所以为法而非习惯的根本因素。所以,软法是建立在由强制力保障的主权国家法体系内,但不借助于国家强制力手段而凭借约束力所实现的法之规范性维度。劳动关系与社会主义协商民主之所以具有软法形态就是具备了软法的两个要素,即合宪性效力与内在约束力。

同时民主程度是决定一项法律内在约束力大小的关键因素,从这个角度上来讲,民主与软法具有同等的含义。软法的形态具有很多种,包括社会舆论、文化风俗、习惯等,但就劳动关系而言,起到主导性约束力量的仍然是已经存在的产业民主,正是从这个切点切入,社会主义协商民主作为软法形式对于劳动关系产业民主的补充、强化作用可以说是明显、有力且具有中国特色的。

1. 劳动关系软法化的合宪性效力来源:劳动权。

不同部门法之间关于劳动权的用法存在差别。宪法学者认为《中华人民共和国宪法》第四十二条"中华人民共和国公民有劳动的权利和义务"可以概言之为"劳动权";而劳动法学者则认为"劳动权"所指的是《中华人民共和国劳动法》第三条:"劳动者享有平等就业和选择职业的权利、取得劳动报酬的权利、休息休假的权利、获得劳动安全卫生保护的权利、接受职业技能培训的权利、享受社会保险和福利的权利、提请劳动争议处理的权利以及法律规定的其他劳动权利"等。很明显,劳动法意义上的劳动权(学界称之为劳权)当然是在符合合宪性要求的基础上对于"公民"劳动者群体范围进行限缩之

---

① 张龑. 软法与常态化的国家治理[J]. 中外法学,2016(2):319-322.

后的法律结果,使其劳权主体仅局限于进入劳动关系并满足"指挥—服从"从属性管理模式的劳动者。而宪法劳动权的内涵也远非单薄,有学者就认为宪法劳动权包含了自由权、社会权二重特性。① 笔者以为自由权与社会权存在于市场机制之外的个人和社会层面,但是劳动关系存在于市场机制之内,劳动者直接参与企业经济利益的分配,在初次分配和再分配中都是处于权利主体地位,因此在调节市场经济法律的经济法层面上,宪法劳动权还应具有经济法中分配权维度。也正是这样一种分配权基础使得劳动者得以与劳动力使用方进行正当的博弈。学理上集体劳权中的参加工会权、参与民主管理权、平等协商和签订集体合同权等均能体现出前述经济法权内涵。

正是以宪法劳动权为总纲,以自由权、社会权、分配权等权利合理扩充的劳动法意义上的劳权才构成了劳动法律关系软法化的合宪性效力来源。也正是以带有自由权、社会权、分配权为合宪性维度的劳权才奠定了劳动者在进入劳动关系中得以与雇主相抗衡、博弈的法权基础,并预设了劳动关系软法特性的逻辑起点。

2. 劳动法律关系的内在约束力生成趋势。

劳动关系可以分为个体劳动关系与集体劳动关系,相对应的权利形态就分别是个体劳权和集体劳权。其中个体劳权与企业产权、经营权是处于名义平等而实质不平等的地位的,集体劳权是对这种不平等最终的矫正。新时期劳权的一些自发性生成的制度路径开始显现并使得硬法对于调整传统劳动关系成本较大而无可置喙,从而构成了软法形态中的第二个特性:内在约束力。

(1)集体劳权形成路径的自发性。常凯认为:"集体劳权相较于个别劳权在劳权的实现方面更有意义,集体劳权可以形成一种社会机制,使劳动关系获得平衡。从而市场经济各国对于社会劳动关系的调整,普遍都是以个别劳动关系为基础,以集体劳动关系为重点的。"② 也就是说集体劳权在矫正劳资双方不平等地位中的作用是最大也是最根本的。而集体劳权的实现之所以是软法形式而非硬法形式的原因之一就是其必须依靠劳动者集体权力意志的自发形成。常凯认为我国劳动关系从个体劳权向集体劳权的转向是一种必然趋势,而这种过程又将是自发的:"劳动关系集体化需要工人的积极主动参与,构成一种自下而上趋势内在的推动力。但是这需要劳动者层面于集体意识的醒觉,也只有在劳动者意识到要为改变现状而采用集体行动时,方能促成集体劳动关系的形成。"③

因为这种自发性形成这是我国集体劳权形成的必然趋势,在这个阶段中,集体劳动关系法律中的劳动者自身将逐渐超越以往"被代表"和"被保护"对象的阶段,而直接成为利益博弈的行为主体。这样一个自下而上的、动态性的由利益而权利的协商、谈判阶

---

① 王德志. 论我国宪法劳动权的理论建构[J]. 中国法学,2014(3):81.
② 常凯. 劳权本位:劳动法律体系构建的基点和核心:兼论劳动法律体系的几个基本理论问题[J]. 工会理论与实践,2001(12):14.
③ 常凯. 劳动关系的集体化转型与政府劳工政策的完善[J]. 中国社会科学,2013(6):101.

段就是一个争取其合理集体劳权的自发性制度路径,这是我国实现集体劳权转向的必经之路,而在个体劳权方面发挥调节作用的外部行政力量以及硬法的直接配置力量在实现集体劳动关系力量对等的过程中将不再发挥直接的主导作用,将代之以发挥间接的基础作用,并以促成国家倡导的"劳资自治"为目的。

社会主义协商民主将作为劳动者实施其协商参与权的主要软法形式发挥直接的法律利益调节的主导作用。原因在于个体劳权基础上的劳动关系是"指挥－服从"模式的不平等劳权关系,集体劳权将会是对于这种不平等的一个矫正,但是从个体到集体的一个重要的矫正过程就是以实践中劳工有组织的力量为基础的,这种力量只能自发而不能硬性规定的。而我国目前工会虽有组织形式,但是其所实际代表的组织化力量尚且薄弱,更强大的组织化力量只能借助于劳工阶层相应的集体意识与工会意识并由此融入到工会的组织化集体行动方能促成其实现。在市场经济条件下,劳动者集体意识的形成和集体行动的出是一个缓慢的历史过程,因为在这个过程中我国这种集体组织化力量尚未成熟所以直接规制式的硬法将难以发挥作用,民主是促进组织化力量发展的关键要素,所以引导这种组织化状态发展到成熟的必然是软法形态。

(2)个体劳权利益纠纷的群体化与公共化趋势。决定劳权形态转化的核心仍然是利益。权利具有固定化特点但是基于权利的利益却是流动的,因此如果将个体劳权向集体劳权的转向视为利益的质变的话,那么在这个过程中必然存在一个利益的量变的环节,硬法所调节的是显性的质变状态,而软法调节的就是隐性的量变状态。近期劳动领域发生的群体性事件也都是围绕这个量变利益的争夺而展开的,并且这种群体性利益纠纷逐渐呈现出自发的组织化趋势,具有较强的公共性,如果不通过工会加以民主化引导的话,对社会将产生较为严重的负面影响。有学者总结劳资群体性事件的主要表现为:集中爆发趋势、引发原因多元化、表现形式多样化、工人的组织化程度不断提高等特征,而且以经济诉求为主,不涉及反动的政治诉求。[①]

可见在微观上,劳动法律关系的转向除了体现在个体劳权—集体劳权转向之外,还体现在个体劳权—权利利益的转向上。但是应当承认,近期出现的劳资群体性事件也是市场经济条件下和法理条件下正常的劳资利益冲突表现形式。即立足于现有法权规定,在满足劳动基准的条件上,劳动者有权向雇主追求更高的经济性、社会性利益,这些利益的合法性来源就是劳动权中的社会权与分配权维度。基于这种标准之上的利益诉求,虽尚未达至硬法标准化固定的地步但如果具有合理性也应当予以保护,只不过其具有高度实现上的灵活性。这些客观现象已经表明劳资群体性事件应该定性为公共性的利益争议,而并非是固定化的权利诉求,这就使得以权利保护为目的的硬法无所适从。面对问题是解决问题的第一步,承认劳动者的多元化利益,也是我们解决劳资利益化冲突的第一步。显然,面对日趋严重的公共性问题,将之纳入工会的民主化制度中才是当务之急,硬法不可能直接决定一个组织的民主程度,所以如何将这种群体性争议组织

---

① 吴清军,许晓军. 中国劳资群体性事件的性质与特征研究[J]. 学术研究,2010(10):61-63.

化、民主化的整合到工会中是软法的最主要目标。

3. 软法化民主力量的实现:工会与产业民主。

"哪里有党的权力,哪里就应有民主基础",党领导下的协商民主对于企业而言早已具有深厚的制度根基,这就是劳动关系中工会作为重要参与主体发挥作用的产业民主。产业民主又叫"工业民主",包含劳资民主与工会民主,被认为是我国宪法与劳动法律的重要价值追求,前者包括工会代表劳动者与资方进行集体协商、谈判,后者则体现为促进劳动者在工会内部充分实现自治化。劳动关系的软法化基础就体现在工业民主形成的约束性力量。可见工会是落实工业民主的纽结所在,同时工会也是我党深入领导基层治理体系的重要堡垒。正是由于这个原因,工业民主体现出较强的政治性和民主化色彩。

(1)政治性体现在社会主义民主政治制度确认了,作为职工自己组织的工会在国家政治体制中的重要地位和组织企业民主管理的地位并拥有法律保障。使得在面对个体劳权利益的纠纷时,工会有义务吸收解决这样一种群体性行动。可以说民主政治建设,加重了工会在参与国家、社会和基层事务管理中的责任,赋予了工会充分发挥作用的民主权利。最后,工会的社会主义民主政治建设的角色重要性在于它是党和国家密切联系群众的重要渠道。这是关系到职工当家作主的大事工会不仅是民主管理的参加者,还是主要的建设者。

(2)民主性体现在工会是职工群众的代表者,这里面的核心问题就是工会怎样代表群众。工会的民主性首先体现在它是党领导的工会,有党的地方就有民主。如果不能最大化代表职工甚至抑制了这种代表机制的作用,那么党政组织同工会的关系就无从谈起。归根结底就是说,工会的职工利益代表问题是工会民主政治职能的核心,这也是党的十九大中强调将社会主义协商民主贯穿企业层面的原因。工会代表和组织职工群众行使民主权利,参与政府和企业的管理,使得重要问题的决策民主化,有了群众基础,这样在参与管理的过程中,工会才会协调各方面利益关系的矛盾和冲突中起到了桥梁和支柱的作用。[①]

(二)产业民主的协商化:作为软法的社会主义协商民主

社会主义协商民主(以下简称"协商民主")嵌入社会治理体系的法权化路径所要遵循的一个重大原则就是保持与原有治理制度逻辑的兼容性。劳动关系中的治理制度的逻辑体现在工会是我国劳动相关法律中唯一规定的员工主人翁地位的代表者,同时也是实现企业民主管理、集体协商的参与主体,因而也是员工参与企业管理、与雇主协商的唯一组织形式。这也意味着工人阶级群众在社会主义民主政治建设中的作用通过组织才能实现,工会的各级组织必须要代表着职工与国家及企事业单位进行行政和商业

---

① 曹坤鹏,杨云霞.劳动关系软法化的补充:社会主义协商民主[J].中共杭州市委党校学报,2020(1):84.

对话,对关系着职工权益的问题要有代表职工的立场、态度和声音。

在新时代国家治理体系现代化背景下,协商民主能够与劳动关系软法化保持耦合的另一个原因在于其本身也具有软法结构。同时,党的群众路线透过工会这个产业民主中的枢纽继续在领导劳资民主时发挥重要作用,这可以说是协商民主嵌入劳动关系的重大制度支撑。并且协商民主还在两者法权结构耦合的基础上对于劳动法律关系有所超越与补充,而最终体现出指导性与先进性。

1. 社会主义协商民主的效力之源:宪法规定的民主集中制。

协商民主的来源是民主集中制,集中处理的就是民主与集中的统一性问题。民主集中制是我国《宪法》规定的总的、一切的合法性来源。作为党和国家共同的组织原则和活动原则。宪法第三条认为民主集中制的本质就是体现了民主,这也是《宪法》所确定的一个根本性的国家权力配置的原则。

在我国,共和政治既体现为国体上的共产党领导的多阶级联合统治,也体现为政体上的民主集中制。毛泽东曾说:"国体——各革命阶级联合专政,政体——民主集中制。"①习近平曾在讲话中强调贯彻执行民主集中制是全党的共同政治责任:"坚持和完善人民代表大会制度,必须坚持民主集中制。民主集中制是中国国家组织形式和活动方式的基本原则。"②党的十九大报告中也进一步明确:"完善和落实民主集中制的各项制度,坚持民主基础上的集中和集中指导下的民主相结合,既充分发扬民主,又善于集中统一。"③

但是如果缺乏制度规范和程序过程,民主与集中的关系是很难处理的。所以协商民主所起的作用就是在政治上强化这个制度重要性的同时,在机制上强化其可运作性,使得民主与集中辩证统一起来。可见,协商民主对于民主集中制的作用可以说是固本培元的。

2. 社会主义协商民主的内在约束力体现:以人民为中心的群众路线。

以人民为中心是协商民主的重要内涵,自党的十八届五中全会首次提出以来已是新发展理念必须要遵循的基本原则。坚持以人民为中心的发展原则就是要坚持人民主体地位,充分尊重人民的权利、经验、意愿,社会主义协商民主正是这几点的集中体现。

因此,坚持以人民为中心就是遵循人民民主根本思想同时也是贯彻社会主义协商民主的重要指导依据。坚持以人民为中心的发展思想,也正是区别于西方协商民主理论的重大特征之一。主要包括:在目的上坚持一切为了人民,主体上坚持一切依靠人民,在方法上坚持一切从人民的需求问题出发,并在效果上坚持一切由人民检验等等。④

---

① 毛泽东著作选读:上册. 北京:人民出版社,1986:365.
② 习近平. 在庆祝全国人民代表大会成立60周年大会上的讲话,北京:人民出版社,2014:8.
③ 中国共产党第十九次全国代表大会文件汇编,北京:人民出版社,2017:50.
④ 李冉. 深刻认识和把握以人民为中心的发展思想[M]. 马克思主义研究,2017(8):28-31.

心系群众,为人民利益着想的群众路线,所激发的人民内在履行所制定法律法规产生的约束力是自然而又充分的。同时在作出重大决策、制定大政方针时,与国家机关和社会组织、广大人民群众进行民主协商,在此基础上再进行集中,也体现出了民主集中制原则。例如,党在制定重大政策时,一般先由中共中央提出建议,同时与各民主党派、全国政协进行充分协商,广泛征求社会团体、人民群众意见,最后再通过法定程序将党的主张上升为国家意志,这不但保证了决策的科学化民主化,同时也增强了决策的内在约束力,这样促进法与政策实施的国家强制力手段自然就无用武之地了。也因此,决策的制定中形成的人民的意志就能够得到广大人民群众的支持和拥护,在决策执行的过程中也必定畅通无阻,人民也一定能够自由地去实施,从而达到了约束性法律的实效性后果。正是有了民主集中制的合宪性来源与以人民为中心的内在约束力激发,社会主义协商民主的法权形态就等同于软法。

3. 协商民主对工业民主的必要性分析:克制工会的官僚化、行政化风险。

协商民主引入劳动关系的必要性在于,其可以克服在推动劳动关系发展的产业民主过程中工会组织内部出现的官僚化问题,以及遏制在劳资自治方面出现的行政化问题。在中国,工会具有党赋予的参政议政的政治力量,使得其本身组织接近于行政组织,学理上属于官僚制组织,这就使得"四化"问题较容易发生。习近平提出的群团改革就是围绕这些问题展开的。通过改革要增强群团组织的政治性、先进性、群众性,去除工会、共青团、妇联等群团组织中出现的"机关化、行政化、贵族化、娱乐化"等脱离群众现象。要求工会等群团组织"要坚持眼睛向下、面向基层,改革和改进机关机构设置、管理模式、运行机制,坚持力量配备、服务资源向基层倾斜"等等。①

可见党和国家领导人早已对工会行政的官僚制组织的弊病深刻洞察。为了响应中央号召,2015—2016年上海市总工会分批次先后开展了一场克服"四化"的改革行动。改革的原因还在于之前政府在集体协商中的主导作用,使得工会指标式地完成协商任务,在发挥工会官僚制组织的最大优势——高效率的同时,"四化"危害后果也相应地体现出来。所以想要破除组织上"四化"风险,相应地就要提高组织的民主化水平。协商民主会孕育新的开放性的治理体系,这种治理体系又会催生出决策系统开放的组织形态,所以透过协商民主—治理体系—决策开放的逻辑链,协商民主将最终改变原先的过分"四化"状态,趋向于组织民主化的完善。②

(三)社会主义协商民主的治理形态对产业民主的促进

民主化的发展程度必然要在相应的治理形式中反映出来。治理即"治国理政",指

---

① 习近平. 习近平谈治国理政:第2卷[M]. 北京:外文出版社,2017:309.
② 在克服官僚制组织弊端的研究中,张康之提出的合作制组织的在国内较有影响力,但是合作制组织与本书命题不甚相符合,故不再详细讨论,有意者可参见其所著合作制组织:终结"四化"与民主之争,福建行政学院学报,2019(4).

的是政府组织、民间组织在一个既定范围内运用公共权威管理社会政治事务、维护公共秩序等以满足公众需要。治理的目标是善治,意味着官民对社会事务的合作共治。①1998年《国务院机构方案》将"社会管理""宏观调控""公共服务"一并规定为政府行政的三项基本职能。2013年党的十八届三中全会通过的关于全面深化改革的决定,将"社会管理"改为"社会治理";党的十九大进一步提出了"打造共建共治共享的社会治理格局",建立"法治、德治和自治"有机融合的乡村治理体系。至此,从实践上来看从管理向治理的转变具有必然性,而治理化程度的提高离不开我国民主制度的逐渐完善,从管理到治理的转变也耦合社会主义协商民主对选举民主的完善。

既然劳动法律关系软法化趋势已经不可逆转,那么如何更好地促进其软法化,夯实其实践与理论基础就成了理所当然的论证逻辑,协商民主作为一种软法形态就发挥了这样一种潜在的促进劳动关系软法化的作用。协商民主作为我国独具实践特色的民主形式具有广泛的实践底蕴,拥有巨大的实践优势以顺应劳动法律关系的软法性转向。同时,经过考察发现,在理论上社会主义协商民主也具有结构性优点以强化和补充劳动关系的软法化趋势。其中,协商民主所蕴含的治理形式将对劳资民主起到补充作用;针对工会民主,在劳资博弈的促进上,协商民主将通过其治理形式的组织化维度有效提升工会的协商力量与空间。

1. 协商民主对劳资民主的加强:公共治理对劳资自治的促进。

民主与自治可以说是一体两面,民主的基本内涵之一就是自治,基层自治与民主管理在我国向来一并作为直接民主的实践形式而存在。除了党领导的工会的政治作用、经济作用与社会作用在工业民主中发挥决定性影响之外,从资方的角度来看,原因在于在某些核心特点上,集体劳动关系与公共管理具有可类比性。这一方面是因为,劳动利益的社会权与分配权内涵多重性与复杂性决定了其不仅仅受限制于企业雇主单方的效率与利益单一维度的追求,必将溢出市场机制的框架而具有较大的公共、社会外部性。

另一方面则在于雇主同政府管理一样,在个体劳动关系中的"指挥-服从"模式中拥有管理权的独占性。雇主由此单方形成的管理指挥权是通过劳动规章的法律形式实现的,虽然在集体合同以及企业民主管理等宏观方面亦有立法例为劳动者提供参与决策的法理支持,但是从生产经营活动上来看,劳动规章更能微观上直接规定劳动者的劳动活动,而劳动法第四条关于劳动者在劳动规章制定决策权的阙如使得在规章的制定上劳动者缺乏实质意义的协商空间,从而导致实践中在个体劳动关系上仍然还是管理者与被管理者的不平等模式,最终体现为管理者的单方主体地位的"指挥-服从"状态。因此,雇主虽不是公共管理意义上的公权力所有者,企业从法理上讲其营利性质的权重大于其公益性质。但是因劳动纠纷引起的集体行动近些年日益增多,这其中就牵涉到的公共性问题、社会公平与社会保障等直接或间接地给公共管理造成了所要面对的一

---

① 俞可平. 中国的治理改革(1978—2018)[J]. 武汉大学学报,2018(5):48.

个课题。所以从根源上讲集体劳动关系与公共管理具有相似性,劳动关系可以类比于公共管理。公共管理向公共治理模式的转变也可适用于劳动关系,并最终在集体劳权维度起着共同矫正的作用。

(1)社会主义协商民主的公共治理形态。有学者论证协商民主本身内蕴从管理到治理的形态转变:"在政治民主化、经济市场化的背景下,开放的公共管理与广泛的、公众参与整合而成的公共治理模式,正在取代传统的公共管理模式,这种趋势不可逆转。协商民主的公共治理形态得益于其本身的软法形态。公共治理相对于传统公共管理的优势在于能更加全面地反映民主诉求,或者说更依赖于民主。因此协商民主作为软法内蕴公共治理模式的确立,其实质就是直接推动政治民主化。"

在管理向治理的转向中,治理就是对个体劳权中的"指挥—服从"管理模式的突破,因为治理的前提是双方主体地位、权利义务的对称性。而管理模式中的另一方只有服从。罗豪才认为治理是对管理的超越。公共治理认为所有公共关系主体都是治理主体,这就包括了公共权力主体、私人组织以及公民个人等权利主体,各种治理主体平等参与公共治理的决策过程,最终形成多元治理格局。

(2)公共治理对于劳资自治的推动。劳资自治的实现将主要依靠集体劳权的行使。在我国,集体劳权的行使主体工会是党领导下的政治组织、经济组织和社会组织,工会的这一公共性地位使得协商民主的治理模式也必将适用于工会和以工会为主体发挥重大作用的工业民主领域。而目前的劳动关系治理模式是以政府为主导的规制性治理。因此公共治理模式将率先随着政府民主行政的治理化层面推动劳资自治的实现,通过"必须坚持一切行政机关为人民服务、对人民负责、受人民监督"政府治理原则,实现劳动关系中"共治"的多元治理格局,使得治理体系中各主体共同协商之后得以做出决定。这一政府层面的公共治理推动为工会实现其所代表的集体劳权留出了一定的协商空间,这也是自上而下的顶层设计为自下而上的自发性集体劳权力量留出的法律空间。

劳资自治的实现也体现在个体劳权层面,在劳动关系中决策权对劳动者的授予将有效改善个别劳动者在实质上对劳动力使用者的从属局面。一般认为劳动关系的形成具有人格从属性、经济从属性、组织从属性和新兴的技术等4种从属性。在生产力比较落后的时代,这四大从属性客观上是不可分的。随着科学技术水平的提高,经济、组织、技术从属性都呈现出弱化趋势,但是处于核心地位的人格从属性依然不减。人格从属性主要体现在劳动关系中决策主体地位的不平等。公共治理形成的主体平等的多元治理格局有助于在决策者地位上实现工会主导下的治理模式转变,包括:承认劳权主体及其权利的对等地位原则,即地位平等应当在劳权主体与经营权、产权主体互为权利义务主体的原则,使劳动关系中的人格从属性方面趋于平衡,等等。工会代表原则是集体劳权的关键原则,也是矫正个体劳权与产权、经营权名义平等而实际不平等的关键原则。所以,劳资治理的实现也是我国企业民主管理制度由政治地位自然而延伸到经济组织之中的一个重大体现。实践中这种职工地位的转化应当紧密建立在劳权基础之上,从而使得协商民主对劳动关系中个体劳权、集体劳权的内涵得以补充。

2. 治理的组织形式对于工会民主的加强：吸收处理群体性劳资纠纷。

工会民主的阻碍主要来源于工会组织内部的"四化"风险，这导致了工会的民主代表性力量较弱。工会内部的组织形式呈现出行政化的"官僚制组织"，体现在内部组织部门化、任务指标化等特点。各级工会只盯着上级的文件、任务，久而久之使得工会在行政层面原本属于党的组织领导变成了专属于个别人的领导，社会服务职能逐步淡化。而在我国，工会是唯一能够团结、组织工人与资方进行集体谈判的法律主体，工会组织内部亟需改革。

从组织学角度，公共治理本身蕴含的组织形式将对我国工会目前所面临的问题起到促进解决作用，并将增强其谈判力量。组织社会学认为与治理结构密切相关的就是该治理结构的组织形态，所以治理目的的实现还是要落脚到治理体系本身的组织结构上去。而在一个组织中，信息流始终是权力支配模式的基础。① 这种信息流范围极广，主要包括组织内资源的掌控、职位的升迁、决策或指令的做出程序等等。在官僚制组织中这种信息流是集中且单一中心的，而在协商民主的治理模式中，信息流会逐步呈现出决策系统的开放状态。公共治理组织的开放状态来源于协商民主的过程对官僚制组织信息流的"分流"。主要体现为决策主体与决策程序两大方面：①协商民主的主体特征。包括决策主体多元性，参与主体的理性公开性、反思性和合理批判性以及利益的互惠性、价值的共享性等；②②决策程序的开放性，打破官僚制四化精英决策中的封闭性。一方面，专家、精英通过协商民主可以倾听普通公民多元化的利益需求；另一方面，普通公民也可以通过协商民主理解专家们制定的公共政策，从而有助于实现民主和科学的有机结合。③

具体到工会层面就是一旦通过这两大层面打破工会中旧有组织中信息流封闭现象，使得加入工会的劳动者得以分享工会决策的信息流和成为平等决策主体的一员，整个决策组织呈现开放状态，这将有力吸收处理一些非标准劳动关系引发的、越来越多的群体性劳权纠纷事件。尽管这些群体性劳资纠纷也有集体化、组织化的趋势，但都是盲目的、自发的，缺乏民主化的引导。而工会的民主化组织力量如果通过协商民主得以改善的话，其原有制度组织优势就会越发显现出来，最终将使得这些非标准劳动利益在工会内部实现凝聚，形成民主推动的内在约束力，达到软法实效性后果。正是这样一个工会"四化"组织的开放过程，搭建了组织民主化的重要一环，也正是改进了官僚制组织的"四化"状态，使得工会原有的法定集体谈判空间得到有力提升。组织决策的信息分流只是组织民主化的第一步也是最重要一步，完全实现组织民主不是一蹴而就的，需要实践的积累。

---

① 张康之.论官僚制组织的等级控制及其终结[J].四川大学学报（哲学社会科学版），2008(3):9.
② 王洪树.协商合作民主形式研究：兼论中国特色民主政治的发展[J].中国政协理论研究，2012(3):47.
③ 陈炳辉.国家治理复杂性视野下的协商民主[J].中国社会科学，2016(5):147.

所谓制度,吉登斯认为是"实践在时间空间当中的深度沉积"。协商民主制度沉积的深度在中国不逊于任何一种制度形态,其民主化的导向力量深入人心。将权力进行民主化约束是新时代的命题。也因此,在实践与理论上,社会主义协商民主对矫正官僚制组织的过度"四化"风险进行的组织控制,使得劳动者组织内的协商地位与谈判空间也相应地得以提升,就这一层面来讲,它对劳动关系中工会群团改革的补充作用可以说是无可替代的。①

七、共享理念实施的根本性举措:产权制度的逐步变革②

(一)世界产权制度的演进

产权制度的演化过程从所有权法律制度的变迁中可以反映出来。③ 在古典产权制度下,近代民法中确立了"所有权绝对原则"——所有权为神圣不可侵犯,所有权的行使不受任何限制。在资本主义自由竞争时期,财产所有权被公认为是个人充分实现其自由人格的最重要权利,所以在法律上应加以绝对的保护。在18～19世纪里,虽然"所有权绝对原则"极大地促进了资本主义市场经济的发展,可是它也产生了严重的不良后果。在这种原则指导下,所有人不仅对于自己的财产可以直接地任意支配,也可以凭借所有物间接地对他人发挥威力。因为财富拥有者总是处于社会的强势地位,对于经济上的弱者,形成压制之势。仅就劳动关系领域而言,契约自由虽然在法律上实现了,但是资本家与劳动者在市场上明显存在着不均衡谈判势力,使得工人往往在非常苛刻的条件下劳动。正是在"所有权绝对原则"和契约自由的指导下,当时的欧洲主要国家都推行自由放任主义政策,结果使得在社会生活中发生了严重的贫富分化,进而导致社会冲突不断。于是,团体主义和社会主义思想在西欧兴起,在资本主义时期发挥过积极作用的个人本位的权利观念,尤其是个人的所有权思想,渐渐被社会的所有权思想所限制,甚至被取代。这显然是从所有权绝对原则向所有权附随义务原则的转变。在劳动关系领域,对劳动关系起主导作用的典型私法——民法也逐渐被具有公法意味的劳动法所取代。④

(二)对职工参与三种模式的产权制度分析

根据上述对产权制度的演变过程的分析,我们可以将产权制度归结为以下几个阶段:1)古典产权制度阶段;2)过渡阶段,暂且称其为两权分离式产权制度阶段;3)现代产权制度阶段。下述对以上3种职工参与模式所依赖的产权制度进行分析。

---

① 曹坤鹏,杨云霞. 劳动关系软法化的补充:社会主义协商民主[J]. 中共杭州市委党校学报,2020(1):88.
② 杨云霞. 职工参与三种模式的产权制度分析[J]. 生产力研究,2009(5):15.
③ 白暴力,杨波. 产权理论与产权制度改革的若干思考[J]. 福建论坛,2005(7):16.
④ 杨云霞. 职工参与三种模式的产权制度分析[J]. 生产力研究,2009(5):15-16.

(1)股东主权—集体谈判模式。股东主权—集体谈判模式从所依赖的产权制度来看,属于两权分离式的产权制度。在这样一种产权制度下,生产资料所有权归股东所有,经营管理权由职业经理人员担当,由此形成公司治理结构中的"新三会"(股东大会、董事会、监事会)模式。在这样一种模式下,过分强调股东主权,以股东主权为公司核心。但由于职业经理人的出现,以及权力的重新分配,使得所有权与经营权主体之间出现了利益的差异,企业的行为在一定程度上与利润最大化目标相偏离。在这样一个条件下,职工参与主要表现在通过集体谈判获取对自身劳动条件、劳动待遇等的讨价还价权。

尽管从世界范围来看,这种模式及其所依赖的产权制度目前仍在绝大多数的国家占有一席之地,但它从建立之初发展到今天,也不是一成不变的,正经历着一场反对股东主权主义的浪潮。以美国为例,美国20世纪80年代兴起了一股公司之间"恶意收购"的现象,①在事件演进的过程中,使得利益相关者理论得到了巨大的发展。

(2)共同治理模式。共同治理模式属于较为典型的现代产权制度。德国的共同治理模式就是典型代表。职工监事代表工人行使共同决定权,实行工业民主。② 共同治理模式属于现代产权制度下的产权安排,这一观点从其他人的研究著作中也得到了一定程度的印证。如在南斯拉夫斯韦托扎尔·平乔维奇著的《产权经济学——一种关于比较体制的理论》中提到,"工人领导人对共同决定制的支持是以其拥有挑选进入董事会的工人代表的权利——一项重要的产权为基础的。"③这反映了斯韦托扎尔·平乔维奇对共同决定制属于一种新的产权安排的观点是认可的。

(3)工人自治管理模式。如前文所述,产权制度的发展实质上是对以生产资料私有权为基础的生产制度的渐进式否定。生产资料公有制的建立使得经济过程的决策不再由生产资料所有权单一的决定,而由一系列经济权利共同决定。工人自治管理模式下的产权制度应属于现代产权制度。根据南斯拉夫宪法规定,生产资料属于社会所有,"只有劳动,即使用这些生产资料的劳动者才能按社会主义自治的原则直接管理生产资料,用它来为自身的利益和全社会的利益服务"。由此看来,企业采取的是一种社会所有制的方式,这样一种所有制,决定了企业是工人管理的企业,工人管理的权利包括社会、人事、经济等方面事务的直接参与。生产资料的社会所有制决定了企业的经营管理决策权应由社会的主人——工人来行使,其所产生的收益等由社会来共同分享。正如南斯拉夫宪法所规定,"任何人都不得对社会生产资料享有所有权,不论是社会政治共同体,还是劳动组织,或者劳动者个人,任何人都不得在所有权基础上占有社会劳动产品……"。这种公有,有别于我国计划经济时期的国有,它是在对原有的国家所有制的

---

① 崔之元. 美国二十九个州公司法变革的理论背景及对我国的启发[EB/OL]. [2005-05-03]. http://www.pinggu.org/bbs/dispbbs.asp? boardid=4&id=20437.
② 卢昌崇. 企业治理结构[M]. 大连:东北财经大学出版社,1999:42-47.
③ 平乔维奇. 产权经济学:一种关于比较体制的理论[M]. 蒋琳琦,译. 经济科学出版社,1999:75.

放弃基础上建立起来的一种社会所有。它取消了国家对企业的直接管理和干预,倡导工人和劳动者管理工厂。社会所有制企业对其收入分配享有充分的自主权,国家除了规定企业职工最低收入标准外,不进行任何控制和调节。企业向国家缴纳一定的税收后,便自己决定其收入分配。

这一模式尽管采取了现代产权制度这一先进的产权基础,但最终以失败告终,究其原因在于社会所有制与市场经济的不兼容性,以及社会所有制分配体制的缺陷。其根本原因在于忽视了现代产权制度的建立是一个渐进的过程,是以社会各种外在环境的具备为其基础的。

通过上述对3种职工参与模式所依赖的产权制度的分析,我们可以发现这样一个规律:产权制度由古典向现代产权制度变革的过程实质就是职工参与由低级向高级、由表面向实质、由部分向全面演进的一个过程,也就是共享理念逐步实施的一个过程。[1]

(三)建立现代产权制度

基于上述分析[2],白暴力等学者认为,在我国产权制度改革中,对于国有企业,需要在坚持生产资料公有制的基础上,通过对产权中各项经济权利的合理配置,建立有效的产权制度,而对于民营企业,则需要实现从古典产权制度向现代产权制度转变。这既是构建和谐社会的要求,也是宏观经济均衡、稳定和持续发展的要求。[3]

现代产权制度的核心以及重要内容在于重视"人"的作用,尊重劳动者的经济利益权、自主参与权。在现代产权制度下,劳动不仅仅作为一种生产要素而存在,劳动者作为生产过程的主体,除了参与到企业生产过程之中,还要参与企业的经营管理,参与企业的利益分配。从职工参与系统来看,生产资料的所有者即股东将不再是企业的唯一核心主体,由劳动者与股东共同管理、共同决策、共享利益,形成企业治理的分权制衡机制。企业的目标也不再是单一的股东利益最大化,也不仅仅是股东利益与职业经理利益的最大化,而是一种企业利益的最大化,集体利益的最大化[4],其中也包含着企业的劳动者的利益诉求。[5]

---

[1] 杨云霞. 职工参与三种模式的产权制度分析[J]. 生产力研究,2009(5):15.
[2] 杨云霞,黄志刚. 我国私营企业职工参与制度分析[J]. 经济问题,2008(8):50-53.
[3] 白暴力,杨波. 产权理论与产权制度改革的若干思考[J]. 福建论坛,2005(7):16.
[4] 杨云霞. 职工参与三种模式的产权制度分析[J]. 生产力研究,2009(5):15.
[5] 张渤,杨云霞. 劳动力的人权与产权[J]. 生产力研究,2009(1):22-23.

第四章 共享理念在平台经济劳动关系中的运用①

一、"互联网＋"分享经济中引入共享理念

在共享理念提出的同时,"互联网＋"分享经济在世界范围内蓬勃发展。很多人将其称为是共享经济,也有一些人将其界定为分享经济、数字经济或平台经济。无论如何称呼,其本质上与共享理念相去甚远,但又相互联系。为了区别二者,下文将其称为是"互联网＋"分享经济。

"互联网＋"分享经济在世界范围内成为重要的就业新领域,但与此同时,分享经济的劳动用工中面临着诸多问题,如何引导分享经济劳动用工健康持续发展,共享理念的引入是一个重要的新思路。对于分享经济与共享发展理念之间的关系,已有学者进行了研究,如蒂姆·哈福德(2016)提出了让"零工经济"更加公平②;丁晓钦、程恩富(2016)提出,共享发展是中国特色社会主义政治经济学的新话语,如果说分享经济是资本的修复,共享发展则是对劳动与资本的双修复。③ 李炳炎、徐雷(2017)提出,共享发展理念是对中国特色社会主义分享经济理论的继承和发展,是对社会主义劳动者主人翁地位的进一步肯定,是对社会主义"需要价值"分配的进一步探索。④ 沈亚平、田秀娟(2017)研究了分享经济促进就业的内在逻辑、运行机制等。⑤ 马蓝(2018)提出了共享经济与分享经济的协同发展理念。⑥ 已有的研究主要厘清了分享经济与共享发展理念之间的关系,提出了分享经济的发展应以共享发展理念为指引,但是如何在分享经济发展的具体问题上贯彻共享发展理念,尤其是对于劳动关系中如何实现共享并无专门研究。本书通过对"互联网＋"分享经济中的劳动关系引入共享发展理念进行研究,为我国共享发展理念的全面实施以及分享经济的健康持续发展提供参考。

---

① 杨云霞. 分享经济中用工关系的中美法律比较及启示[J]. 西北大学学报(哲学社会科学版),2016(5):147-153.
② 蒂姆·哈福德. 让"零工经济"更加公平[N]. 金融时报,2016-03-04.
③ 丁晓钦,程恩富. 共享发展:中国特色社会主义政治经济学的新话语:兼论分享经济、劳动与资本的双修复[J]. 理论导报,2016(7):43.
④ 李炳炎,徐雷. 共享发展理念与中国特色社会主义分享经济理论[J]. 管理学刊,2017(8):1.
⑤ 沈亚平,田秀娟. 分享经济促进就业:内在逻辑、运行机制与策略启示[J]. 未来与发展,2017(12):91.
⑥ 马蓝,共享经济与分享经济的协同发展思考[J]. 当代经济管理,2019,41(02):15-22.

(一)分享经济已成为劳动就业的重要新兴领域

近些年,分享经济已经成为世界各国发展的重要经济业态。美国是分享经济热潮发展的源头,也是分享经济发展最充分国家。英国提出了要建设"全球分享经济中心"的战略目标。分享经济的发展带来了大量的灵活就业。如据美国互助团体自由职业者联盟(Freelancers Union)估算,美国约有5 300万人至少从事一些自由职业性质的工作,这个数字占美国劳动人口的1/3。其中,2017年,美国通过共享经济平台工作的劳动者达到540万人,同比增长23%。该数据在2018年有望达到680万人。①

我国分享经济的迅猛发展,拉动就业成效显著,已经成为我国劳动就业的重要领域,对扩大就业作出了重要贡献。据国家信息中心分享经济研究中心历年发布的《中国分享经济发展报告》显示,2015年分享经济领域参与提供服务者约5 000万人左右,约占劳动人口总数的5.5%,其中分享经济平台的员工数达500万人。2016年分享经济平台的员工数达585万人。② 预计到2020年,分享经济全职参与人员约2 000万人。可以看出,发展分享经济是践行"就业优先"战略的重要抓手。分享经济在解决产能过剩行业工人再就业以及贫困地区劳动力就业等方面的作用开始显现,对去产能和脱贫攻坚起到积极推动作用。

从单个分享经济平台企业来看,分享经济企业对劳动就业的贡献也特别明显,并呈现出快速递增的趋势。如根据2017年1月3日滴滴出行发布的《2016年度企业公民报告》显示,2016年全年,滴滴出行平台为全社会创造了1 750.9万灵活就业和收入机会,其中238.4万来自去产能行业,占14%,87.5万为退伍或转业军人,占5%。在2017年全年,灵活就业机会达2 108万,其中393.1万人来自产能过剩行业,178万人来自复员转业军人,133万人属于失业再就业人员。可以看出,越来越多的劳动人口正逐渐从产业工人转变为平台经济下的"不稳定生产者"。

(二)分享经济平台与劳动者之间的失衡

在世界各国分享经济创造了大量灵活就业,实现了就业机会的共享,促进了就业优先战略的实施,但同时,世界各国分享经济面临着共同的问题:分享经济平台与劳动者之间的失衡。

(1)双方主体地位失衡加剧。在劳动关系中,劳动者具有天然的弱势地位。劳动关系的双方主体在法律上具有平等性,但在客观上劳动者对于雇主具有天然的隶属性。分享经济下分享平台对劳动关系的技术主导和资本主导,进一步加剧了分享平台与劳动者之间的地位不平等。

---

① 米克尔. 2018年互联网趋势报告[EB/OL]. [2018-5-31]. http://www.sohu.com/a/233569980_174744.

② 数据来源于国家信息中心分享经济研究中心发布的《中国分享经济发展报告2016》《中国分享经济发展报告2017》《中国分享经济发展报告2018》。

信息不对称加剧了地位不平等。分享经济的各方主体的互动均是通过互联网平台实现，劳动者与分享平台之间亦是如此。这就导致劳动者与分享平台之间的信息不对称。劳动者缺乏对分享平台的信息最基本的了解，不了解分享平台的经营状况、资产状况、收益状况、员工数量，甚至分享平台的存续与否都不知晓，劳动者在劳动关系的缔结、存续以及解除等若干环节均处于弱势地位。在缔结劳动关系阶段，除了接受现成的格式合同之外，无法参与合同缔结的协商；在合同履行阶段，处于平台的受控制的一端，劳动合同履行状况的信息甚至无法全部获取，如果发生劳动纠纷很难做出有利于自己的证据选择；在劳动合同解除后，更是无法采用传统劳动法中的劳动者经济补偿等方式获得补偿或赔偿。这一状况在我国的司法实践中已大量出现。劳动过程也同样表现出劳动者参与不足的问题，在互联网与大数据时代，劳动者的劳动过程和劳动结果如何不被大数据所控制，也是必须面临的问题。如某出行平台的劳动者抱怨在大数据的调配下劳动者根本就无法达到奖励标准所要求的工作量，自然无法得到平台所设定的奖励。这就提醒分享平台的制度设计者：分享平台如何避免成为"泰勒制"与"福特制"在大数据时代的翻版。

从社会化大生产向个体化劳动的回归加剧了不平等。《互联网趋势报告》认为，共享经济平台的出现同时满足了自由职业者和传统就业者对工作灵活性与外快收入的需求，这是其积极的一面。但同时必须看到，在分享经济平台下，劳动关系出现了向社会化大生产之前的劳动状态的螺旋式回归，由计时工资向计件工资的回归，由限制劳动时间的劳动保护向无限时的加班加点的劳动状态的回归，由强迫劳动向主动延时劳动的回归。由于工作岗位和价值创造都呈现出极度分散化的态势，无论是劳动者的结社权等集体劳动权还是劳动者的个体劳动权都处于不确定状态，劳动者在权利的享有和利益分享的过程中处于弱势地位，甚至趋于边缘化，无缘参与劳动过程的管理，当然也无缘参与结果的分享。导致劳动者处于弱势地位的重要方面是平台制定的各类劳动规章制度和收益分配规制，如某出行平台规定：加盟司机取消订单的后果是直接扣服务分、服务分和成交率挂钩、某平台利用服务分的升降来约束司机的服务质量，进而影响分成级别。而在分散化的劳动管理中，现实错综复杂、各类特殊情况很多，导致单一的制度规制造成对劳动者不公平处罚的情况大量出现。

灵活就业加剧了劳动者的弱势地位和边缘化状态。分享经济下的就业形式表现出多样化态势，而灵活就业占据了绝大多数。如滴滴平台的司机构成表现出多元化的状态，主要以企事业单位从业者、打零工或散工，以及自雇、自由职业者为主。对劳动者和工作任务提供匹配服务的平台可能使劳动力市场更有效率，一旦推广开来，该模式很有可能导致工作时间的碎片化以及兼职工比例的迅速增加，这将令劳动者难以享有与雇佣全职工作相匹配的保障权益。[①] 与灵活就业相伴随的是劳动者组织的缺乏，由此导致

---

① 肯尼,齐斯曼,贾开. 平台经济崛起的挑战[EB/OL].[2016-04-28]. http://ftchineselive.com/search/? keys＝平台经济崛起的挑战 &ftsearch Type＝type_news.

劳动法、公司法所赋予劳动者的民主管理参与权、企业决策参与权、企业规则制定参与权等都无法实现。① 分享经济背后的权力模式更像米歇尔·福柯（Michel Foucault）所说的："没有人强迫你成为其中一员——但除此以外你没有多少选择"。②

（2）加重了劳动者的法律责任。分享经济作为全新的事物，其规范运行需要一个逐步完善的过程。当前，国家提出了"鼓励创新、包容审慎"这一发展的主基调。基于此，国家在宏观层面的政策以及法律的出台都相对谨慎。在现有的制度体系下，分享平台与劳动者之间面临着责任不对等的现状。以交通出行的制度规范为例。2016 年 7 月国家已经制定了《网络预约出租汽车经营服务管理暂行办法》，34 个省会及副省级以上城市也相应出台了各地的实施细则，但分析其内容，可以看出，这些规定对各方主体的责任划分尚不明晰，对运营资质、价格、税收、劳动保障等政策还未及规范化，由此造成劳动者处于法律保护的范围之外。例如，按照交通运输部运输服务司披露的数据，目前全国约有 3 210 万辆网约车，但全国仅有 34 万人和 17 万台车辆分别取得了网约车驾驶员资格和网约车运营证。据此计算，全国仅有不足 0.5% 的车辆和约 1% 的驾驶员是合规运营的，这就导致绝大多数的劳动者处于"黑工"状态。

分享平台对劳动者加强管控，不断通过控制劳动者实现行业竞争中的优势地位；另一方面，却不愿对劳动者承担更多的社会责任。分享平台利用技术优势和平台的话语权，垄断了该领域的规范制定权，并形成了不合理的责任划分规则，某出行平台在专车使用条款中这样界定它自己所提供的服务。又如，美国提供分享经济服务的 Handy 公司在其服务条款中声明："如果 Handy 公司面临现有的独立合约人与雇员的重新归类而产生相应税金或罚款的话，将由接受服务的消费者（而非公司）来承担这笔额外费用。"③再如，某外卖配送平台的劳动合同中如此确定责任划分："乙方（即劳动者）在提供服务过程中，违反交通规则造成的行政处罚，由乙方自行承担；造成的任何人员的伤亡或者死亡，由保险公司负责赔偿。"分享平台所拥有的宽松的规则制定空间使得劳动者被强行背负了交通事故责任、劳动和社会保障责任等，使得劳动者不仅处于劳动法等法律的保护范围之外，还被分享平台附加了额外的责任与义务。北京市总工会工运史和劳动保护研究室在 2018 年对分享平台的调查结果同样印证了这一结论。

（3）劳动关系双方主体之间收益不均衡。分享经济在快速发展的同时，在劳动关系领域表现出分配不公的现象，其中大型科技公司攫取了巨额利益。分享经济平台借助融资体系的运行逐步形成了垄断地位，加剧了劳动者的弱势和边缘地位。随着大量金融资本进入分享经济领域，企业的平台规模效应会呈现出"赢者通吃"，整个市场被两三家大企业所吞没，他们对所有信息具有掌控力，极易利用垄断势力攫取庞大利润。如，2016 年滴滴出行平台收购优步使其在网约车市场中占有 90% 以上的市场份额，2018 年

---

① 蒂姆·哈福德. 让"零工经济"更加公平[N]. 金融时报，2016-03-04.
② 叶夫根尼·莫罗佐夫. "分享经济"损害劳动者权利[N]. 金融时报，2013-10-22.
③ 杨云霞. 分享经济下劳动法的困境与选择[J]. 学术前沿，2018(5):82.

4月的融资完成后,滴滴估值已超过500亿美元,滴滴的现金储备将达到120亿美元。基于此,平台企业拥有着可观的经济收益。如根据2016年普华永道发布的《欧洲分享经济规模测算报告》显示,分享经济平台收益率(即收入与交易额之比)最高的是P2P交通,为32.4%。

分享平台劳动者的收益状况却不容乐观。如根据2016年7月某出行平台发布的《移动出行支持重点去产能省份下岗再就业报告》显示:"去产能行业职工在下岗失业之前,如果月收入在1 000～2 000元之间,全职开车的话,他们的平均月收入至少提高0.5倍"。从上述数据可以估算,全职司机的收入在1 500～3 000元之间。按照与重点去产能省份的最低工资标准比较发现,重庆一类地区2016年最低月工资标准为1 500元,甘肃一类地区2016年最低月工资标准为1 470元/月。从网约车司机的学历层次来看,"职业高中、中专、技校"占比26.18%,"高中"学历占比23.49%,专科及以上学历占比30%。① 可以看出,很多全职司机的收入刚刚超越最低工资标准。但与此同时,有一个数据显示却形成鲜明对比:在该分享平台就业的全职司机中,有137万人来自零就业家庭,对他们来说,分享平台获得的收入是全家的生计保障。② 上述推算结果可以得到多渠道验证。如根据信息服务商标准排名研究院发布的《2016年网络约车司机生存状况调查报告》显示,在参与调研的司机中,有86%的司机除了限号之外,每天都进行运营;超过七成以上的网约车司机平均每天工作超过10小时,其中四成平均每天工作超过12小时,有约四成司机最高每天工作时间超过14小时,只有不到两成的司机日均工作时间在法定的8小时之内。该报告同时显示,七成的网约车司机月均收入不足6 000元,其中包含了司机需要自己承担的五险一金、车辆损耗、交通违章罚款、对顾客的赔偿等。这一数据与该出行平台《2016年度企业公民报告》所提出的"平台为207.2万司机创造的人均日收入超过160元"的计算结果相吻合。美国Uber公司的状况也可以支撑这一结论:截至2015年中期分享经济的典型代表Uber公司市值被估计达500亿美元,从司机的总收入中提取了30%的佣金,而大量司机的工资收入却仍停留在最低工资线以下。

很多劳动者由于分享平台的身份及收入状况的不满,选择了"用脚投票"做法。部分劳动者开始意识到"选择抽成低的平台,获得正规身份";部分劳动者"萌生退意,开始回流到原有行业"。这一状况在很多国家具有普遍性,如根据美国《1099劳动力经济报告》显示,50.4%的劳动力因为报酬不足而离开平台的工作。

可以看出,分享经济在解决大量社会就业、创造大量社会财富的同时,却逐步加剧贫富分化,显然,贫富分化违背了分享经济实现共享的初衷——既包括信息、资源的共享,也包括收益的共享。

---

① 滴滴政策研究院:新经济、新就业:2017年滴滴出行平台就业研究报告[EB/OL].[2017-10-24]. http://cj.sina.com.cn/article/detail/6044229343/453942

② 滴滴政策研究院.新经济、新就业:2017年滴滴出行平台就业研究报告,[EB/OL].[2017-10-24]. http://cj.sina.com.cn/article/detail/6044229343/453942

(4)保护劳动者的制度供给不充分。当前各国劳动法对于分享经济下的劳动就业表现出制度供给的不足,如美国劳动法对劳动关系的认定标准,尽管不断细化雇佣关系的认定因素,但在司法实践中仍表现出制度供给的不足。如洛杉矶地区法院在 O'connor 诉 Uber 案中认为达到优势证据原则判断的要求才认定为雇佣关系,无疑提高了 Uber 司机认定为劳动者的标准要求。由此造成了佐治亚、宾夕法尼亚、科罗拉多、德克萨斯、伊利诺斯和纽约等 6 个州的劳动委员会及劳工部都曾做出司机属于独立合约人的裁决。①

我国劳动法也表现出对分享平台劳动关系规范的制度不足,如劳动关系的界定标准过于刚性和简化、对非标准劳动关系的规范不足、对各个群体的劳动者缺乏分层保护、对双重劳动关系的模糊态度等。劳动法对于包括灵活就业在内的非正规就业的法律规制的缺失,导致劳动者的弱势地位无法得到法律的矫正,劳动者的就业和失业、社会保障以及劳动薪酬等无法获得法律的保障,导致灵活就业的安全性无法得到最基本的保障。即使针对分享平台的规范性制度,同样也表现出制度供给不足的问题,如交通运输部 2016 年 7 月出台的《网络预约出租汽车经营服务管理暂行办法》中的规定,"网约车平台公司应当保证提供服务的驾驶员具有合法从业资格,按照有关法律法规规定,根据工作时长、服务频次等特点,与驾驶员签订多种形式的劳动合同或者协议,明确双方的权利和义务。"可以看出,平台公司与劳动者之间签订劳动合同与否并没有明确的法律规定,导致大量的劳动者甚至是全职司机都无法被纳入劳动关系的范畴,劳动者无法得到劳动法应有的权利保护和利益保障,面临巨大的就业安全风险。

制度供给的不足导致被错误归类的劳工人数众多。据 2012 年美国国家雇佣法项目报告显示,大量的雇员被错误归类为独立合约人,如在伊利诺斯州约有 368 685 人,在马萨诸塞州人数约在 125 725~248 206 人之间,在纽约人数为 704 785,俄亥俄州人数为 54 000~459 000 人,宾夕法尼亚州人数约 580,000 人。2000 年美国联邦劳工部委托开展的一项研究表明:被审计的公司中有 30% 的公司将雇员错误归类为独立合约人,所涉行业包括投递、建筑维修、清洁、农业、家庭保健护理、幼儿看护等。2007 年美国财政政策研究所发布的一个报告显示:纽约市的建筑工人中估计有 50 000 人(约 1/4)的雇员身份被错误归类为独立合约人。② 认定错误产生的结果是分享平台劳动力支出的大幅度削减,以及劳动者收益的降低。按照美国劳动部副部长劳工部副部长塞斯·哈里斯(Seth Harris)的测算,劳动者身份认定错误可以减少雇主 20%~40% 的劳动力成本。美国财政部 2013 年的一份报告发现,通过将员工误归类为自由合约人,雇主每年可以从每位员工身上节省大约 3 710 美元(平均年收入为 43 007 美元)的支出。

---

① 杨云霞. 分享经济中用工关系的中美法律比较及启示[J]. 西北大学学报(哲学社会科学版),2016(5):149.

② FISCAL POLICY INSTITUTE, Building Up New York, Tearing Down Job Quality: Taxpayer Impact of Worsening Employment Practices in New York City's Construction Industry. [EB/OL][2007-12-03]. http://www.fiscalpolicy.org/.

(三)将共享理念引入分享经济劳动用工的必要性与可能性

(1)共享理念是全社会发展的五大理念之一。共享发展是社会主义的本质要求。"十一五"规划提出了"全体人民共享改革发展成果";党的十七大报告提出"要完善收入分配制度,使全体社会成员共享发展改革成果,更加注重社会公平";党的十八届五中全会将共享理念确立为五大发展理念之一,在"十三五"规划中对共享理念提出了具体的规划。与此同时,2016年3月的《政府工作报告》首次将分享经济写入其中,提出"支持共享经济发展,提高资源利用效率,让更多人参与进来、富裕起来",同时提出"以体制机制创新促进共享经济发展"。十八届五中全会提出以"坚持共享发展,必须坚持发展为了人民、发展依靠人民、发展成果由人民共享,作出更有效的制度安排,使全体人民在共建共享发展中有更多获得感,增强发展动力,增进人民团结,朝着共同富裕方向稳步前进"为核心思想的共享发展理念。《中华人民共和国国民经济和社会发展第十三个五年规划纲要》提出牢固树立"创新、协调、绿色、开放、共享"的发展理念。"共享"作为一种发展理念首次被写入发展规划。可以看出,在国家层面对以共享理念促进分享经济的发展作出了高瞻远瞩的规划。

(2)劳动者参与是世界各国劳动关系发展的必经过程。从世界劳动法律制度和公司法律制度的发展历程可以看出,共享已成为当今劳动关系的发展阶段,在20世纪各国的公司法等法律中已将劳动与资本共同参与管理决策、共享利益作为其理念,对世界各国法律制度的不完全统计,见表3-3。

表3-3 各国劳动者参与共享的法律支撑

国家	年份	法律
瑞典	1976	雇佣法(工作场所共决)法
	1987	职员代表条例
	1987	董事会雇员代表法
美国	1974	美国职工退休收入保障法案(规定职工持股计划)
	1978	《财政法》规定了职工参股制
英国	2004	雇员信息和磋商条例
	1987	金融(第2号)法案(规定对利润工资减税)
荷兰	1971	企业委员会法
德国	1952	企业委员会法
	1972	联邦人事代表法
	1976	共同决定法
	1965	股份法

第三编 共享：中国劳动关系的法律治理

实现共享也是我国现阶段建立和谐劳动关系的需求。在实现共享的进程中，我国的法律制度提供了重要的支撑，如公司法所确立的职工董事职工监事制度、企业法所确立的职工代表大会制度和《关于上市公司实施员工持股计划试点的指导意见》所规定的员工持股计划等，都为劳动者参与企业管理和利益分享提供了相应的制度依据。此外，中共中央国务院将劳动关系纳入经济发展、国民收入分配的大格局中，着力构建劳动者与用人单位利益平衡与协调发展的宏观与微观机制，摆脱了传统劳动关系研究与实践中的将劳资双方对立化和冲突化的思维，从做大蛋糕、实现双赢、建立劳动关系的伙伴关系的角度，在2015年3月21日的《关于构建和谐劳动关系的意见》中明确提出"统筹处理好促进企业发展和维护职工权益的关系，调动劳动关系主体双方的积极性、主动性，推动企业和职工协商共事、机制共建、效益共创、利益共享"，实现"职工工资合理增长"①。

(3)劳动关系中的共享是分享经济持续发展的必然要求。分享经济在世界范围内的异军突起，源于"互联网＋"的技术作为支撑，但同时，我们又要防止技术主导法律、技术主导劳动者的局面出现。因为，分享平台最终依赖于劳动者，尤其是以劳务为主的交通出行、家政服务等仍然属于劳动密集型产业，劳动者在分享经济中的价值远远大于技术的价值，劳动者对分享平台的支持是分享平台存续与否的关键。所以，对劳动者参与共享的关注是分享经济能够持续健康快速发展的重要决定因素。

分享经济作为全新的经济形态，其在发展过程中尽管面临着"保护创新还是保护劳动者"等诸多争议，但是，坚守共享的发展理念，实现分享平台与劳动者之间的"协商共事、机制共建、效益共创、利益共享"，既是遵循共享这一基本发展理念的要求，也是促进分享经济持续健康发展的必由之路。很多分享平台已充分认识到这一点，如包括Task-Rabbit和Airbnb在内的企业推出了Peers.org——一家"支持分享经济运动的草根组织"签署一项誓约，表明他们"相信分享经济应该是21世纪最重大的经济运动，能打造出一种让所有人都受益的经济"。

(四)分享经济劳动用工中引入共享理念的路径

1. 建立微观层面的共享。

(1)对分享平台的劳动用工实施分类管理。对于分享平台劳动用工的监管，实现分类管理，提出两种可供选择的路径。①分享平台的彻底中介化，实现平台与劳动者之间劳动关系的彻底分离，基于这一路径，分享平台仅借助于技术支持相应获取技术支持的利润分享，而不去控制劳动者，更不能直接获取劳动者提供劳动所带来的对价支付；劳动者作为独立合约人直接向消费市场提供劳务并相应获取酬劳、承担相应的劳务合同责任。②分享平台实现用工主体化，与劳动者确立劳动关系。基于这一路径，企业严格按照劳动法律的要求履行义务并享受企业权利。其中，劳动者由于用工形式的多样化、灵活化，根据劳动法对劳动者实现分类保护：全职就业属于全日制劳动者，兼职就业属

---

① 杨云霞，庄季乔. 推动中国特色和谐劳动关系健康发展[N]. 光明日报，2018-08-21(5).

于非全日制用工。在此基础上,基于分类保护的需求,不断完善劳动法律制度。

(2)落实劳动者参与共享的两种途径。①劳动者参与管理。劳动者参与企业管理是劳动者获取知情权的重要方式,也是解决分享经济下信息不对称问题的重要手段,更是提升企业决策效果的重要途径。劳动者参与企业民主管理,主要借助于现有的公司治理体系中的制度安排,如通过职工代表大会的形式反映意见和建议,通过职工董事职工监事的形式参与企业的决策等。②劳动者参与利益分享。劳动者借助工会通过集体协商的方式参与劳动者工资以及与此相关的劳动事项的协商;通过国家工资增长机制逐步实现工资的合理增长;通过被纳入劳动法律制度保护获得相应的职业培训、社会保险、带薪休假、解雇保护等利益保障。当前亟待解决的问题是加强支付保障、改善社保政策、保障职业安全、完善劳动争议处理机制等,以落实劳动者的利益分享权。共享理念在分享经济平台的实现,一方面依赖于劳动法律制度的有效实施以及逐步完善,还需要通过企业履行社会责任主动加以实现,通过共享理念在企业层面的有效实施,实现劳动者就业质量的提升与平台经济的发展同步推进。

2. 建立宏观层面的共享。

共享理念的实施既表现在微观企业层面,也表现在宏观国家层面。国家通过各种制度安排实现在全社会范围内的共享。①国家通过完善劳动法律制度的形式,将分享经济中的劳动者纳入其中,使得其获得相应的制度庇护;②国家合理安排经济利润,将一部分收益以税收形式集中,并运用在具有正外部性的公共产品,如道路交通、公园、医院、学校等。这既可使消费结构更加合理,又能保证教育、医疗和环境保护等高支出的产品被充分消费,进而全面完成劳动者的劳动修复过程①。③国家通过社会再分配的形式,实现在全社会范围内的共建共享,包括产业利益、劳动者利益、社会保障利益、公共产品利益等各层面的共建共享。如国务院《划转部分国有资本充实社保基金实施方案》,决定按照10%的比例划转部分国有资本充实社保基金,以充分体现基本养老保险代际公平和国有企业发展成果全民共享。诸如此类的做法在劳动领域中可以逐步推行。②

二、基于共享理念的劳动法变革

(一)分享经济引发劳动法领域的争议

(1)立法中的争议。对于分享经济下的劳动用工如何规制,出现了明显的观点分歧:是纳入到劳动法的范畴,还是以民法上的合同关系来调整,还是选择第三条道路。这一立法争议在交通运输领域率先表现出来。交通运输部2015年10月发布的《网络预约出租汽车经营服务管理暂行办法(征求意见稿)》规定"网络预约出租汽车经营者应

---

① 丁晓钦,程恩富. 共享发展:中国特色社会主义政治经济学的新话语:兼论分享经济、劳动与资本的双修复[J]. 理论导报,2016(7):45.

② 杨云霞,庄季乔. 分享经济下的劳动者保护[J]. 西安交通大学学报(社会科学版),2019(4):61.

当保证接入平台的驾驶员具有合法从业资格,与接入的驾驶员签订劳动合同"。针对签订劳动合同与否,支持者与反对者形成了明显的两种意见。2016年7月正式出台的制度中并未直面这一问题,只是规定了"网约车平台公司应当按照有关法律法规规定,根据工作时长、服务频次等特点,与驾驶员签订多种形式的劳动合同或者协议,明确双方的权利和义务"。显然,这一规定回避了这一难题,将其交由市场主体自由选择,这将引发分享平台与劳动者之间的现实争议。

(2)司法中的争议。分享平台与劳动者之间该如何界定其关系,在美、英等国司法领域中表现出了明显的观点冲突,Uber公司同类案件的不同甚至相左的判决结果即是明证,我国亦是如此。

在分享平台与劳动者之间的劳动关系诉讼中,法院或仲裁机构多将其认定为非劳动关系。如在"e代驾"司机庄燕生等3人分别诉亿心宜行公司的案件、孙先生等7名网约工厨师诉乐快信息技术有限公司案件中,北京市第一中院的终审判决和北京市朝阳区劳动人事争议仲裁委员会的仲裁裁决,均认定双方不存在劳动关系。

但在涉及"e代驾"的机动车交通事故责任纠纷案中,很多法院却做出了倾向于劳动关系的认定。如在李晓增诉亿心宜行公司案件中,北京市第一中院认定"双方之间不存在劳动关系,但存在一定的管理与被管理的属性";在董全群与亿心宜行公司的诉讼中,上海市第一中院认定"符合雇佣关系的一般特征,应认定双方为雇佣关系"。

(3)理论界的争议。一种观点认为,"互联网+"下的分享经济实现了用工形式的改变,使得雇佣关系转向合作关系,劳动关系转向工作关系,灵活才是劳动关系的应有之义,建议改变劳动关系的过于刚性化;另一种观点认为,互联网经济尽管带来了用工形式和内容的变化,但是并未改变劳动和资本之间的关系,分享经济下用工关系的基本形态仍为雇佣关系,应严格实施劳动法。在这两种观点之间,还存在着中间观点,如有人认为应由市场主体自主选择;也有人认为,劳动法应增强劳动力市场灵活性的取向并分类规制,对于正当灵活用工可以从宽规制,对于不正当灵活用工应从严规制。

(二)分享经济引发劳动法的二难困境

上述争议的背后,是劳动法在规制分享经济这一新型经济模式时所表现出的理念冲突与困境。

1. 就业中的自由灵活与安全风险的冲突带给劳动法的困境。

随着技术革新及其他条件的变化,社会化大生产带给劳动者的负面效应已逐渐暴露,无论是劳动者观念还是就业方式均出现了灵活化和自由化趋势,在一些群体中甚至出现了这样的转变:从寻求劳动关系的保护逐步转向摆脱劳动关系的约束。分享经济的发展为这一观念提供了实现平台,分享经济创造的大量就业机会使得传统工业社会下固定用工以及社会化大生产模式逐渐瓦解,取而代之的是灵活用工。[①]

---

① 肯尼,齐斯曼,贾开. 平台经济崛起的挑战. 金融时报[N]. 2016-04-28.

然而,就业的自由灵活与安全风险永远是并存的:劳动者在享受更多就业自由的同时,也面临着更大的就业及职业风险:①面临就业安全风险。在灵活用工劳动模式下,劳动者无法充分享有集体劳动权、劳动就业权、培训权、养老金和医保等福利和社会保障,尤其是低技能劳工和女性群体被进一步边缘化,而他们恰恰是最需要劳动和社会保障法律重点保护的人群[①];②劳动力市场安全风险增大。据深圳公安部门的排查数据显示,深圳网约车驾驶员群体中发现吸毒前科人员1 425名、肇事肇祸精神病人1名、重大刑事犯罪前科人员1 661名,庞大的问题司机导致劳动力市场风险增大。③面临巨大的职业风险。如网约车司机在遭遇高发的交通事故时,往往因此而陷入巨额债务中。

2. 技术发展与法律束缚的冲突带给劳动法的困境。

(1)技术发展引发用工关系的复杂化。在分享经济下,技术引发了用工方式的变化,分享平台下的雇佣方式、劳动时间、劳动地点、劳动岗位、工资支付、职业培训、劳动保障等均有所改变。由此导致法律关系也逐步多样化,不仅包括标准劳动关系,也出现了非标准劳动关系和非劳动关系。用工关系主体也表现出多元化的倾向,从传统的二元主体向多元主体发展,出现了劳动者、分享平台公司、劳务派遣公司、劳动者已有的用人单位等三方甚至四方主体。

(2)劳动法相对技术发展表现出滞后性。劳动法作为工业社会发展的产物,为适应社会化大生产的需求应运而生。在分享经济下,有人提出,劳动法过时了,已不再适用于21世纪的劳动者。[②]

无论劳动法过时说是否成立,在规范"互联网+"下的分享经济用工时,我国劳动法的确表现出捉襟见肘。①劳动关系的界定标准过于刚性和简化。我国劳动关系的认定采用人格从属性、组织从属性和经济从属性来判定。而实践证明,过于简化的判定标准对于复杂多样的劳动用工表现出界定标准的严重短缺。②对非标准劳动关系的规范不足。现有的劳动法主要针对标准劳动关系,而对于非标准劳动关系,仅对其中的非全日制用工作了规定,而对其他形式的灵活用工欠缺规范。③对各个群体的劳动者缺乏分层保护。我国劳动法对各类劳动者实行混同保护,适用统一的劳动保护水平,导致对个别群体过度保护而对有些群体却保护不足。④劳动法对双重或多重劳动关系的态度纠结。劳动法仅对非全日制用工下双重劳动关系予以认可,而对于其他情形则表现出矛盾的态度:一方面,有承认双重劳动关系的意向;另一方面,在很多法律条文中又表现出禁止的倾向。劳动法在这一问题上的纠结,对分享经济中劳动用工属性的认定形成了制度障碍。

3)劳动法的滞后使得"技术主宰法律"现象出现。技术的发展对现有的法律提出了严峻的挑战,甚至有人认为出现了"代码就是法律""技术主宰法律"的态势。分享平台利用先进的技术,垄断了该领域的规范制定权,如滴滴在专车使用条款中这样界定它自

---

① 哈福德. 让"零工经济"更加公平[N]. 金融时报,2016-03-04.
② 加普. 分享经济必须共担风险[N]. 金融时报,2015-01-14.

己所提供的服务:"滴滴出行平台提供的不是出租、租车或驾驶服务,我们所提供的仅是租赁车辆及驾驶人员的相关信息。我们只是您和供应商之间的平台。因此,租车服务供应商向您提供的租车服务受到您与租车服务供应商之间协议条款的约束;驾驶服务供应商向您提供的驾驶服务受到您与驾驶服务供应商之间的协议条款的约束。"又如美国提供分享经济服务的 Handy 公司在其服务条款中声明:"如果 Handy 公司面临现有的独立合约人与雇员的重新归类而产生相应税金或罚款的话,将由接受服务的消费者(而非公司)来承担这笔额外费用。"可以看出,在数字平台时代,技术平台拥有了绝对的主导权,滞后的劳动法律往往无力。

3. 经济效率与社会公平的冲突带给劳动法的困境。

经济效率与社会公平之间的冲突,不仅存在于分享平台与劳工之间,也存在于国家公共政策与法律制度的选择上。形成了两派观点。① 一派观点认为,经济效率是首位,不能以劳动保护的名义扼杀处于起步阶段的新经济模式。如果按照传统劳动关系来规范分享平台的劳动用工,必然会加重企业的用工负担。据美国 Uber 公司测算:如果认定司机为雇员,仅美国 Uber 一年需要增加的雇佣成本可能达到 41 亿美元,其中增加的车辆营运费用占 65%,员工收入税(包括社保等)占 15%,员工福利占 15%,失业和医保占 5%。Homejoy 联合创始人兼 CEO Adora Cheung 甚至认为公司家政人员要求确认雇员身份的诉讼导致公司关闭。基于此,一些经济学家提出了法律应尊重自由和效率。一些国家和地区因此提出了相应的政策方向,如欧盟执委会首长 Martin Bailey 提出,执委会在确保不扼杀创新的前提下,建立规范的空间。另一派观点认为,应保护劳工。分享经济不能为劳动者提供合适的社会保障以使之具备抵御不确定风险的能力,进而获得有尊严、可持续的生活水准,由此可认为分享经济不是一种可持续健康发展的经济模式。此外,分享经济在发展中还带来了分配不公及明显的贫富分化,其中大型科技公司攫取了巨额利益。如截至 2015 年中期美国 Uber 公司市值被估计达 500 亿美元,从司机的总收入中提取了 30% 的佣金,而大量司机的工资收入却仍停留在最低工资线以下。而且,获利人群集中在分享平台以及汽车房子等资产的所有人,而平台上的劳工只是受剥削的低额工资领受人。基于此,应强化而非弱化劳工权益的保护。

上述几个层面的冲突导致劳动法面临着二难困境的选择:急于规范还是静观其变。在灵活就业时如何保障安全?如何处理技术发展与法律滞后的矛盾?优先保护劳动者还是保障经济效率?"互联网+"分享经济中的劳动用工该如何定性?这些疑问成为困扰劳动法的重要问题。

(三)我国劳动法的道路选择

本书认为,面对着"互联网+"分享经济下的劳动用工所带来的劳动法领域的困境,进行战略选择、理念选择、制度选择是解决问题的关键。

---

① 杨云霞. 分享经济中用工关系的中美法律比较及启示[J]. 西北大学学报(哲社版),2016(5):150.

1. 战略选择:引入灵活安全性战略。

所谓灵活安全性(Flexicurity),欧盟委员会在2006年《应对21世纪挑战的劳动法现代化》绿皮书中对其进行了界定,是指在稳定雇佣的前提下,灵活地使用劳动力。并将其具体化为四个关键方面:①无论是个体合同还是集体合同的约定都应该是灵活而稳定的;②每个人应通过终身学习来适应正在变化的要求;③如果失去工作岗位,必须采取有效的劳动力市场政策措施,使人们有可能过渡到一个新的雇佣关系或一种适当的就业形式;④是现代的社会保障制度必须对失业、养老和医疗提供全面保障。① 劳动力市场上灵活安全性战略的提出,就是为了应对劳动力市场灵活化改革所引发的不安全问题,如收入差距过大、社会排斥、工作贫困等问题,尤其是弱势群体和边缘群体的安全性问题。

当前,我国面对灵活就业这一劳动力市场新形势,应充分借鉴欧洲国家的经验实现有保护的灵活化,②在劳动力市场寻求功能的灵活性与就业安全性以及收入安全性之间的平衡。③

具体到劳动法律的制度设计,一方面适应灵活用工的经济需求,在对就业、工作、功能、工资、外部性等5个维度④进行综合考量的基础上,对劳动关系和非劳动关系进行严格区分;在劳动关系内部进行标准劳动关系和非标准劳动关系的分类制度设计。另一方面,针对就业安全性需求,实行劳动者分类保护,在其所属类别之内充分保障其劳动权和社会保障权,而非降低劳动者的保护程度;针对收入安全性需求,引入利益分享理念,力求实现分享平台与劳动者之间的利益共享;针对社会安全性的需求,需进一步扩大医疗、养老、工伤等社会保障的覆盖面,提升社会保障的国家义务。通过灵活安全性战略的实施,充分实现我国建立和谐劳动关系的社会目标。

2. 理念选择:引入利益分享理念。

劳动者参与利益分享的理念早在20世纪50年代就被美国律师凯尔索提出,并以职工持股计划的形式得以实施。⑤ 20世纪80年代美国经济学家威茨曼提出了分享经济理论⑥,通过利润分享、收入分享等方式实现劳动者参与利益分配的目标。同时期,我国学者也提出了公有制下的分享经济理论。⑦ 今天,劳动者参与利益分享已不再单单是

---

① 沃尔夫冈·多伊普勒,唐伦亿. 德国雇员权益的维护[M]. 谢立斌,译. 北京:中国工人出版社,2009:154.
② 王阳. 转型期我国劳动力市场运行模式的评估与优化[J]. 中国人力资源开发,2011(1):5.
③ 孙光勇,刘艳丽. 丹麦灵活安全性劳动力市场的启示[J]. 前沿,2011(17):149.
④ 王阳. 劳动力市场灵活安全性研究述评[J]. 经济学动态,2010(11):103.
⑤ 凯尔萨,凯尔萨. 民主与经济力量:通过双因素经济开展雇员持股计划革命[M]. 赵曙明,译. 南京大学出版社,1996:15.
⑥ 威茨曼. 分享经济[M]. 林青松,等译. 北京:中国经济出版社,1984:2.
⑦ 李炳炎. 利益分享经济学,山西经济出版社,2009:10.

一种理论,"共享"已被纳入了我国五大发展理念之中,并通过员工持股制度等形式开始试点实施。"互联网+"分享经济尽管是流通领域的"分享",但同分配领域的"分享"经济具有一脉相承的共同属性,①即利益的分享。

利益分享理念是解决"互联网+"分享经济中经济效率和社会公平之间冲突的重要理念,通过劳动者参与分享平台的利益分享,一方面克服了分享经济所带来的技术对劳动的剥削以及分享平台的利益垄断,另一方面克服了灵活用工下的劳动者安全性不足的问题。同时,这也是"互联网+"分享经济这一经济新模式持久发展的重要保障。

具体到劳动法律的制度设计,本书设想将分享经济中劳动者提供汽车等生产资料视作是劳动者股权的一种形式,进而劳动者藉此参与平台利润的分享,而非仅仅获取劳动收益。

3. 制度选择:分类规范与分层保护。

针对分享经济下的劳动用工,到底适用怎样的劳动保护水平,才既不会出现因过度保护而影响就业,也不会因保护不足而致使就业群体权益受损,这依赖于劳动者分类规范和分层保护的制度设计。

(1)劳动关系的分类规范:标准劳动关系和非标准劳动关系。针对单一的标准劳动关系立法所引发的实践困境,有必要引入非标准劳动关系,实现分类规范。而要确立非标准劳动关系,首先需要解决的问题是灵活用工中的多雇主现象所导致的劳动者权益落空。在灵活安全性战略之下,针对分享平台下的多雇主用工现象,一方面在劳动法中应认可双重或多重劳动关系,另一方面由多雇主建立一个联合雇主,联合雇主对内进行不同雇主之间的义务划分,对外与劳动者签订劳动合同并实现劳动者的长期稳定就业,以此杜绝劳动者劳动合同短期化所带来的安全性不足的问题,同时解决多重劳动关系所引发的用人单位相互推诿劳动义务等问题。

(2)劳动者群体的分层保护。在劳动关系分类规范的基础上对劳动者进行分层,实行劳动与社会保障的差异化保护。对于如何分层,可以借鉴德国劳动法中对劳动者的分类,即雇员与类似雇员的划分。其中的类似雇员是介于纯粹自由职业者和纯粹雇员之间的第三类劳动者。针对类似雇员,可以采用相对于雇员的次级劳动保护措施,如用人单位仅承担支付工资的义务、附属义务、费用补偿义务、使用义务,而不承担法定社会保险金等义务。也可借鉴美国劳动法中的豁免制度,对某些雇主豁免适用某些劳动法律的要求,包括工资、工作时间、安全管制、解雇保护等②领域的部分义务豁免,如对加班加点补偿的豁免、解除劳动合同补偿金的豁免等。③

(3)完善劳动关系认定标准。实现上述劳动关系的分类规范和分层保护,无不依赖

---

① 彭仁贤,韩江波. 分享经济理论的演化:维度、路径与逻辑[J]. 江淮论坛,2013(3):53.
② 林晓云. 美国劳动雇佣法[M]. 北京:法律出版社,2007:34.
③ 杨云霞. 分享经济中用工关系的中美法律比较及启示[J]. 西北大学学报(哲学社会科学版),2016(5):147-153.

于劳动关系的认定标准的细化。我国劳动关系的认定标准,仍显得过于概括化和抽象化。因此,在我国劳动关系认定标准的完善中,一方面需要在遵循现有的"三性"认定原则的基础上,通过指标化的方法将每一属性具体化,实现从抽象认定标准到具体认定标准的转化,从概括式认定标准到列举式认定标准的转化;另一方面,针对标准劳动关系和非标准劳动关系,通过劳动关系认定标准的细化,区别界定雇员和类似雇员等劳动者群体。[①]

[①] 杨云霞. 分享经济下劳动法的困境与选择[J]. 人民论坛·学术前沿,2018(9):84.

第五章 总结：构建新时代中国特色和谐劳动关系①

构建中国特色和谐劳动关系，是加强和创新社会管理、保障和改善民生的重要内容，是建设社会主义和谐社会的重要基础，是经济持续健康发展的重要保证，是增强党的执政基础、巩固党的执政地位的必然要求。在已有的研究中，学者们论述了我国劳动关系的"中国特色"，而对于劳动关系的"时代特色"尚未有阐释。党的十九大报告作出中国特色社会主义进入新时代的重大政治判断，明确提出构建和谐劳动关系的目标要求。顺应我国劳动关系主要矛盾的时代变化，准确把握其时代主题，全面构建新时代中国特色和谐劳动关系，对推动实现"两个一百年"奋斗目标，具有重要的理论意义和现实意义。

一、顺应劳动关系领域主要矛盾变化的时代要求

党的十九大报告明确指出，我国社会主要矛盾已经转化为人民日益增长的美好生活需要和不平衡不充分的发展之间的矛盾。人民美好生活需要日益广泛，不仅对物质文化生活提出了更高要求，而且在民主、法治、公平、正义、安全、环境等方面的要求日益增长。我国社会主要矛盾的变化同样体现在劳动关系领域。

近些年，"互联网+"下的用工以及其他灵活用工的出现产生了对劳动法保护以及合作协商的制度需求；经济新常态的形成出现了对劳动关系双方主体互利共赢的需求，需要强调劳动关系主体双方利益关系的一致性与合作性。在权益诉求层面，表现为从对生存权的需求逐步升级为对发展权的需求，从物质领域的需求向精神领域的需求延伸，从单一的获得报酬权向安全权、健康权、尊严权、参与权、获得人文关怀和体面劳动的要求转变，从个体权利向集体权利的延伸，从基本权利诉求向利益诉求的扩展。

与此同时，劳动关系领域也同样表现出发展不平衡不充分的问题。究其不平衡，主要表现在两个方面。①劳动关系主体之间的不平衡，如对不同劳动者群体权益保护的不平衡，不同类型的用人单位遵守劳动法程度的不平衡，各地政府劳动关系治理能力的不平衡，工会和工商联等组织发展的不平衡；再如，劳动者就业中的公平性有待增强，就业水平还有待进一步提高；部分劳动者工资收入水平较低，不合理收入分配差距依然较

---

① 杨云霞，庄季乔. 推动中国特色和谐劳动关系健康发展[N]. 光明日报，2018-08-21(5).

大,合理有序的工资收入分配格局尚未完全形成。②劳动关系中焦点问题的不平衡,如劳动争议中劳动者诉求的地区差异性、劳动群体性事件中不同群体诉求的差异性等等。究其不充分,主要表现为:在制度供给层面,表现出劳动法规范层次的相对单一性,目前主要规制标准劳动关系,而对于灵活用工等非标准劳动关系的规制尚缺乏相应的制度供给,无法满足"互联网+"分享经济用工等灵活用工对劳动法律制度的需求;在劳动关系协调机制中,更多强调冲突性而忽视了合作性,更多关注劳动争议或劳资冲突的事后处理,而事前事中合作机制明显不足;在劳动权利设置中,更多关注经济权利,而对民主管理权利的落实不够,对参与权和分享权的关注不足;在劳动关系的维持中,更多注重劳动管理,而忽视了劳动者作为主体的协商参与;在传统的劳动关系中,强调宏观层面的人民主体地位,对微观层面的劳动者主体地位重视不够,注重政治层面上工人阶级的领导地位,而对法律层面上劳动者的现实权益的关注不够。

构建新时代中国特色社会主义和谐劳动关系,必须立足新时代我国劳动关系主要矛盾的变化,深入推进劳动关系调整制度的性改革,满足人民对和谐劳动关系不断增长的新需要。

二、弘扬新时代中国特色社会主义和谐劳动关系的时代主题

《中共中央 国务院关于构建和谐劳动关系的意见》提出了构建和谐劳动关系的工作原则,即:坚持共建共享,统筹处理好促进企业发展和维护职工权益的关系,调动劳动关系主体双方的积极性、主动性,推动企业和职工协商共事、机制共建、效益共创、利益共享。基于构建和谐劳动关系的工作原则,结合我国劳动关系领域主要矛盾的变化,本书认为,民主协商型劳动关系和利益分享型劳动关系将成为新时代中国特色和谐劳动关系的主题。

民主协商是实现经济增长的有效路径,也是构建和谐劳动关系的主要途径。按照马克思主义基本原理,民主协商是实现生产领域经济增长的有效途径。我国企业法律制度中很早就确立了民主管理制度。党的十九大报告强调发挥社会主义协商民主的重要作用,指出"要推动协商民主广泛、多层、制度化发展"。还提出"要完善政府、工会、企业共同参与的协商协调机制,构建和谐劳动关系"。中共中央、国务院印发的《新时期产业工人队伍建设改革方案》释放了党中央始终坚持以人民为中心的发展思想和全心全意依靠工人阶级的强烈信号。这一部署为民主协商型劳动关系的构建进一步指明了方向。民主协商意味着在遵守法律基本规范基础上的协商,自主约定满足劳动关系主体的需求和满足最大适应性原则;是在法定权益的基础上,劳动关系主体拥有一定自由度和协商空间的民主协商。民主协商作为一种有效的劳资矛盾自我协调机制与免疫功能系统,它既包括区域性、行业性集体协商,也包括国家宏观层面的三方协商机制,还包括企业微观层面的协商机制;它既包括民主参与管理和利益分享的协商,也包括劳动合同缔结和劳动争议处理的协商。

利益分享是实现分配正义的有效路径,也是构建和谐劳动关系的最终目标。按照

罗尔斯分配正义的理论,分配正义是化解新时代主要矛盾的必然要求。我国劳动关系与世界各国一样,既表现出合作性也表现出冲突性,与此同时,我国劳动关系还表现出各方主体整体利益一致性的特征,因此具有利益协调性。和谐劳动关系的实质是劳动关系主体之间利益的和谐,其中实现利益分享是利益和谐的核心。利益分享意味着共担风险共享收益,是共同应对经济新常态和经济下行压力的有效措施,实现在互相扶持中的合作双赢,避免利益冲突中的两败俱伤。利益共享,在宏观层面看,就是要实现工资增长与劳动生产率增长的同步化,实现劳动者对企业收益增长的分享,是人民分享改革的成果和收益的一种基本途径。

三、探寻新时代中国特色和谐劳动关系的构建思路

适应时代需求,把握时代主题,构建新时代中国特色和谐劳动关系,重在探寻其发展思路。

(1)坚持政府主导,完善协调机制。中国特色劳动关系,既具有市场经济国家劳动关系的共有属性,也具有中国特色,即是一种政府主导型的劳动关系。在新时代中国特色和谐劳动关系的建构中,仍需遵循政府主导这一特色,充分发挥政府在劳动关系中的主导作用。包括加强企业党组织的建设、强化政府对劳动关系宏观调控的力度、继续推进法治化劳动关系的建设、在政治上平衡协调劳动关系主体地位、不断培育劳动关系主体独立地位、加大劳动监察等行政执法的力度、促进劳动关系领域社会组织的健康发展等。

(2)强调合作共赢,推动信任合作。尽管劳动关系具有冲突对抗的一面,同时也具有合作共赢的另一面,关键是如何才能消解冲突实现合作、化解对抗达到共赢。信任合作劳动关系的建立,既符合劳动关系的一般属性,也符合中国特色劳动关系的国别要求,也符合新时代构建和谐劳动关系的时代主题。对于如何建立信任合作劳动关系,一些发达国家的劳动法律制度提供了有益的借鉴,如美国国会1978年通过的《劳资合作法》,鼓励劳资双方采取联合行动,增进劳资合作;德国1952年的《企业委员会法》规定,雇主和企业委员会应该充满信任地为雇员和企业的福利而进行合作;英国1972年的《英国劳资关系法实施规则》是规定劳资关系双方间信任合作的典范,它特别强调了雇主和雇员之间"良好的人事关系"是建立在"信赖和信心的基础上";俄罗斯《劳动法典》中也规定了劳动关系的社会伙伴关系属性。如何结合时代特征和国别特征构建我国的信任合作劳动关系,建立信任与合作机制,形成信任与合作权利体系,将是未来我国劳动法修改中不得不关注的一个重要问题。

(3)强化职工参与,推进民主协商。我国宪法中规定"国有企业依照法律规定,通过职工代表大会和其他形式,实行民主管理。""集体经济组织实行民主管理,依照法律规定选举和罢免管理人员,决定经营管理的重大问题"。以此为依据,在全民所有制工业企业法、公司法等法律中先后确立了劳动者参与民主管理的权利,如职工代表大会制度、职工董事和职工监事制度等。在现有的制度框架下,需要考虑如何落实劳动者的民

主管理权利,发挥其应有作用;加强企业民主管理,进一步畅通职工合理诉求的表达渠道,最大限度从源头上减少劳动关系的矛盾;从三方机制、集体合同、工资集体协商、劳动争议的处理等具体环节入手,在国家、行业、企业等多个层面做好民主协商;进一步明确协商主体的法律地位,将劳动关系民主协商的必要手段法定化,通过法律机制推动民主协商制度的落实,并建立实现民主协商的法律救济制度。事实上,通过职工参与改善劳动关系的做法在很多国家也得到了验证,如德国的共决权制度激发了职工参与管理的热情和创造力,避免了劳资矛盾的激化,使得德国的罢工等群体性劳动事件远远少于欧盟其他国家,这也被认为是德国的竞争优势之一。

(4)推进制度创新,探索利益共享。近些年,党和国家不断探索利益分享的新途径,如《中共中央 国务院关于深化国有企业改革的指导意见》提出"探索实行混合所有制企业员工持股"等;国务院《划转部分国有资本充实社保基金实施方案》,决定按照10%的比例划转部分国有资本充实社保基金,以充分体现基本养老保险代际公平和国有企业发展成果全民共享。这些都是实现利益分享的有益探索。还需通过各种制度安排,促进劳动者收入与经济发展同步增长、劳动报酬和劳动生产率同步增长,实现让更多职工共享改革发展成果、让劳动者分享改革红利的目标。

(5)发挥社会主义核心价值观引领作用,筑牢文化基础。德治与法治是实现和谐劳动关系的两条重要途径。在新时代,培育和践行社会主义核心价值观,并将其融入劳动关系领域,实现劳动伦理法治化,是保障劳动关系和谐的文化和法治基础。中共中央办公厅、国务院办公厅印发的《关于进一步把社会主义核心价值观融入法治建设的指导意见》,强调"推动社会主义核心价值观入法入规""加强重点领域立法""加强保障和改善民生、推进社会治理体系创新方面的立法,完善教育、劳动就业、收入分配、社会保障等方面的法律法规"。这一指导意见为劳动伦理法治化指明了方向。一是基于职业需求,将敬业、诚信等社会主义核心价值观融入劳动关系法治化中,确立忠诚、勤勉等义务性规范,将弘扬工匠精神、劳模精神通过法治得以保障;二是基于用人单位社会责任需求,将企业在劳动关系中的社会责任分类,并逐步实现法治化。[①]

与此同时,还需要关注影响劳动关系的一些新的因素,如大数据、互联网、物联网、共享经济、人工智能等。尽管目前有些因素对劳动关系的影响还没有充分显现,但是这些因素对于未来劳动关系的冲击将是巨大的,[②]也必然成为构建和谐劳动关系的重要影响因素[③]。

---

① 杨云霞,庄季乔.推动中国特色和谐劳动关系健康发展[N].光明日报,2018-08-21(5).
② 杨云霞,庄季乔.推动中国特色和谐劳动关系健康发展[J].资本论研究,2018,14(00),10.
③ 杨云霞,庄季乔.分享经济下的劳动者保护[J].西安交通大学学报(社会科学版),2019(4):61.

参考文献

[1] 马克思恩格斯选集:1—4卷[M].北京:人民出版社,2012.
[2] 魏斯,施密特.德国劳动法与劳资关系[M].倪斐,译.北京:商务印书馆,2012.
[3] 杜茨.劳动法[M].张国文,译.北京:法律出版社,2003.
[4] 格拉佩豪斯,费尔堡.荷兰雇佣法与企业委员会制度[M].蔡人俊,译.北京:商务印书馆,2011.
[5] 巴德.劳动关系:寻求平衡[M].3版.于桂兰,等译.北京:机械工业出版社,2013.
[6] 荒木尚志.日本劳动法[M].李坤刚,牛志奎,译.北京:北京大学出版社,2010.
[7] 特雷乌.意大利劳动法与劳资关系[M].刘艺工,刘吉明,译.北京:商务印书馆,2012.
[8] 叶静漪,EKLOND R.瑞典劳动法导读[M].北京:北京大学出版社,2008.
[9] 巴纳德.欧盟劳动法[M].付欣,译.北京:中国法制出版社,2005.
[10] 哈迪.英国劳动法与劳资关系[M].陈融,译.北京:商务印书馆,2012.
[11] 平乔维奇产权经济学[M].蒋琳琦,译.北京:经济学出版社,2000.
[12] BARZEL. Economic Analysis of Property Rights[M]. Cambridge University Press,1997.
[13] 诺思.制度、制度变迁和经济绩效[M].杭行,译.上海:格致出版社,2008.
[14] 傅辉煌,白暴力,等.古典产权制度向现代产权制度的演进[M].北京:经济科学出版社,2014.
[15] 尹德洪.产权理论及其法律制度的经济学分析[M].北京:对外经济贸易大学出版社,2008.
[16] 安德森.福利资本主义的三个世界.郑秉文,译.北京:法律出版社,2002.
[17] 法国民法典:拿破仑法典.北京:商务印书馆,1997.
[18] 施瓦茨.美国法律史[M].王军,等译.北京:中国政法大学出版社,1989.
[19] 戴维斯.英国公司法精要[M].樊云慧,译.北京:法律出版社,2007.
[20] 伯利,米恩斯.现代公司与私有财产[M].甘华鸣,等,译.北京:商务印书馆,2003.
[21] 纪坡民.产权与法[M].北京:生活·读书·新知三联书店,2001.
[22] 张新宁.和谐劳动关系研究:基于企业和职工利益共享视阈[M].河南:河南大学出版社,2015.

[23] 程延园.劳动关系[M].北京:中国人民大学出版社,2002.

[24] 韦伯.新教伦理与资本主义精神[M].北京:生活·读书·新知三联书店,1987.

[25] 韦伯.经济与社会:上、下卷[M].北京:商务印书馆,1997.

[26] 麦考密克,魏因贝格尔.制度法论[M].北京:中国政法大学出版社,1994.

[27] 伯尔曼.法律与革命:西方法律传统的形成[M].北京:中国大百科全书出版社,1993.

[28] DUNLOP T. Industrial Relations Systems.[M]. Revised Edition Harvard Business School Press,1993.

[29] 威茨曼.分享经济[M].北京:中国经济出版社,1984.

[30] 米德.效率、平等和财产所有权[M].北京:机械工业出版社,2015.

[31] 凯尔萨.民主与经济力量:通过双因素开展雇员持股计划革命[M].南京:南京大学出版社,1996.

[32] 怀特菲尔德,等.产业关系研究方法[M].北京:中国劳动社会保障出版社,2005.

[33] 李炳炎.利益分享经济学[M].太原:山西人民出版社,2008.

[34] 周超.职工参与制度法律问题研究[M].北京:中国社会科学出版社,2006.

[35] 梁慧瑜.企业员工持股法律问题研究[M].北京:法律出版社,2012.

[36] 严于龙.农民工贡献、收入分享与经济、社会发展[M].北京:中国统计出版社,2008.

[37] 翁天真,等.利润分享与劳动分红[M].北京:中国劳动出版社,1995.

[38] 李炳炎.公有制分享经济理论:中国经济改革理论创新[M].北京:中国社会科学出版社,2004.

[39] 田明,徐建川.工会大辞典[M].北京:经济管理出版社,1989.

[40] 刘元文.相容与相悖:当代中国职工民主参与研究[M].北京:中国劳动社会保障出版社,2004.

[41] 刘丹.利益相关者与公司治理法律制度研究[D].北京:中国政法大学,2003.

[42] 路心镜.工业民主制下劳工参与管理之研究[M].北京:文化劳研所,1975.

[43] 刘连煜.公司治理与公司社会责任[M].北京:中国政法大学出版社,2001.

[44] 程延园.劳动关系[M].北京:中国人民大学出版社,2002.

[45] 梁慧星.民法总论[M].北京:法律出版社,1994.

[46] 范健,张萱.德国法中雇员参与公司决策制度比较研究[J].国外法译评,1996(3):38-45.

[47] 斯密.国民财富的性质和原因的研究:上卷[M].北京:商务印书馆,2008.

[48] 张兴茂.劳动力产权论[M].北京:中国经济出版社,2001.

[49] 李惠斌.企业劳动产权概论[M].北京:中央编译出版社,2006.

[50] 曹天予.劳动产权与中国模式:当代马克思主义在挑战中发展[M].北京:社会科学文献出版社,2006.

[51] 郭东杰.公司治理与劳动关系研究[M].杭州:浙江大学出版社,2006.

[52] 周超.职工参与制度法律问题研究[M].北京:中国社会科学出版社,2006

[53] 青木昌彦.企业的合作博弈理论[M].郑江淮,等译.北京:中国人民大学出版社,2005.

[54] 徐显明.国际人权法[M].北京:法律出版社,2004.

[55] 李友根.人力资本出资问题研究[M].北京:中国人民大学出版社,2004.

[56] 唐纳里.普遍人权的理论与实践[M].王浦劬,等译.北京:中国社会科学出版社,2001.

[57] 程延园.集体谈判制度研究[M].北京:中国人民大学出版社,2005.

[58] MITCHELL, D. J. B. , The Share Economy and Industrial Relations[J]. Industrial Relations: A Journal of Economy & Society,1987(26):4.

[59] LONG R J. Do Employees Profit from Profit Sharing? Evidence from Canadian Panel Data[J]. Industrial & Labor Relations Review,2015,65(4).

[60] 代明,姜寒,程磊.分享经济理论发展动态:纪念威茨曼《分享经济》出版30周年[J].经济学动态,2014(7):106-114.

[61] 常凯.劳动关系的集体化转型与政府劳工政策的完善[J].中国社会科学,2013(6):91-108.

[62] 叶静漪.劳动关系治理体制的创新与完善[J].西部大开发,2014(10):68-70.

[63] 董保华.劳动关系调整面临中国式难题[J].中国改革,2015(10):53-56.

[64] 孟晓蕊.和谐劳动关系建设:整体推进中实现重点突破[N].中国劳动保障报,2016-01-06(3).

[65] 杨典,欧阳璇宇.金融资本主义的崛起及其影响:对资本主义新形态的社会学分析[J].中国社会科学,2018(12):110-133.

[66] 李其庆.全球化背景下的新自由主义[J].马克思主义与现实,2003(5):4-18.

[67] 谢富胜,李英东.当代帝国主义发生质变了吗:国外马克思主义学者的最新争论及局限[J].中国社会科学评价,2019(3):51-68.

[68] 程恩富,鲁保林,俞使超.论新帝国主义的五大特征和特性:以列宁的帝国主义理论为基础[J].马克思主义研究,2019(5):49-65.

[69] 崔学东.新自由主义导致全球劳资关系不断恶化[J].红旗文稿,2012(20):18-21.

[70] 肖潇.共享视野下的劳动关系研究述评[J].山东社会科学,2019(10):158-163.

[71] 邓宇.共享经济重构社会劳动关系[N].中国证券报,2019-10-12.

[72] 卢江,陈弼文.论新中国70年劳动关系演进:基于政府与市场作用的视角[J].经济纵横,2019(10):24-34.

[73] 谢德成.新时代劳动法的功能拓展与制度调适[J].当代法学,2019,33(04):107-117.

[74] 杨云霞,庄季乔.分享经济下的劳动者保护[J].西安交通大学学报(社会科学版),2019(4):57-63.

[75] 张嘉昕.瑞典共享型劳动关系模式利益平衡的逻辑与机制[J].社会科学家,2019(4):14-20.

[76] 常凯,郑小静.雇佣关系还是合作关系:互联网经济中用工关系性质辨析[J].中国人民大学学报,2019(2):78-88.

[77] 邸敏学,葛宣冲.共享发展理念的企业民主意蕴及推进策略研究[J].理论探讨,2019(1):96-102.

[78] 贺汉魂.公有制的经济才是真正的共享经济:重读《共产党宣言》[J].当代经济研,2019(1):26-36.

[79] 唐烈英,陈永福.从静态到动态:劳动关系治理思维的变革[J].西南民族大学学报(人文科版),2018(10):87-93.

[80] 苏方国,赵曙明,高慧如,等.共享经济中劳动关系治理[J].现代管理科学,2018(8):9-11.

[81] 郭志栋.论习近平新时代劳企共享思想[J].甘肃社会科学,2018(7):22-27.

[82] 邹升平.从马克思劳动异化学说到共享发展理念[J].经济纵横,2018(7):13-19.

[83] 杨云霞.习近平中国特色社会主义和谐劳动关系思想研究[J].理论视野,2018(6):25-30.

[84] 孙永生,段伟玲.企业制度创新视角的合作分享型劳动关系生成路径理论探析[J].中国劳动,2018(6):66-70.

[85] 袁文全,徐新鹏.共享经济视阈下隐蔽雇佣关系的法律规制[J].政法论坛,2018(1):119-130.

[86] 王临霞.马克思主义经典作家关于共享思想的制度意蕴及当代价值[J].思想政治教育研究,2019(4):53-58.

[87] 彭富明.从理念到实践:马克思共享思想的当代发展实践[J].思想政治教育研究,2019(8):65-70.

[88] 张存刚,等.构建和谐劳动关系的马克思主义经济学分析[J].海派经济学,2011(2):71-84.

[89] 邸敏学,等.我国私营企业劳资关系同一性及工会职能定位[J].山西大学学报(哲学社会科学版),2018(3):140-144.

[90] 叶正茂.共享利益与企业和谐劳动关系的构建原则[J].马克思主义研究,2009(11):52-57.

[91] 周建锋.马克思经济学视域下利润分享的逻辑[J].经济纵横,2017(8):32-38.

[92] 邹升平.从马克思劳动异化学说到共享发展理念[J].经济纵横,2018(7):13-19.

[93] 郭志栋.论习近平新时代劳企共享思想[J].甘肃社会科,2018(4):22-27.

[94] 张维闵.劳动分享剩余的理论与实践[J].马克思主义研究,2012(5):55-62.

[95] 权衡.当代中国"劳动:资本"关系的实践发展与理论创新[J].复旦学报(社会科学版),2015(5):123-130.

[96] 刘凤义.社会主义市场经济中劳动力商品理论再认识[J].经济学动态,2017(10):40-52.

[97] 姚建伟.劳资关系中利益认同建构的逻辑:基于当代劳资关系理论的反思[J].浙江学刊,2017(3):66-71.

[98] 张平,等.社会主义劳动力再生产及劳动价值创造与分享:理论、证据与政策[J].经济研究,2016(8):17-27.

[99] 张维闵.劳动分享剩余的理论与实践[J].马克思主义研究,2012(5):55-62.

[100] 李炳炎,等.共享发展理念与中国特色社会主义分享经济理论[J].管理学刊,2017(4):1-9.

[101] 刘灿.中国特色社会主义政治经济学的共享发展研究[J].学术研究,2018(6):68-75.

[102] 邸敏学,等.我国私营企业劳资关系同一性及工会职能定位[J].山西大学学报(哲学社会科学版),2018(3):140-144.

[103] 杨云霞,等.推动中国特色和谐劳动关系健康发展[N].光明日报,2018-8-21(5).

[104] 胡莹.论马克思的劳资关系理论与构建社会主义和谐劳资关系的相向运动[J].求实,2011(7):13-17.

[105] 荣兆梓.中国特色社会主义政治经济学纲要:以平等劳动及其生产力为主线[J].中国浦东干部学院学报,2017(4):16-45.

[106] 吴清军,等.共享经济与平台人力资本管理体系:对劳动力资源与平台工作的再认识[J].中国人力资源开发,2018(6):101-108.

[107] 刘新春,等.共享经济对劳动关系认定标准的挑战和反思:以 Uber 公司为例[J].劳动经济评论,2018(2):135-145.

[108] 于莹.共享经济用工关系的认定及其法律规制:以认识当前"共享经济"的语域为起点[J].华东政法大学学报,2018(3):49-60.

[109] 刘皓琰.信息产品与平台经济中的非雇佣剥削[J].马克思主义研究,2019(3):67-75.

[110] 乔晓楠,等.数字经济与资本主义生产方式的重塑:一个政治经济学的视角[J].当代经济研究,2019(5):5.

[111] 陆茸.数据商品的价值与剥削:对克里斯蒂安·福克斯用户"数字劳动"理论的批判性分析[J].经济纵横,2019(5):11-17.

[112] 夏莹.论共享经济的"资本主义"属性及其内在矛盾[J].山东社会科学,2017(8):14-20.

[113] 任洲鸿,等.共享经济下劳动关系的政治经济学分析:以滴滴司机与共享平台的劳动关系为例[J].当代经济研究,2019(3):5-12.

[114] 王金秋.共享经济的本质、资本逻辑与未来演进[J].马克思主义研究,2018(5):16-23.

[115] 吴清军,等.分享经济下的劳动控制与工作自主性:关于网约车司机工作的混合研究[J].社会学研究,2018(4):137-162.

[116] 肖潇."分享经济"背景下劳资关系的演变趋势探析[J].探索,2018(2):185-190.

[117] 徐景一,等.共享经济背景下平台企业利益关系演变研究[J].经济纵横,2019(6):109-115.

[118] 崔学东,等.共享经济"还是"零工经济":后工业与金融资本主义下的积累与雇佣劳动关系[J].政治经济学评论,2019(1):22-36.

[119] 张成刚.共享经济平台劳动者就业及劳动关系现状:基于北京市多平台的调查研究[J].中国劳动关系学院学报,2018(3):61-70.

[120] 闻效仪.正确认识和把握共享经济对劳动关系的影响[J].工会博览,2018(10):22-23.

[121] 杨晓玲.推动劳动关系和谐共享发展[N].中国社会科学报,2018-08-29.

[122] 崔子龙,等.劳资共生共享与和谐劳动关系构建[N].光明日报,2014-07-07.

[123] 韩太平.中国特色社会主义共享发展:理论渊源、实现机制、世界意义[J].马克思主义研究,2017(2):37-43.

[124] 赖德胜,等.经济新常态背景下的和谐劳动关系构建[J].中国特色社会主义研究,2016(1):42-46.

[125] 易淼,等.共享发展何以可能:一个劳资利益失衡纠偏的视角[J].当代经济研究,2017(7):85-89.

[126] 刘涛.劳资两利思想的启示以及构建和谐劳资关系的途径[J].改革与战略,2017(2):17-20.

[127] 袁文全,徐新鹏.共享经济视阈下隐蔽雇佣关系的法律规制[J].政法论坛,2018(1):119-130.

[128] 邹海风.中国职工持股制度研究[M].北京:中国经济出版社,2011.

[129] 剧锦文.职工持股计划与国有企业改革[Z].经济工作者学习资料,2000.

[130] 威茨曼.分享经济用分享制代替工资制[M].林青松,等译.北京:中国经济出版社,1988.

[131] 舒尔茨.论人力资本投资[M].北京:中国经济出版社,1987.

[132] 郑也夫.信任论[M].北京:中国广播电视出版社,2003.

[133] 科斯.论生产的制度结构[M].盛洪,等,译.上海:生活·读书·新知三联书店,1994.